책 가지고
놀고 있네

학교도서관 사서와 교사가 뽑은 책놀이 100가지

책 가지고 놀고 있네

박영옥 외 지음 | 학교도서관저널 엮음

학교도서관저널

일러두기

이 책에서는 각각의 책놀이마다 놀이 가능 대상과 놀이 추천 대상을 구분하여 놀이 가능 대상은 노란색 아이콘으로, 놀이 추천 대상은 책놀이 종류(창작 놀이, 체험 놀이, 미션게임, 보드게임)에 따라 각각 녹색, 보라색, 주황색, 빨간색 아이콘으로 표시했다.

본문에 수록된 '도서관 브루마블 초·중·고 초등 5~6 '을 예로 들면 놀이 가능 대상은 초등학생부터 고등학생까지이며, 놀이 추천 대상은 초등학교 5~6학년이다.

서문

박영옥 전 서울 연지초 사서

책 읽기는 사고력을 키워 자기의 진로를 찾고, 가치관을 확립하고, 나와 다른 삶을 이해하는 태도를 기르는 데 도움을 준다. 어느 시대에나 독서교육을 강조해 왔지만, 성인이 되어서도 책을 꾸준히 읽는 사람은 드물다.

책이 너무 재미있어 아껴 읽는다는 사람, 가방에 책 한 권을 꼭 넣어가지고 다니는 사람, 먼 거리 여행을 할 때면 꼭 책을 챙기고, 책과 풍경을 함께 사진에 담기를 좋아하는 사람, 도서관이나 서점에 있을 때 시간 가는 줄 모르는 사람들이 있다. 평생 독자라 불리는 이들의 습관은 하루아침에 이루어지는 것이 아니다. 어릴 적부터 책과 놀던 경험이 켜켜이 쌓여 평생으로 이어지는 것이다. 독서교육에 힘쓰는 많은 분들이 독서 프로그램을 만들고 실천하는 이유가 여기에 있다.

학교와 도서관에서는 어떻게 하면 학생들을 책과 가까워지게 할지 늘 고민한다. 많은 교사와 사서가 독서캠프, 책 축제, 다독왕 선발, 반 대항 책 읽기 대회 등 다양한 프로그램을 정기적으로 진행하고, 다른 책 축제 현장이나 강연회에서 보고 들은 활동을 각 학교와 도서관의 특성에 맞게 적용하기 위해 머리를 짜낸다.

하지만 책을 읽고 감상을 적거나 퀴즈를 푸는 등 학습을 전제로 한 독후활동의 경우 책 읽기에 흥미를 느끼지 못하는 학생들에게까지 호응을 얻기 힘들다. 여느 교과목과 마찬가지로 잘해야 할 것 같고, 정답을 맞혀야 할 것만 같은 부담감 때문일 것이다.

사서로 있는 동안 책 축제를 여러 번 진행했는데, 어느 핸가 한 아이가 아이디어를 냈다. 3학년쯤 된 그 아이는 옛이야기 중 열두 고개 이야기를 읽더니 운동장에 열두 고개를 만들고 고개마다 퀴즈를 내어 맞히면 맛있는 사탕을 주고, 못 맞히면 그냥 다음 고개로 넘어가는 식으로 놀이를 했으면 좋겠다고 말했다. 다소 황당하지만 나름대로 친구들과 함께 책으로 놀 방법을 궁리해 본 아이가 기특했다. 책 축제의 순기능이 이렇게도 발현될 수 있구나 싶었다.

이처럼 학생들은 단순히 책만 읽거나 학습과 관련된 독서 활동을 하는 것보다 책을 매개로 한 놀이를 할 때 책 읽기에 더 흥미를 느끼고 집중한다. '책놀이'는 말 그대로 책으로 노는 활동이다. 놀이의 힘을 빌려 책을 이해하고 독서력이 향상되도록 돕는다. 놀이 속에 책이 들어간다는 표현이 더 맞을 것 같다.

필자가 학교 현장에서 책놀이 프로그램을 만들 때 가장 염두에 둔 것은 '책과의 연관성' 그리고 '학생들이 과연 즐거워할까?'에 대한 대답을 찾는 것이었다. 또한, 학생들이 책놀이를 그저 놀이로만 기억할까 봐 책놀이 후에는 결과물을 전시하고, 퀴즈를 내어 상품을 주고, 학생들이 관련 도서를 대출할 때 해당 프로그램이 어땠느냐고 물어보곤 했다.

하지만 책 축제 현장에 가 보면 지금도 책과 동떨어진 책놀이 프로그램을 진행하는 경우를 자주 본다. 책놀이가 학생들을 책과 연결해주는 매개체가 되도록 하기 위해서는 가능하면 '관련 도서'를 지정하여 책놀이에 참여하면서 책을 연상하고, 책과 어떤 관련이 있는지 알게 하는 것이 중요하다. 이렇게 축적된 책 읽기와 책놀이의 경험이 책에 대한 흥미로 이어진다면 더할 나위 없이 성공적인 독서교육이 될 것이다.

『책 가지고 놀고 있네』는 교사, 사서, 독서교육활동가들이 도서관과 학교 현장에서 진행해 온 책놀이 프로그램 중 학생들의 반응이 좋았던 것을 선별해 엮은 책이다. 또한, 책놀이 프로그램을 진행하면서 미흡했던 점을 보완·수정하여 학교, 도서관, 독서교육 현장, 가정에서 활용할 수 있도록 다듬었다.

이 책은 책놀이를 창작 놀이(글쓰기, 책 만들기, 표현 놀이), 체험 놀이(독서교실, 독서캠프, 책축제), 미션 게임(책 탐험 미션, 책 읽기 미션), 보드게임 등 네 가지 파트로 나누어 도감 형식으로 소개한다. 책에 수록된 각각의 책놀이 프로그램에 관한 소개, 관련 도서, 준비물, 사전 준비과정, 진행 방법, 선생님을 위한 도움말 등을 꼼꼼하게 설명하여 도서관 활용수업이나 독서캠프, 독서 기행 등을 진행할 때 이 책만 보고도 현장에서 바로 활용할 수 있게 만들었다.

본문에 수록된 100가지 책놀이 프로그램이 책을 잘 읽는 학생은 물론 그렇지 못한 학생들까지 책 그리고 도서관과 가까워지도록 도와주는 징검다리가 되길, 교사와 학생을 책과 놀며 즐겁게 배우는 세상으로 이끌어줄 길잡이 역할을 하길 기대한다.

차례

서문 05

1부 창작놀이

01. 글쓰기 놀이

책은 사랑을 싣고 | 황왕용 | 초·중·고 | 중등 | 15
나도 시인이 될래요 | 김선순 | 초·중·고 | 초등 | 19
책 광고 만들기 | 한계선 | 초·중·고 | 중등 | 22
가족독서신문 만들기 | 장귀숙 | 초·중·고 | 중등 | 25
이야기 꾸며 쓰기 | 박동현 | 초·중·고 | 초등~중등 | 28

02. 책 만들기

지성과 감성의 결실 맺기 '나도 저자' | 이기쁨 | 중고등 | 고등 | 30
즐거운 상상, 그림책 만들기 | 전윤경 | 초·중·고 | 중고등 | 34
버리는 책으로 팝업북 만들기 | 김선영 | 초·중·고 | 초등5~중고등 | 38
북아트를 활용한 '김치 책' 만들기 | 김강선 | 초·중·고 | 초등 | 42
옛 책 만들기 | 이영주 | 초·중·고 | 초등 | 47
서사재료 체험전 | 김은선 | 초·중·고 | 초등 | 54
세상에서 가장 긴 책 만들기 | 박영옥 | 초·중·고 | 초등 | 58

03. 표현 놀이

우리 반 명작 자랑 | 박영옥 | 초등~중등 | 초등 | 61
우리들의 명작 기차 | 박영옥 | 초등~중등 | 초등 | 64
꿈, 소원, 사랑편지 나무 | 박영옥 | 초등~중등 | 초등 | 66
도서관 이용예절 캠페인 홍보지 그리기 | 김강선 | 초등~중등 | 초등 | 70
우리 학교 우리 마을 도서관 지도 그리기 | 김강선 | 초등~중등 | 초등 | 73
소리 나는 책, 책 읽는 라디오 | 황왕용 | 중고등 | 중고등 | 76
책얼굴 콘테스트 | 김민정 | 초·중·고 | 초·중·고 | 80

그림책을 활용한 그림자극 1 | 백인식   초·중·고   초·중·고   83
그림책을 활용한 그림자극 2 | 백인식   중고등   중고등   86
『몽실언니』 읽고 캐릭터 그리기 | 김선애   초·중·고   중고등   94

2부 체험 놀이

01. 독서교실

가족과 함께하는 깊은 밤 책 읽기 | 정재연   초·중·고   초등   99
내 귀는 짝짝이 귀 | 김강선   초등   초등4   103
정말 정말 화나면 | 김강선   초등   초등4   107
스트레스를 삼키는 마법상자 | 김강선   초등   초등4   111
친구와 사이좋게 지내는 방법 카드 | 김강선   초등   초등4   115
봉투가면 쓰기 | 김강선   초등   초등4   119
내 말 좀 들어주세요 | 김강선   초등   초등4   122
학부모와 함께하는 저자와의 만남 | 김강선   초등~중등   초등   127
'옛날 옛적에' 이야기 시간 | 김강선   초등   초등1~2   131
책 읽어주는 할머니 | 이영주   초등   초등1~2   134

02. 독서캠프

학부모와 함께하는 황순원 문학촌 탐방 | 김강선   초·중·고   초등~중등   137
권정생 작가의 흙집을 찾아서 | 이영주   초·중·고   초등~중등   141
조선 5대 궁궐 답사 | 이영주   초·중·고   초등~중등   146
학교 뜰 안 식물 캠프 | 이동림   초·중·고   초등~중등   151
마을 도서관 연계 독서캠프 | 이영주   초등~중등   초등   155
별과 놀자 | 황복순   초등   초등   159
나무와 놀자 | 황복순   초등   초등   163
북극곰을 구해줘 | 황복순   초등   초등   167
+Tip. 색다른 문학기행 계획 방법 | 황복순   173
+Tip. 독서캠프, 처음이세요?! 이것부터 체크해 보세요. | 김유진   180

03. 책 축제

- 우리 전통풍속 책잔치 | 김강선 | `초등~중등` `초등` 184
- 다문화 체험 책잔치 | 김강선 | `초등~중등` `초등` 188
- 책 읽는 학교 사진전 | 김민정 | `초·중·고` `초·중·고` 195
- 세계의 성장소설 전시 | 김민정 | `초·중·고` `초등5~중고등` 199
- 사제 동행 책드림 | 김민정 | `초·중·고` `초·중·고` 202
- 책 아나바다 장터 | 염광미 | `초등~중등` `초등` 204
- 책 벼룩시장 | 조영선 | `초등~중등` `초등` 207
- 길아저씨 손아저씨 | 박영옥 | `초등~중등` `초등` 210
- 점자 명함 만들기 | 박영옥 | `초등~중등` `초등` 213
- 휠체어 운전면허증 따기 | 박영옥 | `초등~중등` `초등` 217
- +Tip. 원화 전시 쉽게 따라하기 | 김혜진 220

3부 미션게임

01. 책 탐험 미션

- 책 속 주인공을 찾아라 | 정재연 | `초등` `초등` 229
- 도서관 탐험 | 이정현 | `초·중·고` `초등5~중고등` 232
- 책 높이 쌓기 게임 | 주상태 | `초·중·고` `초등5~중고등` 234
- 도서관 GO! | 김민정 | `초·중·고` `중고등` 236
- 문학 런닝맨 | 이정현 | `초·중·고` `중고등` 238
- Mission I'm possible! | 이인문 | `초·중·고` `중고등` 241
- 시끌시끌 도서관 탈출 | 이정현 | `초·중·고` `중고등` 243
- 책 제목을 찾아라! | 정희영 | `초등` `초등` 245
- 도서부를 이겨보지 말입니다 | 임가희 | `초·중·고` `중고등` 247
- 리딩맨 | 강은준 | `초·중·고` `중고등` 251
- 필요 충분 조건 | 박동현 | `초·중·고` `초등~중등` 254
- 가족협동 미션게임 | 윤남미 | `초·중·고` `초등~중등` 256

02. 책 읽기 미션

- 황금 문장을 찾아라! | 박춘배 | 초등~중등 | 초등 | 259
- 위인 퀴즈 다트게임 | 박영옥 | 초등~중등 | 초등 | 261
- 책 제목 끝말잇기 | 김강선 | 초등 | 초등 | 264
- 책 읽고 보물찾기 | 김혜연 | 중고등 | 중고등 | 266
- 독서 세계여행 | 김강선 | 초등 | 초등 | 269
- 독서 마라톤 | 최운 | 초등~중등 | 초등5~중등 | 273
- 미르나래 CSI | 김민정 | 초·중·고 | 중고등 | 275
- 꼭꼭 숨어라 | 심정애 | 초등 | 초등 | 278
- 좋은 책 나쁜 책 비석치기 | 박영옥 | 초등 | 초등 | 280

4부 보드게임!

- 단어를 정복하라! | 이수아 | 초등 | 초등3~4 | 289
- 북빙고를 외쳐라! | 이수아 | 초등 | 초등3~4 | 291
- 저작권 쥬만지 | 박은하 | 초등 | 초등3~4 | 293
- 우리는 도서관 탐정, 미션을 해결하라! | 유승희 | 초등 | 초등3~4 | 295
- 쓰레기 소탕 대작전 | 박영혜 | 초등 | 초등 | 297
- 국제기구 바로 알기 젠가 | 박영혜 | 초등 | 초등3~6 | 300
- 알쏭달쏭 한식 퀴즈 놀이 | 박영혜 | 초등 | 초등3~4 | 303
- 그래프 놀이 | 박영혜 | 초등 | 초등2~3 | 305
- 무지개를 만들어라 | 박영혜 | 초등 | 초등 | 309
- 책벌레 스머프 사다리게임 | 김혜연 | 초·중·고 | 중고등 | 312
- 당신의 책을 가져오세요! | 류지명 | 중고등 | 고등 | 314
- 너도? 나도! | 류지명 | 초·중·고 | 초등~중등 | 318
- 책 폭탄! | 이해정 | 초·중·고 | 초등3~4 | 321
- 위인 스무고개 | 심재천 | 초등~중등 | 중등 | 324
- 띠빙고 | 오정연 | 초·중·고 | 초·중·고 | 327
- 도서관 브루마블 | 김동하 | 초·중·고 | 초등5~6 | 331

두근두근 최고의 도서관 | 한지희 | 초·중·고 | 중고등 | 334

가려진 너의 뒤에서 | 이현애 | 초·중·고 | 중고등 | 338

별난 주사위 | 정현정 | 초등 | 초등4~6 | 341

같은 그림! 같은 마음! | 이해정 | 초·중·고 | 초등4~6 | 344

책 카드 모으기 | 오은미 | 초·중·고 | 초등5~중등 | 347

책차차 | 이신애 | 초·중·고 | 초등~중등 | 350

명탐정 포와로 따라잡기 | 박혜미 | 중고등 | 중고등 | 353

게임으로 배우는 부동산 경제 | 박혜미 | 중고등 | 중고등 | 358

페이션트 제로를 찾아라! | 박혜미 | 초·중·고 | 중고등 | 363

픽미? 픽미! | 김길순 | 초·중·고 | 중고등 | 369

뒷이야기 이어 만들기 | 김길순 | 초·중·고 | 중고등 | 374

서(書)로 소통 | 김길순 | 초·중·고 | 중고등 | 378

공감! 우봉고 | 김윤진 | 초·중·고 | 중고등 | 382

앙코르! | 김윤진 | 초·중·고 | 중고등 | 386

부록 391

1부 창작 놀이

01. 글쓰기 놀이
02. 책 만들기
03. 표현 놀이

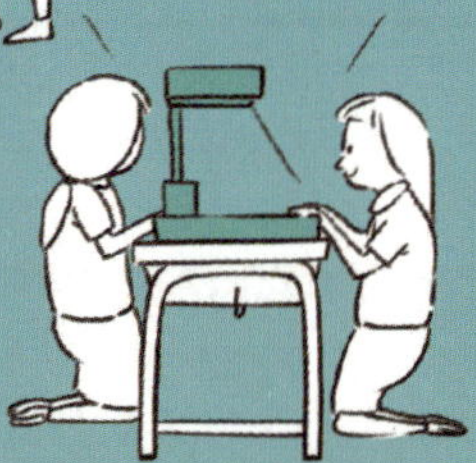

창작 놀이는 글쓰기, 그림 그리기와 같은 표현 활동을 통해 책을 읽은 뒤의 생각과 느낌을 자유롭게 표현해 보는 활동이다. 글쓰기 놀이, 책 만들기, 표현 놀이가 이에 속한다. 다양한 삶이 녹아 있는 그림책, 소설, 시 등의 문학 작품과 예술 활동을 결합한 창작 놀이는 단순히 책을 읽기만 했을 때보다 인물이나 사건을 훨씬 비평적으로 볼 수 있게 해준다.

01. 글쓰기 놀이

초·중·고   중등

책은 사랑을 싣고

황왕용 광양 백운고 사서교사

프로그램 소개
세계 책의 날(4월 23일)을 기념하여 해마다 진행하는 프로그램으로 학생은 물론 시민들까지 참여할 수 있다. 평소 마음을 전하고 싶은 가족, 친구, 선생님, 이웃 등 주변 사람에게 책을 추천하는 엽서를 써서 응모함에 넣으면 심사를 통해 열다섯 편의 편지를 뽑아 추천 책, 장미꽃과 함께 등기로 혹은 직접 전달해 준다.

준비물
응모함, 엽서, 선물로 보낼 책과 우편료, 장미꽃

사전 준비
1. 전교생, 학부모, 교직원, 지역 시민들까지 모두 참여할 수 있으므로 학교 게시판이나 가정통신문, SNS 등을 통해 널리 홍보한다.
2. 책 추천 엽서는 일괄적으로 제작해 응모함과 함께 도서관에 비치

해 둔다.

> (※ 휴일에는 도서부 학생들이 근처 공원이나 공공장소에 나가 시민들에게 엽서를 나누어 주고 신청을 받는다.)

3. 참가를 희망하는 학생은 마감 기한(일주일 정도)까지 도서관을 방문해 책 추천 엽서를 응모할 수 있도록 공지한다.
4. 엽서를 쓸 때 막상 뭐라고 쓸지 막막한 사람들을 위해 다음과 같이 작성 요령을 알려준다.
   ① 편지글 형식으로 쓴다.
   ② 엽서에 보내는 이와 받는 이의 인적사항 및 주소를 꼭 명시한다.
   ③ 자신이 감명 깊게 읽은 책과 그 작가에 대한 소개, 이 책을 추천하는 이유, 자신이 읽은 책에서 인상 깊었던 구절, 이 책을 어디에서 보게 되었는지 등을 쓴다.

진행 방법

1. 학생들은 평소 마음을 전하고 싶은 친구나 선생님, 부모님 등에게 책을 추천하는 엽서를 써서 응모함에 넣는다.
2. 응모 기간이 끝나면 교사는 엽서들을 모아 편지글 형식을 충분히 갖추었는지, 책을 추천하는 이유가 명확하게 들어있는지, 친구끼리 사전에 약속해 서로 주고받는 식이 아닌지 잘 가려 심사한다.
3. 성실하고 정직하게 쓴 엽서 열다섯 편을 뽑아 추천하는 책과 함께 받는 이에게 전달한다. 예산에 여유가 있다면 더 많은 사람에게 선물을 전달해도 좋다. 장미꽃과 함께 선물하면 감동이 두 배가 될 것이다.

사진으로 보는 책놀이

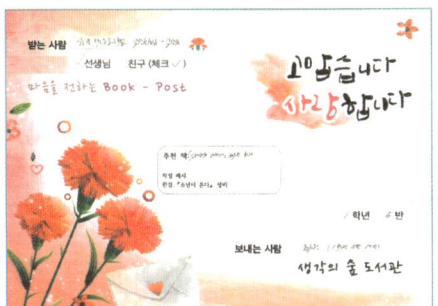

1. 책 추천 엽서 앞면

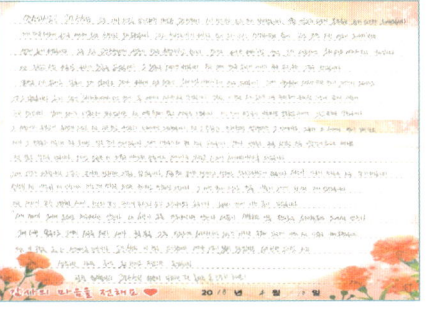

2. 책 추천 엽서 뒷면

3. 시민들에게 '책 추천 엽서 쓰기' 행사를 설명하는 모습

4. 책 추천 엽서를 쓰는 시민들 모습

선생님을 위한 도움말

- 엽서 규격이나 모양을 참가자들에게 자율적으로 맡기면 편지의 분량이 제각각일 수 있어 일괄적으로 제작해 준비했다.
- 인근 공원에서 행사를 진행하려면 시청에 공원 사용허가서를 받아야 한다.

책놀이에 참여한 학생들의 소감

- 시민들에게 세계 책과 저작권의 날이 무엇인지 설명해 드렸는데, 내

가 누군가에게 새로운 사실을 알려줄 수 있다는 것이 신기했다. 사실 이런 날이 존재하는지, 어떻게 유래되었는지 몰랐는데 준비를 하면서 새로운 사실을 많이 알게 되었다.
- 많은 분들이 관심을 보이시고 선뜻 참여한다고 하셔서 좋았고, 사연과 추천하는 책 제목을 엽서에 써서 응모하면 추첨을 통해 대상자를 선정하여 엽서와 책을 보내주는 프로그램을 내가 진행해서 뿌듯했다.

01. 글쓰기 놀이 초·중·고 초등

나도 시인이 될래요

김선순 김포 사우초 사서

프로그램 소개

동시는 세상의 모든 사물과 자연에 대해서 우리 마음속에 일어나는 생각이나 느낌을 아름다운 글로 표현하고, 순수한 동심의 세계로 우리를 이끌어 준다. 공부하느라 책은커녕 길가에 핀 꽃 한 송이도 못 보고 지나칠지 모르는 아이들을 위해 아름다운 동시들을 읽고, 시에 이어지는 구절을 상상해서 써보거나 시를 통해 떠오르는 이미지를 그림으로 그려보는 활동을 기획했다.

관련 도서

『그림 속 그림찾기 ㄱ, ㄴ, ㄷ』
이상교 지음, 안윤모 외 그림, 사계절, 2001

준비물

우드락, 여러 가지 색깔의 매직펜, 막대 사탕,

도화지, 크레파스

사전 준비

1. 복도 벽면에 우드락을 붙인 후 맨 위쪽에 이상교 시인의 시 가운데 아이들이 가장 공감할 만한 시를 선택해 예쁜 모양으로 코팅해 전시한다.
2. 시 쓰기와 그리기를 완성한 학생들에게 선물할 크리스털 막대 사탕을 준비한다.

진행 방법

1. 학생들은 시를 반복해서 읽어 보고 시의 주제를 잘 생각하며 마지막 행에 이어지는 시의 구절을 상상해 본다.
2. 준비한 연습지에 글을 정리해 쓰고 완성된 시를 우드락에 적는다.
3. 사서 선생님이나 명예사서, 도서부원이 낭독해 주는 시를 듣고 떠오르는 모습을 그림으로 그린다.

사진으로 보는 책놀이

1. 이상교 시인의 시에 이어지는 시의 구절을 써보는 아이들
2. 선생님이 낭독해준 시를 듣고 떠오르는 모습을 그린 시화들
3. 친구들이 그린 시화를 감상하는 아이들 모습

선생님을 위한 도움말

- 아이들이 완성한 시가 쓰인 우드락과 시화는 많은 사람들이 볼 수 있도록 장시간 전시해 둔다.
- 예산이 넉넉하다면 시집을 준비하여 잘 쓴 학생들에게 선물로 준다.

01. 글쓰기 놀이

책 광고 만들기

한계선 서울봉은중 사서

프로그램 소개

해마다 세계 책의 날을 맞이하여 전교생을 대상으로 자신이 감명 깊게 읽은 책에 대한 광고를 직접 만들어 보는 활동을 진행했다. 학생들은 책 광고를 만드는 과정에서 자신이 읽은 책의 인상 깊었던 점을 정리해서 압축적으로 표현함으로써 책 내용 중 무엇이 중요하고, 어떤 것을 기억해야 할지 되새기게 된다. 학생들이 창의력을 발휘하여 재미있게 활동에 참여하는 모습을 볼 수 있다.

관련 도서

『독서활동보고서 쓰기, 포트폴리오 만들기』

강승임 지음, 아주큰선물, 2010

준비물

광고용 도화지(학교에서 제공)

색연필(사인펜), 풀, 가위, 색종이, 잡지 또는 신문 등(개인 지참)

사전 준비

1. 교사는 광고 만들기를 시작하기 전에 책 광고의 일반적인 특징을 설명한다.
    예) 정보성, 압축성, 시각적 효과, 상징성, 흥미성 등
2. 광고하는 책에 대한 어떤 정보를 담아야 하는지 알려준다.
    예) 책 제목, 지은이, 출판사, 출판 연도, 정가, 책의 내용을 간결하면서도 핵심적으로 말해주는 책 속 구절, 작품에 대한 작가의 말, 작가에 대한 설명이나 그 작가의 다른 작품에 관한 언급, 책을 읽은 독자·평론가·기자의 서평 등
3. 광고의 시각적 요소를 표현하는 법을 알려준다.
    예) 간결하면서도 매력적인 카피 쓰는 법, 책 내용에 대한 관심과 흥미를 자아내는 그림 그리는 법, 글과 그림을 보기 좋게 구성하는 배열법과 여백 편집 노하우.

진행 방법

1. 학생들은 자신이 추천하고 싶은 책을 읽고, 이 책의 주 독자층은 누구인지, 책의 내용은 어떤 가치가 있는지 생각하며 광고 기획안을 만든다.
2. 신문이나 잡지 광고 중에서 마음에 드는 것을 골라 레이아웃, 스타일, 분위기를 참고하고 광고의 밑그림을 그린다.
3. 마음을 사로잡는 카피를 작성하고, 책의 줄거리를 몇 개의 문장으로 요약한다.
4. 색연필, 사인펜으로 그림을 그리거나 콜라주 기법을 활용하는 등

다양한 방법으로 광고를 꾸민다.

선생님을 위한 도움말

- 책 광고를 만들 때는, 책에 있는 그림이나 광고 문구를 활용하지 않도록 하고, 책 내용을 상징하는 것을 스스로 만들도록 지도한다.
- 디자인보다는 책의 내용을 효과적으로 표현하는 데 초점을 맞추도록 지도한다.
- 우수 작품은 도서관 복도 게시판에 전시하며, 전시 기간이 지난 후에는 도서관 안에서 상시 전시 작품으로 활용한다.

01. 글쓰기 놀이

초·중·고 중등

가족독서신문 만들기

장귀숙 서울 양서중 사서

프로그램 소개

사춘기 자녀와 잘 소통하지 못해 고민인 학부모 그리고, 부모님과의 대화를 부담스러워하는 아이들을 위해 기획한 프로그램이다. 독서동아리 학생들 학부모를 초청해 함께 가족독서신문을 만들어 보고, 내 가족에게 하고 싶은 말을 이야기 카드에 적어보는 시간을 마련했다. 가족독서신문은 가족이 함께 읽은 책의 줄거리, 독서 후 가족과 이야기 나눈 부분, 그 책을 통해 새롭게 알게 된 부분, 더 알고 싶은 부분 등을 글감으로 한다. 책 광고와 마찬가지로 독서신문 만들기도 책의 내용을 입체적으로 이해하고, 표현력을 키울 수 있게 돕는다.

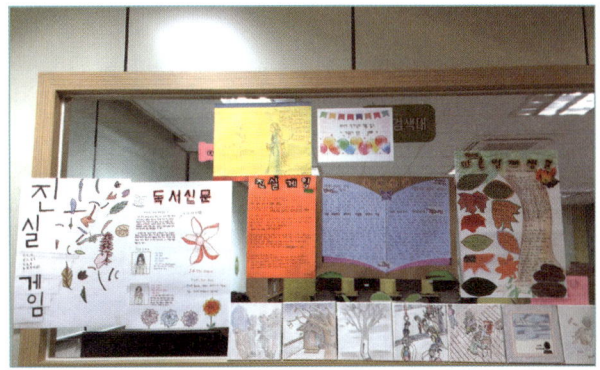

관련 도서

『엄마의 마흔 번째 생일』

최나미 지음, 정문주 그림, 사계절, 2012

준비물

켄트지, 색연필, 사인펜, 상품(휴대폰과 컴퓨터 호환이 가능한 USB)

사전 준비

1. 먼저 신문에 들어가는 구성 요소를 설명한다.

    예) 제호(신문 이름), 발행일, 창간 연도, 발행인, 편집인, 발행처, 독서와 관련된 명언, 제목, 부제목, 기사, 사진, 날씨, 광고 등

2. 지면을 채우기 힘들어하는 사람들을 위해 신문 만들기 예시를 칠판에 써주어도 좋다.

    ① 책 내용을 육하원칙에 의해 신문기사처럼 쓴다.

    ② 책 내용을 바탕으로 질문과 답변을 만들어 주인공이나 작가와의 인터뷰 기사처럼 쓴다.

    ③ 책 내용을 1~4컷의 만화로 표현하고 제목을 붙여 본다.

    ④ 신문의 사진처럼 독서감상화를 그린다. 사진 아래 작은 글씨로 설명이 들어가듯이 어떤 내용의 그림인지 육하원칙에 맞게 그림 설명을 쓴다.

    ⑤ 신문에 시사퍼즐이 있듯이 책 내용을 바탕으로 독서퀴즈나 퍼즐을 만든다.

    ⑥ 감명 깊게 읽은 책이나 소개하고 싶은 책의 책 제목, 지은이, 출

판사, 이미지, 간단한 책 정보를 담아서 광고를 만든다(책 광고 만들기는 본문 22쪽 참고).

진행 방법

1. 가족이 함께 『엄마의 마흔 번째 생일』을 읽고 독서신문의 글감이 되는 '줄거리', '독서 후 가족과 함께 이야기 나눈 부분', '책을 통해 새롭게 알게 된 부분', '좀 더 알고 싶은 부분' 등을 미리 정리해 본다.
2. 신문 맨 위쪽에 제호, 판권 사항(발행일, 발행인, 편집인, 호수, 발행처), 독서와 관련된 명언, 발행 취지 등을 넣어 박스 처리하고, 그 아래부터 기사를 싣는다.
3. 헤드라인(표제)을 단다. 독자가 기사를 다 읽지 않고 표제만 봐도 한눈에 내용을 이해할 수 있어야 한다.
4. 가족독서신문을 완성한 뒤 도서관에 비치된 '우리들 이야기' 카드에 가족에게 하고 싶은 말을 적는다.

선생님을 위한 도움말

- 여러 쪽수를 발행할 경우, 1면에 가장 중요하다고 생각되는 내용을 싣도록 지도한다.
- 신문의 구성 요소인 기사, 사진, 만화, 광고 등이 골고루 들어가도록 지도한다.
- 독서동아리 학생 학부모들 대부분이 바쁜 생활 때문에 행사에 참여하기 부담스러워했지만 참여한 뒤에는 "오랜만에 아이와 뭔가를 같이 했다"며 뿌듯해하셨다.
- 활동 결과물들을 도서관에 전시한다.

01. 글쓰기 놀이 초·중·고 초등~중등

이야기 꾸며 쓰기

박동현 김해 주촌초 교사

프로그램 소개

이야기를 듣고 일부분을 새롭게 꾸며 쓰는 놀이다. 이 활동은 아이들이 책의 내용을 정확하게 이해하도록 도와주며, 이야기를 구성하는 종합적인 사고력을 길러준다. 또한, 한 가지 이야기를 읽고도 서로 다른 의견을 가질 수 있다는 것을 이해하게 해준다.

준비물

공책, 필기구

진행 방법

1. 교사는 학생들에게 그림책을 읽어준 뒤, 이야기의 구성 요소에 대해 설명한다.
2. 앞뒤 내용을 생각하며 이야기의 일부분을 꾸며 쓰도록 지도한다. 이미 있는 이야기를 어떻게 다르게 쓸지 막막해할 수 있으므로 칠

판에 다음과 같이 꾸며 쓰기 요령을 적어주면 좋다.
① 이야기의 중간 또는 마지막 부분 중 적당한 부분을 바꿔 쓴다.
② 이야기의 구성 요소인 인물, 사건, 배경(언제, 어디) 중에서 일부 또는 전체를 바꿔 쓴다.
③ 자신이 이야기 속 인물이라면 어떻게 할지 상상해서 쓴다.
3. 이야기 꾸며 쓰기를 마친 뒤에는 아이들이 쓴 글과 원작을 비교해 보고 아이들의 생각을 들어 본다.

사진으로 보는 책놀이

1. 교사는 책 속 이야기의 구성 요소를 설명한다.

2. 학생들은 앞뒤 내용을 생각하며 이야기를 꾸며 쓴다.

선생님을 위한 도움말

- 활동에 필요한 그림책을 선정할 때는 학생의 생활 경험과 관련지을 수 있는 책, 학생의 발달 수준에 맞추어 관심 가질 만한 주제를 다룬 책, 이야기의 전개가 예상을 뒤엎는 재미와 반전을 가진 책 등 이야기 꾸며 쓰기가 활발히 전개될 수 있는 책인지 고려하도록 한다.
- 꾸며 쓴 이야기는 모두가 발표하고 게시하여 각자의 생각을 존중해 주도록 한다.

02. 책 만들기 중고등 고등

지성과 감성의 결실 맺기 '나도 저자'

이기쁨 누원고 사서교사

프로그램 소개

이름 그대로 책을 쓰는 프로젝트이다. 참여 학생이 책의 기획부터 표지 만들기까지 모든 것을 주도적으로 하는 창작 활동이다. 책의 장르에 따라 자신의 내면을 깊게 들여다볼 수 있고, 진로에 대해 심도 있는 탐구를 할 수도 있다. 더불어 창작의 기쁨과 인내의 끝을 볼 수 있는 책 쓰기 활동을 하고 나면 학생들은 크나큰 자존감을 느끼게 된다.

관련 도서

『책쓰기 꿈꾸다』

허병두 외 지음, 문학과지성사, 2012

『소설 쓰기의 모든 것』 시리즈

낸시 크레스 외 지음, 박미낭 외 옮김, 다른, 전 5권

소요 기간

7월 중순~11월 중순까지(약 4개월)

사전 준비

1. 책 쓰기 활동에 참여할 학생을 모집한다.
    ① 1학기 기말고사가 끝나자마자 신청자를 받는다. 신청서 내용에는 쓰고 싶은 책의 장르, 대략적인 목차, 4개월간 프로젝트에 임하는 자세 등을 적게 한다.
    ② 장기 프로젝트이니 성실히 참여할 수 있는 학생들로 모집한다.
2. 참여 학생들은 여름 방학 전까지 기획안을 쓴다. 교사는 학생들의 기획안을 보고 주제나 방향성이 적절한지 피드백을 준다.

진행 방법

1. 원고 작성
    – 참여 학생들은 여름방학부터 글을 쓰기 시작한다.
2. 글쓰기 진도 체크하기
    ① 개학 후 교사는 2, 3주에 한 번씩 참여 학생들과 만나 글쓰기 진도를 체크하고, 학생들끼리 서로 동기부여가 되게 유도한다.

② 교사는 학교생활과 집필 활동을 병행하는 아이들을 격려하고, 쓰고 있는 내용을 들어주며 방향성에 대해 조언해 주는 역할을 한다.

③ 학생들은 서로 집필하며 겪는 어려움에 관한 이야기를 나누고, 참고할 만한 사항을 공유한다. 이 과정을 통해 서로 의지하고 자극받으며 끝까지 프로그램을 끝낼 수 있는 힘을 얻는다.

3. 출판기념회 열기

① 책이 출간되면 참여 학생들끼리 조촐하게 출판기념회를 열고, 자신들이 만든 책을 다른 학우들에게 선보이는 시간을 갖는다.

② 책을 출간한 학생들을 축하해 주는 자리임으로 풍성한 먹거리를 준비해 화기애애한 분위기가 될 수 있도록 한다.

③ 이후 학생들이 프로젝트에 참여했던 내용은 생활기록부에 기재해 주고 시상도 한다. 완성된 책은 도서관에 전시하고 학생들이 대출할 수 있도록 한다.

| 일정표 예시 |

일정	해야 할 일
기말고사 후 ~ 7월 중순	책 쓰기 활동에 참여할 학생 모집 및 기획안 쓰기
7월 말 ~ 여름방학 직전	학생들의 기획안을 보고 교사가 피드백하기
여름방학 기간	집필 활동
8월 말 ~ 2학기 시작 전	집필 진도 체크, 참여 학생들과 모여 집필 활동 이야기 나누기
9월~11월	2, 3주마다 만나 진도 체크하기
11월 혹은 기말고사 이후	출판 기념회 열기

선생님을 위한 도움말

- 평소 독서에 관심이 많고 글쓰기에 소질이 있는 학생들을 눈여겨보다가 프로그램에 참여시킨다.
- 동아리(자율동아리, 상설동아리 등) 형태로 책 쓰기 프로그램을 진행하는 것도 좋은 방법이다.
- 프로젝트의 처음부터 끝까지 학생들이 주도적으로 하는 활동이다. 교사의 역할은 멍석을 잘 깔아 주고 학생들이 지치지 않도록 격려해 주는 정도이다. 학생들 글을 일일이 첨삭해 줘야 한다는 부담감에서 벗어나야 교사도 학생도 스트레스 받지 않고 재미있고 의미 있는 활동이 될 수 있다.
- 본문을 흑백으로 하느냐, 컬러로 하느냐에 따라 제작비가 두 배 정도 차이가 난다. 본문이 흑백이라면 120페이지 기준 6천 원 선이면 되고, 컬러면 1만 2천 원 선이다.

02. 책 만들기

초·중·고 중고등

즐거운 상상, 그림책 만들기

전윤경 서울 봉영여중 사서

프로그램 소개

그림책의 매력은 다양한 해석이 가능하고 읽는 이의 상상을 필요로 한다는 점이다. 책을 읽는 것에서 한 걸음 나아가 책이 지닌 매력을 피부로 체험해 보고자 학생들과 그림책 만들기를 시작해 보았다. 학생들은 책을 읽는 것에만 그치지 않고 스스로 작가가 되어 세상에 하나뿐인 나만의 그림책을 만들었다.

준비물

- 각종 종이류 : 도화지, 칼라우드보드, 머메이드지, 두꺼운 도화지, 먹지, 색종이 등
- 채색 도구 : 수채화물감, 포스터물감, 파스텔, 32색 색연필, 사인펜, 붓펜 등
- 제본 도구 : 순간접착제, 목공 풀, 테이프 등
- 꾸밈 도구 : 나무집게, 지끈, 반짝이 풀, 데코제품 등

사전 준비

1. 도서관 및 중앙현관 게시판에 모집 공고를 내 신청자를 받고, 신청자의 창작 의지와 성실성 등을 일대일 면담을 통해 평가하여 참여 학생을 선발한다.
2. 그림책 만들기는 긴 시간을 할애해야 하는 활동이기 때문에 학부모의 후원과 지지는 가장 중요하며 반드시 필요한 부분이다. 이를 위해 활동 전 그림책 만들기에 관해 가정통신문과 문자메시지 등을 이용하여 적극적으로 홍보하자.
3. 저작자가 자신의 창작물에 대해서 갖는 권리인 저작권에 대한 사전 교육을 실시한다. 글꼴 등을 포함한 타인의 창작물을 존중할 것과 사용 시 출처를 밝혀야 함을 교육한다.
4. 그림책의 여러 형태, 글과 그림의 관계, 등장인물 등 그림책 만들기의 기본 요소를 안내한다.
5. 주제 제한은 없으나 '나'가 들어가는 주제를 선정하도록 유도한다(예: '내가 가장 좋아하는 것', '내가 경험했던 일', '내가 하고 싶은 일', '나의 친구' 등). 이때 마인드맵을 활용하여 자신을 들여다보고 내가 말하고 싶은 이야기의 주제나 소재를 찾아보도록 하는 것도 좋다.

진행 방법

1. 작성할 그림책의 모든 페이지의 그림을 대략적으로 그려 보고(스토리보드 작성), 페이지 분할과 인물 형태, 텍스트 위치 등을 구상한다.
2. 얼개(이야기의 흐름)를 만들고 스토리를 완성한다.
3. 그림책에 들어갈 글의 구성 방법을 정하고, 재료와 소재를 고려해 그림을 그리고 텍스트를 작성한다.

(※ 그림 작업 방법 : 콜라주, 찢어서 붙이기, 저작권 무료 사이트에서 사진이나 그림 출력 후 붙이기, 두꺼운 종이 오려서 붙이기, 신문 이용하기 등)

4. 만들려는 책과 같은 형태와 크기로 더미북(가제본)을 만들어 글과 그림이 조화롭게 어우러지는지, 스토리 전달이 잘되는지 점검한다.
5. 판형, 종이의 질 등을 고려하여 그림책을 디자인하고 제본한다.
    (※ 기계를 사용하지 않고 제본하는 방법 : 오침안정법, 목공풀 이용하기, 제본테이프 사용하기, 스프링제본 등)
6. 학부모를 초청하여 그림책 발표회를 연다. 그림책 발표 후 학부모님들과 조촐한 다과회를 진행해도 좋다.

사진으로 보는 책놀이

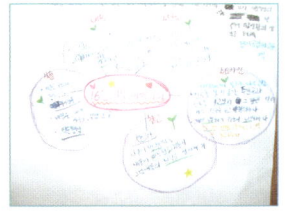

1. 그림책 줄거리 개요 짜기

2. 스케치하기

3. 각자 만든 더미북(가제본)을 발표하고 피드백하기

4. 다양한 방법을 활용한 그림책 작업

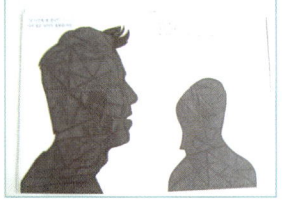

5. 텍스트와 그림 배치하기

6. 북페스티벌에 참가해 그림책으로 소통하기

선생님을 위한 도움말

- 그림책을 제본할 때 종이 재질에 따라 다양한 제본 방법이 있다. 그림책 작업 전에 어떤 방법으로 제본할지 정하고, 제본 부분을 염두에 둔 채 글과 그림을 배치해야 한다. 학교에 제본기가 있다면 제본기를 사용해도 되고, 예쁜 지끈으로 묶거나 색테이프를 사용하는 등 각자의 개성에 따라 제본해도 좋다.

- 책 표지가 너무 두꺼우면 제본하기 어려우며 책이 분리될 수 있어서 표지 두께를 미리 고려한다. 책의 특성마다 다르지만 제본기(제본기에 맞는 표지가 함께 있어서 틀 안에 내용물을 넣고 제본하면 됨)를 이용할 경우 속지보다 두꺼우면 되지만, 제본기를 사용하지 않고 표지가 맨 앞으로 그냥 나올 경우 120g 이상의 종이가 좋다.

- 수채화를 이용한 그림인 경우 일반 도화지를 사용하면 번지거나 뒷면에 비칠 수 있어 머메이드지 두께 정도의 종이를 사용하는 것이 적당하다.

- '더미북'이란 그림책 완성본을 만들기 전에 만드는 가제본을 말한다. 더미북을 만들어 보면 그림책 전체를 한눈에 살펴볼 수 있고, 글과 그림의 위치 등 그림책의 구성을 미리 살펴볼 수 있어서 완성도를 높일 수 있다.

- 친구들이 만든 그림책과 비교하여 자신감을 잃는 학생이 있으나 결과물보다는 그림책 만들기 과정의 중요성을 인식하도록 이끌어 주자. 무엇보다 진솔한 자기만의 이야기가 지닌 힘을 인식하도록 지도한다.

02. 책 만들기

버리는 책으로 팝업북 만들기

김선영 서울 홍제초 사서

프로그램 소개

북아트는 학생들이 좋아하는 책놀이 중 하나다. 2016년 서울 도서관 기획전시에서 오래되거나 파손된 도서들로 만든 북아트 작품을 보고 의미 있는 활동을 할 수 있겠다는 생각이 들었다. 도서관에서 파손된 도서를 수선하고, 더 이상 손볼 수 없는 책들을 폐기하면서 버리기 아까운 책들도 발견하곤 한다. 그런 책들을 그냥 버릴지 아니면 다시 재미난 활동으로 새 생명을 줄 것인지는 사서 선생님의 손에 달려 있다. 북아트 전문가가 아니라도, 야무진 가위질과 꼼꼼한 풀칠만 할 수 있다면 누구라도 멋진 리사이클링 팝업북을 만들 수 있다. 도서관에 있는 북아트 기본서를 참고해 팝업북 만드는 법을 소개한다.

관련 도서

『(예쁜 샘샘의) 세상의 모든 북아트』

양영모 지음, 헤지원, 2017

『(아이들과 함께하는) 팝업북 만들기』

박정아 지음, 예경, 2009

준비물
버리는 그림책과 가위, 딱풀

사전 준비
- '버리는 책들은 어떻게 될까?'를 주제로 학생들과 간단하게 이야기 나누고, 모든 종이가 재활용되는 건 아니라는 점도 알려준다.

진행 방법
1. 버리는 그림책을 준비해 표지와 속지를 분리한다.
2. 표지 안쪽의 파손이 너무 심하면 마스킹테이프나 그림책 속지를 알맞게 잘라 붙인다.
3. 속지 한 장을 잘라 반으로 접은 뒤 사각형 자르기를 한 후 무대로 세울 부분을 만든다.
4. 속지에서 마음에 드는 그림을 골라 큰 그림 한두 개, 작은 그림 두세 개를 오린다.
5. 책 표지 안쪽에 무대를 세우고, 오린 그림을 보기 좋게 구성하여 붙이면 된다.
6. 입체감을 위해 오린 그림 뒤에 지그재그로 접은 종이를 붙이면 스프링처럼 튀어나오는 효과를 줄 수 있다.
7. 작은 그림이나 강조하고 싶은 단어, 글을 오려 붙여 꾸밀 수 있다.

사진으로 보는 책놀이

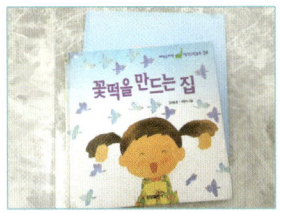
1. 버리는 그림책 준비하기

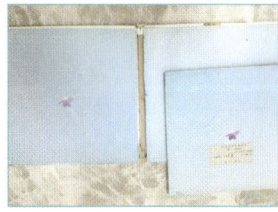
2. 속지와 표지 분리하기

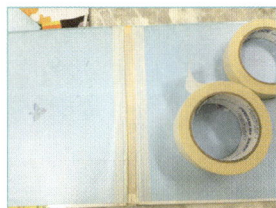
3. 마스킹테이프 붙이기

4. 속지 한 장 반으로 접기

5. 사각형 자르기

6. 5를 펼친 모양

7. 안쪽에 붙이기

8. 무대 설치, 펼친 모양

9. 잘라낸 사각형 지그재그로 접기(스프링 만들기)

10. 큰 그림 다섯 개 오리기

11. 스프링 붙이기

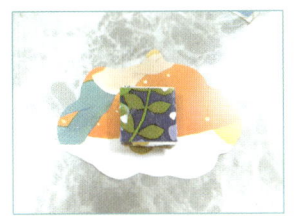

12. 큰 그림 붙이기

13. 팝업북 완성

선생님을 위한 도움말

- 도서관명예교사 자체연수, 도서부, 독서동아리 활동으로 해 보니 반응이 좋았다.
- 원색이나 화려한 그림이 있는 책이 만들고 나면 더 예쁘다.
- 다른 사람의 책 속지 그림을 나눠서 장식해도 좋다.
- 나만의 스토리를 만들어도 좋고, 스토리가 없더라도 팝업북 만들기 자체만으로도 재미있다.
- 정성을 쏟는 만큼 팝업북의 완성도가 달라진다. 책 제목이나 강조하고 싶은 단어, 좋은 글귀를 오려 붙여도 좋고, 예쁜 손글씨를 써서 꾸밀 수 있다. 캘리그래피를 접목해서 독서명언이나 좋은 글귀, 간단한 시를 적어 장식할 수 있다.
- 버리는 그림책으로 무대 책뿐만 아니라 방 책, 팝콘 책, 터널 책 등 다양한 입체북을 만들 수 있다.
- 고학년 폐기 도서는 내용이나 사진을 발췌하여 폴더 책, 병풍 책을 만들 때 속지로 활용할 수 있다.

02. 책 만들기

북아트를 활용한 '김치 책' 만들기

김강선 서울 용동초 사서교사

프로그램 소개

주제에 따른 책을 읽은 후 북아트를 활용해 다양한 형태의 책 만들기를 체험해 봄으로써 학생들에게 독서의 즐거움을 느끼게 해주고, 창의적인 글쓰기와 표현 능력을 길러주고자 기획했다. 우리 고유의 음식 김치에 대해 좀 더 깊이 이해하도록 '세계인의 우리 음식 김치'를 테마로 정하고, 북아트를 활용해 김치의 재료와 좋은 점을 표현하는 책을 만들어 보도록 했다.

관련 도서

『오늘은 우리 집 김장하는 날』
채인선 지음, 방정화 그림, 보림, 2001

『김치는 싫어요?』
최신양 지음, 나애경 그림, 보림, 1995

『숨 쉬는 항아리』

정병락 지음, 박완숙 그림, 보림, 2005

준비물

- 학생 준비물 : 필기도구, 색연필, 사인펜
- 학교 준비물 : 가위, 풀, 본드, 색종이, 여러 가지 색상의 4절지 또는 A4용지

사전 준비

1. '김치 재료로 알아보는 우리 김치의 좋은 점'(첫째 날), '김장 담그기 과정에서 배우는 김치의 역사'(둘째 날), '김치를 저장하는 도구 : 우수한 우리 항아리'(셋째 날)를 주제로 한 PPT 자료를 준비한다.
2. 북아트 기본 책 모형인 지그재그책 모형, 아코디언책 모형을 준비한다(391쪽 부록1 참고).

진행 방법

【 첫째 날 】

1. 학생들은 『김치는 싫어요?』를 함께 읽고, '김치 재료로 알아보는 우리 김치의 좋은 점' PPT 자료를 감상한다.
2. 함께 읽은 책에 대한 간단한 발문에 답해 보고, 스토리보드에 자신의 생각을 정리해 본다.
3. 북아트 기본 책 모형을 이용해 김치 재료와 김치의 좋은 점을 표현해 본다.
4. 학생들 각자가 만든 책을 발표하는 시간을 갖는다.

【 둘째 날 】

1. 학생들은 『오늘은 우리 집 김장하는 날』을 함께 읽고, '김장 담그기 과정에서 배우는 김치의 역사' PPT 자료를 감상한다.
2. 함께 읽은 책에 대한 간단한 발문에 답해 보고, 스토리보드에 자신의 생각을 정리해 본다.
3. 북아트 지그재그책 모형을 이용해 김치 담그기 과정과 김치의 역사를 표현해 본다.
4. 학생들 각자가 만든 책을 발표하는 시간을 갖는다.

【 셋째 날 】

1. 학생들은 『숨 쉬는 항아리』를 함께 읽고, '김치를 저장하는 도구 : 우수한 우리 항아리' PPT 자료를 감상한다.
2. 함께 읽은 책에 대한 간단한 발문에 답해 보고, 스토리보드에 자신의 생각을 정리해 본다.
3. 북아트 아코디언 문책 모형을 이용하여 항아리 만드는 과정과 항아리 속 음식에 관해 표현해 본다.
4. 학생들 각자가 만든 책을 발표하는 시간을 갖는다.

사진으로 보는 책놀이

【 지그재그책 모형으로 김치 책 만들기(둘째 날) 】

1. 교사는 화이트보드에 김치 만드는 과정을 단계별로 적어둔다.

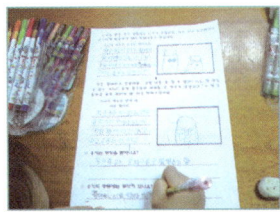

2. 학생들은 화이트보드에 적힌 김치 담그는 과정을 스토리보드에 옮겨 적는다.

3. 색지를 오려 만든 카드에 스토리보드에 쓴 내용을 옮겨 쓴다.

4. 카드에 예쁘게 색칠을 한다.

5. 카드를 순서대로 나열한 모습

6. 종이를 지그재그로 접은 상태에서 오른쪽 면에 풀칠을 하고 카드를 붙인다.

7. 나머지 카드도 순서대로 두 개씩 다음 오른쪽 면에 붙인다.

8. 접은 종이의 시작 면과 끝 면에 다른 색지를 붙인 다음 펼쳤을 때의 모습.

9. 표지(맨 앞 장)에 제목을 쓰고 예쁘게 꾸민다.

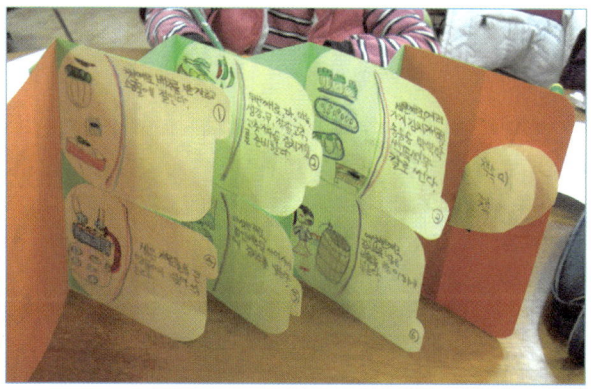

10. 만들기가 끝나면 도서실 한쪽에 전시한다.

선생님을 위한 도움말

- 책 만들기를 할 때 모든 학생이 예시용 북아트 모형을 보고 설명을 들은 뒤 만들 수 있도록 주의를 집중시키고, 과정에서 뒤처지는 학생이 없는지 세심하게 지도한다.
- 함께 읽으면 좋은 책 :

『세상을 깜짝 놀라게 한 오천 년 우리 과학』
이영민 지음, 전병준 그림, 계림닷컴, 2002

『김치네 식구들』
백명식 지음, 달과소, 2013

『밥 힘으로 살아온 우리 민족』
김아리 지음, 정수영 그림, 아이세움, 2002

『콩두는 김치를 싫어해』
김지은 지음, 유준재 그림, 스콜라, 2006

02. 책 만들기

초·중·고 / 초등

옛 책 만들기

이영주 서울 구산초 사서교사

프로그램 소개

접이책(절첩장), 대나무책(죽간), 두루마리책(권축장) 등 옛 선조들이 사용했던 다양한 고서들을 직접 만들어 보는 활동이다. 우리 옛 한시와 그림에 관한 책을 읽고, 그 내용을 직접 만든 옛 책에 채워 보는 경험을 통해 자연스럽게 우리 문화와 책의 역사를 배우게 하고자 기획했다.

관련 도서

『옛 아이들의 노래와 놀이 읽기』
편해문 지음, 박이정, 2002

『신현림의 옛 그림과 뛰노는 동시 놀이터』
신현림 지음, 살림어린이, 2011

『처음 만나는 한시』
선현경 지음, 휴머니스트, 2009

『정민 선생님이 들려주는 한시 이야기』

정민 지음, 보림, 2003

준비물

- 공통 준비물 : 붓펜 또는 네임펜, 풀, 가위, 스카치테이프, 속지로 쓸 옛 그림, 아이들 이름 낙관 프린트물
- 두루마리책(1인당) : 나무봉(길이 23cm, 지름 0.8cm) 1개, 한시 프린트물(속지) 1매, 겉표지(전통무늬 포장지) 1매, 실(청, 노, 홍) 10개씩 총 30개, 장식 구슬 1개
- 접이책(1인당) : 마분지 2매, 겉표지(포장지) 2매, 속지 B4 1매, 제목 한지 1매
- 대나무책(1인당) : 하드 막대(노란색, 분홍색, 주황색, 연두색, 하늘색 각 9개씩), 실(청색, 노란색, 홍색 각 10개씩)

사전 준비

1. 옛 그림과 옛 시가 나온 책을 반드시 먼저 읽는다(예: 옛 아이들 노래, 신현림의 옛 그림과 뛰노는 동시, 처음 만나는 한시, 정민 선생님이 들려주는 한시 이야기 등).
2. 학년별 난이도를 고려해 만들 옛 책을 선택한다. 접이책은 1~2학년, 대나무책은 3~4학년, 두루마리책은 5~6학년을 대상으로 만들면 적당하다.
3. 옛 그림은 몇 가지를 프린트해 놓는다.
4. 아이들의 이름을 낙관으로 만들어 오려 둔다.

진행 방법

【 두루마리책 만들기 】

1. 전통무늬 포장지를 사이즈를 맞춰 재단한다.
2. 미리 재단해 둔 포장지를 뒤집어 가장자리를 살짝 접는다.
3. 반대쪽은 1번보다 가장자리를 두 배 정도 넓게 잡아 풀칠한다.
4. 미리 프린트해 둔 속지를 3번에 풀칠한 부분과 붙인다.
5. 4번 종이를 뒤집어 앞표지에 제목을 붙인다.
6. 나무봉의 한가운데에 끈을 묶는다.
7. 실 끝에 투명테이프를 감아서 장식 구슬을 통과시킨 뒤 매듭을 묶어 준다.
8. 4번에서 빗금 친 부분에 풀칠한 뒤 나무봉을 단단히 감싸서 붙인다.
9. 나무봉을 기준으로 종이를 끝까지 돌돌 감아준다.
10. 장식 구슬을 실 사이로 통과시켜 고정한다.

【 접이책 만들기 】

1. 마분지의 어두운 면을 풀칠한 뒤, 표지로 쓸 한지 뒷면 중앙에 오도록 붙인다.
2. 마분지의 꼭짓점을 기준으로 한지 모서리를 잘라낸다.
3. 마분지를 제외한 한지 여백에 풀칠을 한 뒤 안으로 접어 마분지에 붙인다.
4. 1~3번과 같은 방식으로 표지 한 장을 더 만든다.
5. 속지를 지그재그로 접은 뒤 양쪽 끝 면에 풀칠을 한다.
6. 풀칠한 속지 끝부분과 표지 안쪽 면을 붙인다.
7. 앞표지에 제목을 쓸 한지를 붙여 완성한다.

【 대나무책 만들기 】

1. 색칠한 아홉 개의 하드 막대에 구멍을 뚫어 나란히 늘어놓은 후 실을 반으로 접는다.
2. 반으로 접은 실을 막대의 오른편 첫 번째 구멍에 통과시켜 묶는다.
3. 한쪽 실은 뒤쪽으로 넣어 구멍을 통해 빼낸다.
4. 다른 한쪽 실도 앞쪽으로 넣어 구멍을 통해 빼낸다.
5. 빼낸 실을 서로 엇갈리도록 한 번 꼰다.
6. 3번, 4번, 5번 과정을 반복해 아홉 개의 막대를 모두 엮는다.
7. 맨 마지막 막대 끝에 매듭을 묶는다. 매듭을 묶기 전에 구멍을 통과한 실이 제대로 꼬이지 않은 부분이 있는지 확인한다.
8. 막대 왼편 첫 번째 구멍에 실을 통과시킨 뒤 10cm 정도 남긴다.
9. 구멍을 통과시킨 실을 묶는다.
10. 막대 왼편도 오른편과 같은 방식으로 막대를 모두 엮는다.
11. 맨 마지막 하드 막대 끝에 매듭을 묶어 완성한 대나무책에 재미있는 옛 시를 적어 마무리한다.

사진으로 보는 책놀이

【 두루마리책 만들기 】

1. 표지로 쓸 포장지를 뒤집어 가장자리를 살짝 접고 풀칠한다.
2. 반대쪽도 풀칠한다.
3. 내용으로 쓸 속지에 풀칠할 여백을 남기고 프린트한다.

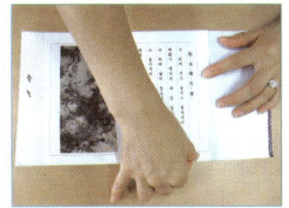  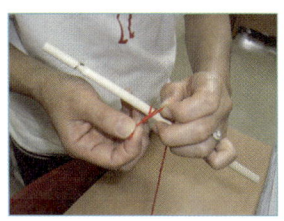

4. 속지를 표지에 풀칠한 부분과 붙인다.

5. 표지에 제목을 붙인다.

6. 나무봉 중간에 끈을 묶는다.

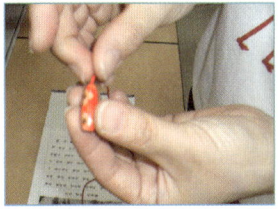 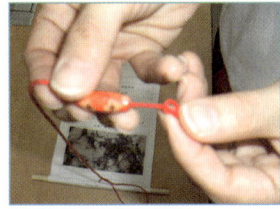 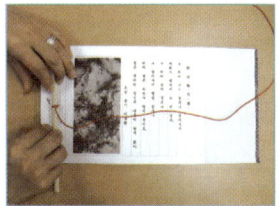

7. 실 끝에 스카치테이프를 감아 장식 구슬에 통과시킨다.

8. 매듭을 묶는다.

9. 속지 왼편에 풀칠한 뒤 나무봉을 단단히 감싸서 붙인다.

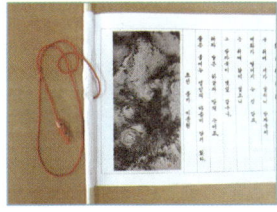 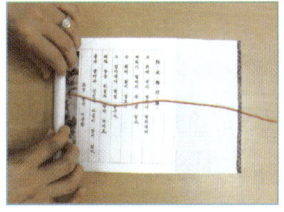 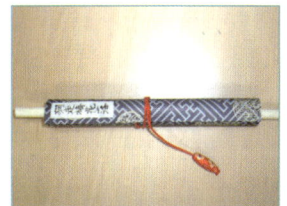

10. 속지에 나무봉을 고정시킨다.

11. 나무봉을 기준으로 종이를 끝까지 돌돌 감는다.

12. 장식 구슬을 실 사이로 통과시켜 고정시킨다.

【 접이책 만들기 】

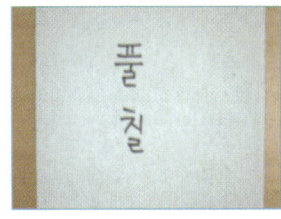 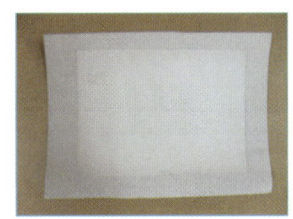 

1. 마분지 어두운 면에 풀칠한다.

2. 풀칠한 마분지를 표지로 쓸 한지 뒷면 중앙에 붙인다.

3. 마분지 꼭짓점을 기준으로 한지 모서리를 잘라낸다.

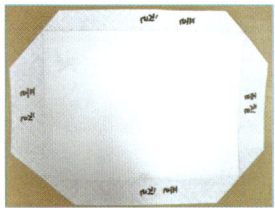

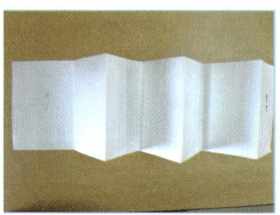

4. 마분지를 제외한 한지 여백에 풀칠을 한다.

5. 풀칠한 면을 안으로 접어 표지를 만들고 같은 방법으로 하나 더 만든다.

6. 속지를 지그재그로 접은 뒤 양쪽 끝 면에 풀칠을 한다.

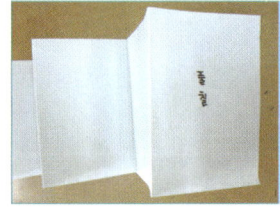

7. 풀칠한 속지 끝부분과 표지 안쪽 면을 붙인다.

8. 앞표지에 제목을 쓸 한지를 붙여 완성한다.

【 대나무책 만들기 】

1. 아홉 개의 하드 막대를 나란히 늘어놓는다.

2. 실을 반으로 접어 사진과 같이 첫 번째 구멍을 통과시켜 묶는다.

3. 한쪽 실은 뒤쪽 구멍으로 넣어 빼낸다.

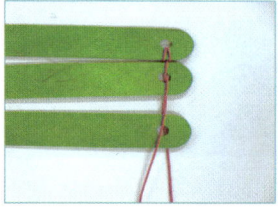

4. 나머지 한쪽 실은 앞쪽 구멍으로 넣어 빼낸다.

5. 빼낸 실을 사진처럼 한번 엇갈리게 꼰다.

6. 실을 구멍에 넣고 꼬는 과정을 반복해 막대를 모두 엮는다.

 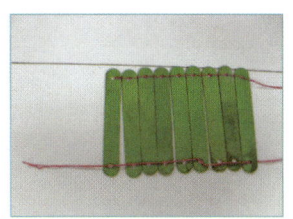 

7. 실이 제대로 꼬였는지 확인한 뒤 사진과 같이 묶는다.

8. 반대편 구멍에 실을 넣은 뒤 사진처럼 10cm 정도 남긴다.

9. 구멍을 통과시킨 실을 사진과 같이 묶는다.

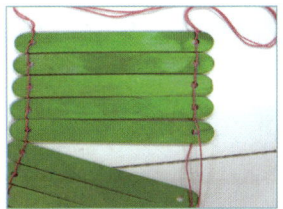  

10. 반대편도 먼젓번과 같은 방식으로 막대를 모두 엮는다.

11. 막대를 모두 엮으면 사진과 같이 매듭을 묶는다.

12. 완성된 대나무책 모습

선생님을 위한 도움말

- 두루마리책이나 대나무책 만들기에 쓸 실은 구멍을 잘 통과할 정도로 얇으면서 신축성이 있고, 빳빳한 것이 좋다. 실이 빳빳하지 않아 구멍에 넣기 힘들 때는 실 끝에 투명 테이프를 둘러서 사용하면 편리하다.
- 저학년의 경우 일대일로 옆에서 차근차근 따라 할 수 있게 설명해 줘야 하기 때문에 학부모 자원봉사자 등의 도움을 받을 수 있으면 좋다.
- 두루마리책의 내용으로 쓸 속지 양식은 393쪽 부록2 참고.

02. 책 만들기

초·중·고 / 초등

서사재료 체험전

김은선 완주 봉서초 사서교사 (군산 신흥초에 재직할 당시 운영했던 프로그램입니다)

프로그램 소개

현재의 책이 만들어지기 전까지 사용되었던 서사 재료로 직접 책 만들기 활동을 체험하면서 책과 서사재료의 역사적 의미를 이해하고, 다양한 문화적 체험과 독서활동에 대한 흥미를 증진하고자 고안한 활동이다.

(※방법 및 재료는 '학교도서관을 살리는 교사들' 카페에서 많은 부분 참고함)

준비물

1. 파피루스 체험 : 파피루스(박판지로 대체 가능), 색연필, 사인펜
2. 죽간목독 : 개인당 양쪽을 미리 펀치로 구멍을 뚫은 하드스틱 5개씩, 가죽끈 2개, 사인펜
3. 종이 만들기 : 종이죽, 파스텔갈이(손잡이에 번호 쓰기), 전열기구, 믹서기, 붓펜
4. 목판 체험 : 스탬프 찍을 종이, 한글(자음, 모음) 스탬프 4인당 1개

사전 준비

9~10월, 독서의 달 행사 기간 동안 각 학급의 담임 교사가 시간표를 선택하여 도서실에 신청하도록 한다(체험 시간은 한 학급당 한 시간).

진행 방법

【 파피루스 체험 】

1. 파피루스 만드는 과정을 소개하는 동영상을 보여주고, 파피루스에 어떤 문서들이 기록되었는지 설명한다.
2. 파피루스에 사인펜을 이용해 이집트 문자를 쓰고 문서를 만들어 본다. 이때 학생들이 보고 따라 쓸 수 있도록 미리 이집트 문자를 복사해 나눠준다.

【 죽간 만들기 】

1. 冊(책)이라는 단어의 유래, 죽간의 모습에 대해 알아본다.
2. 하드스틱 양쪽에 구멍을 뚫어 끈으로 스틱과 스틱 사이를 묶는다.
3. 오른쪽 구멍의 스틱을 먼저 엮고 그다음 왼쪽을 엮어 완성한다.
4. 다섯 개를 모두 연결하면 붓펜으로 세로쓰기를 해본다.

【 종이 만들기 】

관련 도서 : **『한지돌이』** 이종철 지음, 이춘길 그림, 보림, 1999

1. 학생들에게 그림책 『한지돌이』를 읽어준다.
2. 종이를 잘라 물에 불린 후 믹서기에 간다. 복사용지 이면지를 활용해도 상관없는데 신문지는 글씨가 너무 많아서 좋지 않다. 종이죽에 말린 꽃잎 같은 걸 넣으면 향도 나고 색도 좋아진다.

3. 넓은 그릇에 종이죽과 물을 붓고 파스텔갈이로 종이죽을 뜬다. 파스텔갈이 손잡이에 번호표를 붙여두면 학생들이 자신이 만든 종이를 기억하기 쉽다.
4. 종이죽을 얇고 고르게 편다.
5. 종이죽의 물기를 빼낸 후 햇빛이나 전열기구 앞에 세워 직접 열을 가해 말린다. 대략 한 시간 정도 걸리며, 마르는 동안 다른 활동을 하는 것이 좋다.

【 목판 체험 】
1. 인쇄술의 역사와 목판의 원리에 대해 알아본다.
2. 4인 1조의 모둠에 나무로 된 한글 스탬프를 1개씩 나누어 준다.
3. 한글 스탬프를 조합하여 종이에 단어를 찍어본다. 예를 들어 '가'를 만들기 위해서는 'ㄱ'을 찍고 'ㅏ'를 찍는다.
4. 스탬프를 이용해 만든 단어로 짧은 글짓기를 해 본다.

사진으로 보는 책놀이

1. 학생이 만든 파피루스 문서

2. 학생들이 만든 죽간

3. 파스텔갈이로 종이죽을 뜨는 모습   4. 전열기구에 종이죽 말리기

선생님을 위한 도움말

- 학급에서 신청을 하면 1시간 안에 체험을 마쳐야 하므로 미리 모든 재료를 준비해 놓는 것이 필수다.
- 파스텔갈이는 파스텔을 곱게 갈아야 할 때 쓰는 도구인데, 가운데가 촘촘한 그물망으로 되어 있어 종이죽을 뜨기에 편리하다.

02. 책 만들기 초·중·고 초등

세상에서 가장 긴 책 만들기

박영옥 전 서울연지초 사서

프로그램 소개

롤 페이퍼나 롤 벽지를 활용해 '세상에서 가장 긴 책'을 만드는 것이다. 하나의 이야기를 전교생이 한 줄씩 적어 한 권의 두루마리책(권축장)을 만든다. 학교도서관 축제 프로그램이었지만, 교실에서 아이들이 한 줄씩 적어 '우리 반 권축장'을 만들어도 된다.

준비물

롤 페이퍼(또는 롤 벽지), 이야기 입력물, 매직펜, 두꺼운 종이를 5×50cm 길이로 자른 것

사전 준비

책 내용을 보고 쓸 쪽지를 만든다. 종이에 아래 표와 같이 책의 문장을 입력한 후 번호 부분은 남기고, 내용 부분만(쪽지 예시 점선) 칼집을 넣는다. 책 내용을 전교생이 쓸 수 있도록 행을 나눠 입력해야 한다.

| 쪽지 예시 『방귀쟁이 며느리』, 서정오 지음 |

번호	내용
1	옛날, 옛적, 어느 집에
2	새로 며느리가 들어왔겠다.
3	새 며느리가 시집오려고
4	초례를 치르는데,
5	연지 찍고 곤지 찍고
6	원삼 활옷 떨쳐입고

진행 방법

1. 롤 페이퍼 한쪽 끝을 철봉 뒤쪽으로 넘겨 늘어뜨린다.
2. 철봉에서 3~4m 떨어진 곳에 책상을 놓고 롤 페이퍼 한쪽 끝을 늘어뜨린다.
3. 롤 페이퍼에 책 제목과 지은이를 적는다.
4. 첫 번째 학생이 오면 교사나 명예사서는 1번의 입력 종이를 떼어준다(위 예시 중 '옛날, 옛적, 어느 집에' 부분).
5. 학생은 롤 페이퍼의 왼쪽에 이름, 학년, 반을 적고, 오른쪽에 '옛날, 옛적, 어느 집에'를 적는다.
6. 이어 두 번째 학생에게 2번의 '새로 며느리가 들어왔겠다.'를 떼어주면 학생은 1번을 쓴 문장 아래에 2번의 내용을 적는다.
7. 이렇게 쓰면서 롤 페이퍼가 늘어지면 철봉 뒤에서 잡아당겨 말아놓는다.
8. 전교생이 한 줄씩 적어 한 권의 책을 완성한다.

사진으로 보는 책놀이

1. 롤 페이퍼 한쪽 끝을 철봉 뒤쪽으로 넘겨 늘어뜨린다.
2. 첫 번째 학생은 교사로부터 입력종이를 받아 롤 페이퍼에 쓴다.
3. 전교생이 한 줄씩 적어 책 한 권을 완성한다.

선생님을 위한 도움말

- 굵은 매직펜을 사용하고, 롤 페이퍼에는 줄이 없기 때문에 학생들이 쓰면서 줄이 삐뚤어지기 쉽다. 그래서 글씨를 적는 아래쪽에 두꺼운 종이 자른 것(5×50cm)을 반듯하게 대주어 그 위쪽에 글씨를 적도록 해야 한다.
- 운동장에서 부스를 마련하고 진행하다 보니 철봉을 활용했지만 도서관 형편에 따라 적합한 도구를 찾아 활용하면 된다.

03. 표현 놀이   초등~중등   초등

우리 반 명작 자랑

박영옥 전 서울연지초 사서

프로그램 소개

반별로 광목천에 아이들이 손바닥을 대고 자기 손을 그린 다음 손가락 위치에 가장 감명 깊게 읽은 책 제목을 적고, 손바닥 위치에는 이름을 적는다. 자기 손을 그리고, 손가락의 위치에 책 제목을 적는다는 것에 아이들은 많은 관심을 보인다. 반 표시를 한 광목천 꾸미기를 통해 각 반의 특징을 표시하는 사전 작업에도 흥미를 느낀다. 자기 반 광목천을 들고 삼삼오오 사진 찍기를 좋아하는 프로그램이기도 하다. 도서관 축제가 끝난 후에는 광목천을 각 반에 보냈는데 대부분의 반에서 학년이 끝날 때까지 게시판에 부착했다. 이로써 아이들은 친구가 어떤 책을 좋아하는지 알 수 있고, 또 친구에게 책을 소개하며 서로서로 책을 권하는 계기가 된다. 도서관 축제 프로그램의 하나로 사전 활동과 본 활동으로 나뉜다(사전 활동은 '사전 준비', '선생님을 위한 도움말' 참고).

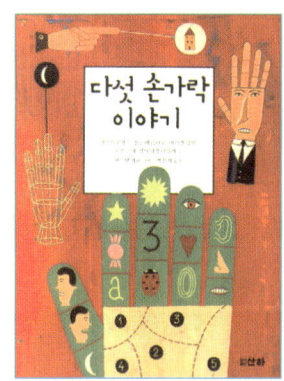

관련 도서

『다섯 손가락 이야기』

카미유 로랑스 외 지음, 마르탱 자리 그림, 백선희 옮김, 산하, 2007

준비물

광목천 1마(90×90cm), 유성매직, 안내판

사전 준비

1. 학생들과 관련 도서를 함께 읽는다.
2. 광목천의 가장자리를 박음질한다.
3. 박음질한 광목천을 각 반으로 보내면 아이들은 광목천에 손을 대고 유성매직으로 손 모양을 따라 그린다. 손을 그릴 때는 자기 손보다 조금 여유 있게 그린다. 손에 딱 맞게 그리면 책 제목을 적을 공간이 줄어든다. 손바닥 부분에 자기 이름을 쓴다.
4. 광목천에 반 표시를 하고 그림으로 꾸미게 한 뒤 회수한다.
5. 학생들 각자 감명 깊게 읽은 책 다섯 권을 고르도록 사전에 알린다.

진행 방법

1. 학생들은 도서관 축제 현장의 '우리 반 명작 자랑' 부스에 가서 자기 반의 광목천을 찾는다.
2. 자기 손바닥을 찾아서 엄지부터 새끼손가락 부분에 감명 깊게 읽은 책 다섯 권의 제목을 적는다.
3. 도서관 축제가 끝난 뒤 광목천을 교실 게시판에 전시한다.

사진으로 보는 책놀이

1. 반별로 광목천에 손바닥을 그리고 이름을 쓴다.
2. 자기 손바닥을 찾아 감명 깊게 읽은 책 제목을 적는다.
3. 반별로 예쁘게 꾸민다.

선생님을 위한 도움말

- 각 반에 광목천을 보낼 때 담임 선생님에게 프로그램의 취지와 방법을 상세히 알려주어야 한다. 그렇지 않으면 반 표시와 꾸미기를 너무 크게 할 수 있고, 그렇게 되면 손을 그릴 공간이 부족하게 된다. 반별 학생 수가 많을 경우에는 광목천을 크게 만든다.
- 각자 자기가 좋아하는 책 다섯 권을 광목천에 적어야 하는데 아이들이 그것을 늘 생각하고 있지 않다. 그래서 막상 적어보라고 하면 아무 책 제목을 적거나 친구 것을 따라하게 된다. 그래서 축제 전에 도서관 이용시간을 활용해 아이들이 다섯 권의 책을 찾아 사전활동지에 적도록 한다.
- 사전활동지를 작성한 후에는 모두 회수하여 축제 당일 교실로 보내 나눠줘야 모두 지참할 수 있다. 미리 주면 잊어버리거나 안 가져오는 학생이 생긴다. 그리고 사전활동지를 작성한 활동 부스의 교사나 명예사서에게 사전활동지가 있다는 것을 미리 알려 아이들이 왔을 때 사전활동지를 내놓고 활용하도록 한다.

03. 표현 놀이

우리들의 명작 기차

박영옥 전 서울연지초 사서

프로그램 소개

책 제목과 감명 깊은 구절을 적은 띠를 고리로 만들어 연결하는 활동이다. 추천하고 싶은 책 제목과 좋은 구절을 적어 보며 책에 대한 이해를 높인다. 전교생의 것을 띠지로 연결하기 때문에 상당히 많은 양이 되어 보기에도 좋고 단결된 모습이 느껴진다. 연결한 띠지는 가능한 낮게 걸어 다른 학생들이 내용을 볼 수 있도록 한다. 친구가 좋아하는 책을 메모해 갔다가 다음에 도서실에서 그 책을 빌려 보는 경우도 있다.

관련 도서

『먹구렁이 기차』

권정생 지음, 유승하 그림, 우리교육, 1999

준비물
색도화지로 만든 띠지, 풀, 네임펜

사전 준비
1. 학생들과 함께 관련 도서를 읽는다.
2. 색도화지를 적당한 길이로 잘라 띠지를 만들어 놓는다.
3. 도서관 이용시간에 미리 추천할 책과 좋은 구절을 찾는다.

진행 방법
1. 학생들은 각자 띠지에 사전에 준비한 제목과 좋은 구절을 적는다.
2. 띠지에 풀칠을 하여 고리를 만든다.
3. 다음 학생 역시 띠지에 책 제목과 좋은 구절을 적고 앞 사람이 만들어 놓은 띠지에 연결하여 풀칠한다. 이런 식으로 계속 연결해 간다.
4. 전교생이 참여하므로 길게 연결하여 나무나 철봉 사이에 걸어 놓는다.

선생님을 위한 도움말
- 학생들이 읽은 책을 다시 한번 상기할 수 있도록 추천 책과 감명 깊은 구절을 꼭 사전에 적어오도록 한다.
- 연결한 띠지를 걸어 둘 때는 좀 낮게 걸어 다른 학생들이 내용을 쉽게 볼 수 있도록 한다.

03. 표현 놀이

초등~중등 | 초등

꿈, 소원, 사랑편지 나무

박영옥 전 서울연지초 사서

프로그램 소개

색도화지에 자신이 감명 깊게 읽은 책을 추천하는 편지, 자기의 꿈이나 소원을 적은 편지, 가족 또는 친구에게 보내는 사랑의 편지를 적어 학교 교정에 있는 나무에 매단다. 학교도서관 축제에 활용해도 좋은 프로그램이다. 행사가 끝난 후에도 1주일 정도 매달아 놓아 학생들이 각자의 꿈, 소원, 사랑편지를 기억하도록 한다.

관련 도서

『헨쇼 선생님께』

비벌리 클리어리 지음, 이승민 그림, 선우미정 옮김, 보림, 2005

준비물

교정에 있는 적당한 나무 선정, 사다리, 색도화지, 빵끈, 색사인펜, 색연필

사전 준비

1. 색도화지를 4등분으로 잘라 위쪽에 펀치로 구멍을 뚫어놓는다.
2. 교정의 나무 중 소원지를 매달아 어느 정도 감쌀 수 있는 크기의 나무를 정해둔다. 나무가 너무 크면 소원지가 아래쪽에만 매달릴 수 있다.

진행 방법

1. 나무 밑에 의자와 책상, 색연필, 색사인펜을 준비한다.
2. 학생들은 색도화지(사전 준비1)에 감명 깊게 읽은 책을 추천하거나 자신의 꿈, 소원을 담거나 사랑하는 사람에게 편지를 쓴다.
3. 교사나 명예사서는 아이들이 쓴 내용에 빵끈을 달아 나무에 매단다. 이때 사다리를 이용해 높이 매달면 나무가 훨씬 보기 좋다.

사진으로 보는 책놀이

1. 색도화지에 꿈, 소원 편지를 쓴다.

2. 학생들이 쓴 편지를 나무에 매단다.

3. 행사가 끝난 후에도 며칠 동안 더 전시하면 좋다.

선생님을 위한 도움말

- 빵끈을 매달 때는 한두 번만 돌려서 매단다. 튼튼하게 한다고 여러 번 돌려 매달면 나중에 수거할 때 힘들다.

• 함께 읽으면 좋은 책 :

『피터의 편지』

에즈라 잭 키츠 지음, 이진수 옮김, 비룡소, 1996

『초정리 편지』

배유안 지음, 홍선주 그림, 창비, 2006

『아낌없이 주는 나무』

셸 실버스타인 지음, 이재명 옮김, 시공주니어, 2017

+이렇게도 했어요!

1. 반짝반짝 북트리

정희영 서울 면북초 사서

① 백과사전, 복본이 많은 책을 원형으로 쌓아 북트리를 만든다.

② 학생들은 각자 가장 감명 깊게 읽은 책, 재미있게 읽은 책 속의 한 문장을 포스트잇에 써서 북트리에 열매가 열린 것처럼 붙인다.

③ 친구들이 읽은 다양한 책 속 한 구절을 보면서 서로 다른 생각과 책들을 접해본다.

④ 12월 한 달 동안 중간놀이 시간, 점심시간, 방과 후를 이용해 자유롭게 도서관을 방문해 참여한다.

2. 짱구를 찾아라!

장귀숙 서울 양서중 사서

① 색지 혹은 부직포를 나무줄기 모양으로 잘라 벽에 붙인다.

② 학생들은 자신이 읽은 책 중에 '짱!짱!짱!' 공감하거나 감동 받은 책 제목과 책 속 구절(해당 쪽 수 표시)을 사과 모양 카드에 정성껏 적어 나무줄기에 붙인다.

③ 프로그램에 참여한 학생에게 짱구 스낵을 선물로 준다.

④ 한 달간 쉬는 시간과 점심시간, 방과 후를 이용하여 전시 제작한다.

03. 표현 놀이   초등~중등 초등

도서관 이용예절 캠페인 홍보지 그리기

김강선 서울 용동초 사서교사

프로그램 소개

학생들이 도서관 이용예절 캠페인 홍보물을 그리면서 자신의 도서관 이용 습관을 생각해 보는 계기가 되었으면 해서 기획한 활동이다. 도서관에서 뛰거나 큰 소리로 전화를 하고, 게임을 하면서 다른 이용자들에게 불편을 주는 학생들에게 공공장소인 도서관에서의 예절과 규칙을 상기시키는 효과가 있다.

관련 도서

『도서관에서는 모두 쉿!』

돈 프리먼 지음, 이상희 옮김, 시공주니어, 2009

준비물

활동지, 색연필, 필기도구, 나무책갈피, 상품

진행 방법

1. 참여 학생들에게 도서실에 비치해 놓은 홍보지를 나눠준다.
2. 자발적으로 참여하여 캠페인 홍보물을 그릴 수 있도록 분위기를 조성한다.
3. 성실하게 홍보지를 그려온 학생들에게 나무책갈피를 증정한다.
4. 홍보지 가운데 우수작 30편을 선정하여 상품(문구)을 증정한다.
5. 우수작은 도서실 게시판에 전시하여 올바르게 도서관을 이용하자는 분위기를 유도한다.

사진으로 보는 책놀이

1. 캠페인 홍보지를 작성하는 학생들

2. 학생들이 만든 캠페인 홍보지 예

3. 콜라주 기법으로 이미지를 붙여 표현해도 된다.

4. 우수작을 뽑아 학교도서관 게시판에 전시한다.

선생님을 위한 도움말

- 도서관 이용예절 캠페인 프로그램을 잘 이해하지 못하는 초등 저학년들에게는 쉽게 설명해 주거나 샘플 홍보물을 전시하여 적극적으로 참여할 수 있도록 한다.
- 참여하는 모든 학생에게 나무책갈피를 증정하기 때문에 책갈피를 받기 위해 대충 홍보지를 그려오는 학생이 있으므로 활동의 성실도를 보고 나무책갈피를 증정한다.
- 함께 읽으면 좋은 책 :

『도서관에 간 사자』

미셸 누드슨 지음, 케빈 호크스 그림, 홍연미 옮김, 웅진주니어, 2007

『도서관에 간 암탉』

데보라 브루스 지음, 티파니 비키 그림, 이선민 옮김, 여우오줌, 2002

『도서관에 간 여우』

로렌츠 파울리 지음, 카트린 쉐러 그림, 노은정 옮김, 사파리, 2012

03. 표현 놀이

초등~중등 초등

우리 학교 우리 마을 도서관 지도 그리기

김강선 서울 용동초 사서교사

프로그램 소개

학생들이 도서관을 친숙하게 느끼고, 언제든 편안하게 찾아올 수 있는 공간으로 인식하길 바라며 우리 마을 도서관과 학교도서관이 어떻게 생겼는지, 어떤 책과 시설이 있는지 생각해보고 도서실에 비치한 활동지에 도서관 지도를 그려보는 활동을 기획했다. 그림을 그리면서 도서관 안의 서가 배치, 도서 검색대, 대출대, 자동대출반납기 위치 등을 자연스럽게 익힐 수 있다.

관련 도서

『우리 마을 도서관에 와 볼래?』

유은실 지음, 신민재 그림, 사계절, 2015

준비물

도서관 지도 그리기 활동지(B4 사이즈), 색연필, 사인펜,

30센티미터 자

진행 방법

1. 교사는 학생들과 함께 『우리 마을 도서관에 와 볼래?』를 읽고, 청구 기호 읽는 법, 서가 배치도 등 도서관을 이용하는 데 도움이 되는 이야기를 들려준다.
2. 도서관 지도 그림을 준비해 큰 종이에 프린트한 다음 학생들에게 예시로 보여준다.
3. 참여 학생들에게 도서관 지도 그리기 활동지를 나눠준다.
4. 학생들에게 우리 학교 도서관이나 마을 도서관이 어떻게 생겼는지 생각해 본 뒤 위에서 내려다본 도서관 배치도를 그리게 한다.
5. 도서관 지도를 자세하고 멋지게 그려 온 어린이 열 명을 선정해 『우리 마을 도서관에 와 볼래?』 책과 문구류를 증정한다.

사진으로 보는 책놀이

1. 도서관 지도 그림 예시를 학생들에게 보여준다.

2. 도서관 지도 그리기에 한창인 학생들

 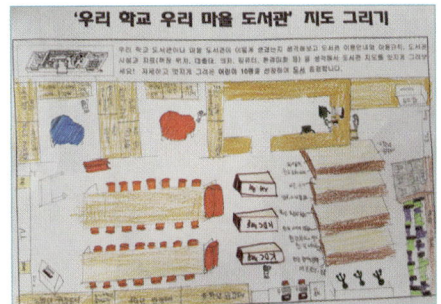

3. 학생이 그린 도서관 지도1   4. 학생이 그린 도서관 지도2

선생님을 위한 도움말

- 행사 후 학생들의 도서관 지도 그림을 전시해 도서관 이용 및 독서 활동에 대한 관심이 지속적으로 이루어질 수 있도록 한다.
- 가정통신문에 활동 안내문을 게시하고, 학부모 자원봉사자들과 연계하여 학생들의 참여도를 높일 수 있도록 한다.

03. 표현 놀이   중고등 중고등

소리 나는 책, 책 읽는 라디오

황왕용 광양 백운고 사서교사(순천 신흥중에 재직할 당시 운영했던 프로그램입니다.)

프로그램 소개

책을 읽은 후에 어떻게 하면 학생들이 재미있게 자발적으로 토론하고, 글을 쓰고, 새로운 무언가를 창조해낼 수 있을지 고민하던 끝에 도서부 아이들에게 책 읽는 라디오를 제안했다. 라디오라는 형식을 빌려 작가와의 만남과 독서 토론 그리고 대본 창작까지 가능해서 학생들의 깊이 있는 독서를 도울 수 있는 활동이었다. 제작 과정은 대략 '주제도서 선정 → 책 읽고 토론하기 → 라디오 진행자 선정 및 역할 분담 → 기획안 작성 및 기획 회의 → 섭외 및 원고 작성 → 리허설 → 방송' 순으로 진행된다.

사전 준비

1. 방송 콘텐츠 제작에 필요한 주제 도서를 선정한다. 섭외할 수 있는 국내 저자의 책을 고르도록 한다.

2. 제작 전 단계에서 담당 교사는 영상미디어센터에서 '공동체라디오 제작'에 관한 수업을 듣고 학생들에게 라디오 제작법을 교육한다.
3. 각 시·군에 있는 영상미디어센터와 연계하여 '공동체라디오' 방송을 준비한다('소리 나는 책, 책 읽는 라디오'는 순천시영상미디어센터에서 운영하는 '순천만 FM'에 정규 편성되어 진행할 수 있었다).

진행 방법

1. 도서부 학생들은 함께 책을 읽고 토론한 뒤 이를 바탕으로 코너를 기획한다.
2. 원고를 작성하고 작가를 섭외한다. 일반적으로 1시간짜리 프로그램의 경우, 30분 단위로 1부와 2부를 나눈다.
3. 원고에 따른 방송 분량은 한글프로그램에서 12포인트로 A4 한 장당 2분이고, 2시간 진행할 경우 A4 30매 정도가 필요하다. 원고를 작성할 때는 청취자를 배려해 경어체로, 말하듯이 편안하게 쓴다.
4. 학생들이 열심히 준비해도 초청한 작가가 대답하는 분량이 가장 많다. 따라서 원고는 방송 2주일 전에 완성해서 작가에게 메일을 보내 방송의 흐름을 파악할 수 있게 해야 한다.
5. 도서부가 아닌 학생들에게는 사연 및 신청곡을 접수 받고, 방송 일정을 홍보하여 생방송을 듣게 한다. 노래는 이야기의 분위기를 바꾸고, 라디오의 성격도 좌우할 만큼 중요하다. 30분에 두세 곡이 적당하고, 한 곡당 4분으로 계산한다.
6. 생방송으로 진행되는 라디오인 만큼 방송 사고가 생기지 않도록 꾸준한 점검과 피드백이 필수다.
7. 제작 후에는 강평회를 통해 프로그램의 완성도를 평가해 본다. 또

한 생방송을 듣지 못한 학생들을 배려해서 점심시간에 30분 단위로 방송을 송출한다.

선생님을 위한 도움말
- 결과물을 만드는 것보다 책 읽기, 토론, 기획, 원고 작성, 리허설 등 과정에 초점을 맞추는 것이 중요하다.

✚ 공동체라디오(미니FM)란?

현재 공동체라디오를 운영하는 지역은 마포, 관악, 분당, 공주, 영주, 광주, 대구 정도이다. 공동체라디오와 비슷한 개념인 미니 FM은 행사, 축제, 공원 등에서 주로 이루어져 서비스가 한시적인 경우가 많다.

미니 FM은 기존의 FM라디오 주파수인 88~108MHz중 출력 1W 이하의 소출력으로 송출되는 라디오 방송이며, 안테나 높이 지상 30m 이하, 방송수신 범위 반경 5㎞ 내외의 특정 주파수(예 : 92.5㎒)로 제한되는 방송이다. '소출력 라디오 방송'이라고도 하며 작은 공동체를 중심으로 이뤄진다는 측면에서 '공동체 라디오'로도 불리고 있다. 유럽에서는 많이 이용되고 있지만, 국내에서는 아직 미비하다. 지역에서 공동체라디오를 이용할 수 없다면 '팟캐스트'를 만들어서 활용하거나 교내 방송실을 이용하는 것도 하나의 대안이 될 것이다.

| 라디오 방송 기획안 예시 |

프로그램명	난 빨강	방송 시간	2시간
제작 형식	자유구성		
제작	서OO, 최O, 황OO	진행	서OO, 최O, 황OO
기획 의도			

구 성 (요약)	1부. (30분)
	S.M (책 읽는 라디오)
	책 읽는 라디오 취지 설명 후 오늘의 책 발표
	난 빨강 - 책 소개
	      - 작가 소개
	      - 시 소개(각자 1-2편) 및 느낌 말하기(각 시를 소개할 때마다 서로서로 느낌 교환하기)
	
	2부. (30분)
	게스트 초대
	- 박성우 시인 인사 다시 한 번 소개
	- 인터뷰
	  • '난 빨강'이라는 청소년 시집을 쓰게 된 배경
	  • 시집의 제목은 어떻게 정해진 것인지? 조금 자극적이지 않은지?
	  • 작가님께서 뽑는 베스트 시는?
	  • 시를 쓰면서 에피소드
	  • 강연을 자주 다니는데 에피소드
	  • 만약 지금 청소년 시절로 돌아간다면 무얼 할까?
	  • 작가가 되기 위한 과정
	  • 작가가 되고자 하는 아이들에게 해주고 싶은 이야기
	
	3부. (30분) 작가 강연
	박성우 시인 강연 - 청소년들에게 해주고 싶은 말씀
	* 강연 중 리액션 및 질문 병행
	
	4부. (30분) 우리가 만드는 난 빨강
	난 빨강 시집의 시 패러디 작품 낭송(패러디 시 10편 준비)			

제작 방향	• 서OO, 최O, 황OO, 박성우 대본 준비 • 박성우 시인과 인터뷰 내용은 미리 이메일로 전송 후 답변 확인까지 받고 대본에 삽입			
기타 사항	• 박성우 시인 E-mail 확인하기(어떻게? 출판사에 물어볼까?) • 시그널 음악 만들기(예시 : 책 읽는 라디오 ♬, 책 읽는 라디오, 책 익는 라디오. 소리 나는 책, 순천남산중학교 도서부 그린나래가 만듭니다. ♬_)			

03. 표현 놀이

초·중·고 초·중·고

책얼굴 콘테스트

김민정 서울 광남고 사서교사

프로그램 소개

책 표지 그림과 신체의 일부, 특히 얼굴에 맞추어 찍은 사진을 전시하고 즐기는 활동이다. 독서의 달 행사 중 하나로 진행했다. 사진 찍기 좋아하는 청소년은 물론 사진 찍기 싫어하는 청소년도 일단 얼굴이 가려지니 부담 없이 참가할 수 있다. 2주 동안 휴대폰이나 이메일로 책얼굴 사진을 접수 받고, 받은 사진을 바로 컬러 출력하여 도서관 행사 게시판에 전시한다. 사진을 출품하지 않은 이용자도 함께 즐길 수 있도록 접수 종료 후 3일 동안 도서관 이용자들이 마음에 드는 사진이나 표현이 기발한 사진에 스티커를 붙이도록 한다. 인기 많은 사진을 출품한 학생에게 추가 선물을 증정한다. 그냥 지나치기 쉬웠던 책 표지를 재

발견하고, 학생들의 반짝이는 아이디어를 볼 수 있다.

준비물

- 학교 준비물 : 지끈, 나무집게, 컬러 프린터(온라인 인화 서비스로 대체해도 좋음), 상품비(참가상 : 미니보틀, 인기상 : 카페이용권)
- 개인 준비물 : 책, 휴대폰(폰 기능 사용)

사전 준비

사서 교사는 예시 사진과 함께 책얼굴 콘테스트 안내 자료를 만들어 홍보한다. 제출할 내용(원본 사진, 학번, 이름)과 제출처(카톡 ID 또는 이메일 주소)를 명시한다.

진행 방법

1. 참여 학생은 마음에 드는 책의 표지나 삽화를 찾는다.
2. 표지 그림 또는 삽화에서 자신의 신체 중 일부와 일치시킬 수 있는 부분을 찾아 디자인하고 촬영한다. 셀카로 찍어도 좋고, 친구에게 찍어달라고 해도 된다.
3. 안내 자료에 공지된 카톡이나 이메일 주소로 사진 원본과 학번, 이름을 보낸다.
4. 사서교사는 학생들이 접수한 사진을 컬러로 출력하여 도서관에 전시한 뒤 도서관에 오는 학생들에게 스티커를 주고 직접 인기작을 뽑도록 한다.

선생님을 위한 도움말

- 참여율을 높이기 위해 사진을 제출하기만 해도 선물을 증정한다.
- 문자 메시지로 사진을 받으면 화질이 떨어지므로, 카톡이나 이메일 전송을 권장한다.
- 행사 안내문에 예시 사진을 소개하여 행사 이름과 내용을 쉽게 이해할 수 있도록 한다.
- 한 달, 한 학기, 1년 단위로 이미지를 모아 전시회를 하고, 투표를 통해 상을 주는 것도 좋다.

03. 표현 놀이 　　초·중·고 초·중·고

그림책을 활용한 그림자극 1
손으로 종이인형 만들어 놀기

백인식 인천 광성고 교사, 전국교사연극모임 회장

프로그램 소개

Play, Drama, Theatre는 모두 연극을 뜻한다. Play는 놀이, Drama는 직접 해보는 것, Theatre는 보는 것에서 비롯된 말이다. 아동·청소년의 예술 활동은 이 세 가지 요소를 모두 경험하는 것이 중요하다. 흔히 '극'이나 '공연'은 끼 있는 사람만이 할 수 있다고 오해하기 쉽지만, 그림자극은 누구나 손쉽게 즐길 수 있다. 그림자를 가지고, 이야기 속에서 잘 놀면 된다. 남 보기에 근사한 결과물에 연연하지 않는다면 종이를 오리고, 빛으로 이미지를 만들어 책 속 캐릭터에 자신을 투영하며 노는 것만으로도 즐겁고 의미 있는 활동일 것이다.

관련 도서

『강아지똥』
권정생 지음, 정승각 그림, 길벗어린이, 1996

준비물

A4용지, 칼, 가느다란 막대(김발 또는 갈대발), 테이프, 손전등 또는 스탠드, 스크린(얇고 흰 천, 전지, 흰 벽 등), 스크린 걸개(행거, 이동용 칠판, 칸막이 등 스크린을 걸 수 있는 물건)

진행 방법

1. 그림책 또는 동화 속의 한 캐릭터를 고른 뒤 A4용지를 손으로 오려서 그 캐릭터를 표현한다. 작은 부분을 표현할 때는 칼을 쓴다.
2. 1에서 만든 종이인형을 가느다란 막대에 고정한다.
3. 흰색 천을 빈 공간에 고정해 스크린을 만든다. 전지 여러 장을 이어서 쓰거나 흰 벽에 빛을 비추어도 좋다.
4. 한 명씩 차례로 손전등(또는 스탠드)과 스크린 사이에 자리 잡는다.
5. 인형을 스크린에 비추고 단순하게 움직이며, 간단한 대사나 소리를 낸다.
6. 모두가 체험한 다음 서너 명이 함께 나가서 즉흥적으로 다른 인형과 관계를 맺으며 대사를 주고받으며 논다.

사진으로 보는 책놀이

1. 손으로 오린 달팽이 종이인형　　2. 달팽이 종이인형 그림자　　3. 손으로 오린 구름 종이인형

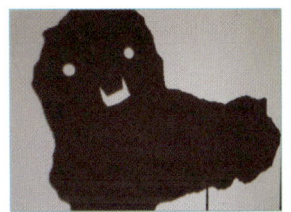  

4. 구름 종이인형 그림자

5. 칸막이와 책상을 이용해 만든 스크린

6. 종이상자로 만든 스크린. 희고 얇은 종이나 천을 덮어 사용한다.

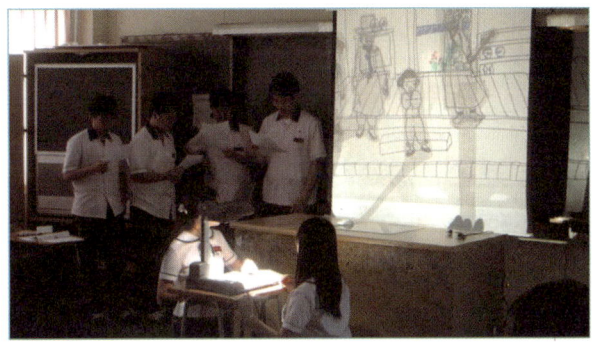 

7. 액정 프로젝터 스크린을 이용한 공연

8. 검은 비닐봉지를 이용해 창문을 가리면 빛을 대부분 차단할 수 있다.

선생님을 위한 도움말

- 손으로 종이를 찢어서 만든 인형은 얼핏 볼품없어 보이지만 빛을 비추어 보면 칼이나 가위로 오려서 만든 것보다 훨씬 부드러운 느낌을 준다.
- 그림자극은 어두울수록 효과가 높다. 교실에서 공연할 때, 낮에는 커튼을 쳐도 빛이 들어온다. 이때 검은 비닐봉지를 두 장 겹쳐서 유리창에 붙이면 빛이 대부분 차단된다.

03. 표현 놀이 중고등 중고등

그림책을 활용한 그림자극 2
이야기 구조가 있는 그림자극 만들기

백인식 인천 광성고 교사, 전국교사연극모임 회장

프로그램 소개

이제 이야기 구조를 갖춘 그림자극을 만들어 보자. 그림자극을 만드는 과정은 '대본 만들기-역할 나누기-인형 만들기-배경 만들기-작은 공연 나누기'로 단순화할 수 있다. 시간이 길어지면 지루해지므로 공연 시간은 5~6분 정도가 적당하고 길어도 10분을 넘지 않도록 한다. 그림책을 활용하면 캐릭터를 만들기 편하고, 여러 교과 수업을 통합하는 효과도 거둘 수 있다. 내용이 짧은 그림책은 그대로 사용하고, 내용이 긴 그림책은 줄여서 다듬는다. 『강아지똥』, 『지각 대장 존』, 『책 먹는 여우』, 『돼지책』 등 단순한 캐릭터가 있는 그림책으로 만드는 것이 좋다.

관련 도서
『지각대장 존』
존 버닝햄 지음, 박상희 옮김, 비룡소, 1999

준비물

- 광원(손전등, 스탠드 조명, OHP, 촛불 등)
- 스크린(얇고 흰 천, 전지, 흰 벽 등)
- 스크린 걸개(행거, 이동용 칠판, 칸막이 등 스크린을 걸 수 있는 물건)
- 두꺼운 도화지, 가위, 칼, 풀, 투명테이프, 양면테이프, 김발(또는 갈대 발), 가는 굵기의 철사, 펜치
- 셀로판 색지, 코팅필름(또는 OHP 필름), 여러 가지 색이 들어있는 유성매직 세트

사전 준비

그림자극으로 만들 그림책을 선정한다.

(※ 그림자극은 종이인형의 움직임과 대사, 배경, 소품 등을 통해 이야기를 전달하기 때문에 이야기가 주된 소설보다는 그림책이 좋다.)

진행 방법

[대본 만들기]

1. 전체 이야기를 몇 개의 장면으로 만들지 결정한다.
2. 각 장면에서 캐릭터들이 하는 주된 행동을 지문으로 적는다. 그러면 각 캐릭터가 공연에서 무엇을 해야 할지 알 수 있다.

    예) 엄마 : (철수를 깨운다.)

    철수 : (잠을 더 자고 싶어서 엄마 말을 듣지 않으려 한다.)

    잠귀신 : (잠을 더 자라고 철수를 유혹한다.)

3. 해설과 대사를 적절히 사용하되 최소한의 요소만으로 대본을 만든다. 그림책의 내용을 전달하는 데는 해설이 효과적이다.

| 그림자극 대본 예시 |

장면	해설	대사	배경	등장인물	음향	효과
1장 : 집	아침 햇살이 밝았습니다. 철수는 아직 이불 속에서 일어나지 않고 있습니다.	엄마 : (철수를 깨운다.) 철수야 일어나라!	철수의 방 창문	철수, 엄마	기상곡	창가에 해가 떠오른다.
		잠귀신 : (잠을 더 자라고 철수를 유혹한다.) 더 자! 더 자!		잠귀신		

Tip. 어린이들을 대상으로 하는 그림자극의 경우, 대본이 너무 자세하면 상상력과 자유로운 움직임을 막을 수 있다.

[역할 나누기]

1. 그림책 속에 등장하는 여러 캐릭터 중에서 필요한 캐릭터를 고른다. 캐릭터가 너무 많이 나오면 만들기도 힘들고 산만해진다.
2. 해설자를 두어 대사가 아닌 부분을 낭독하게 한다.
3. 대사를 누가 전달할지 정한다. 인형을 조종하는 사람이 직접 대사를 말할 수도 있고, 인형 조종자와 대사를 말하는 사람을 따로 둘 수도 있다. 인형 조종자가 직접 대사를 할 때 즉흥이 보태져 생동감이 생긴다.

Tip. 대사를 음악과 함께 녹음해서 이용할 수도 있다.

[인형 만들기 1]

1. 도화지에 그림책 캐릭터를 그린다. 간단한 캐릭터는 도화지에 그리고, 요소가 많은 캐릭터는 그림책 삽화를 확대 복사해 도화지에 붙인다.

2. 1의 종이인형 그림을 윤곽이 잘 드러나게 칼로 자르고 도려낸다. 일반 칼을 써도 되지만, 조각용 칼을 쓰면 훨씬 더 세밀하게 작업할 수 있다.
3. 종이인형에 막대를 붙인다. 인형과 수직이 되게 막대를 붙이면 스크린에 막대가 보이지 않으며, 다양한 움직임이 가능해진다.

Tip. 좀 더 정교하게 만들기
- 각각의 종이인형 크기를 비슷하게 해야 한다. 스크린에 직접 비춰 보면서 크기를 조절한다.
- 중요 캐릭터는 몸짓과 표정이 다른 인형을 장면에 맞게 여러 개 만들어 사용한다. 이렇게 변화를 주면 극이 지루해지는 것을 막을 수 있다.
- 인형에 붙이는 막대는 가늘수록 좋다. 나무젓가락보다는 김발을 풀어서 쓰는 게 좋다.

【 인형 만들기 2 : 관절이 움직이는 인형 】

1. 도화지에 그린 캐릭터의 얼굴이나 팔과 다리, 허리 등을 분할해 할핀, 실, 핀, 철사, 고무줄로 연결한다.
2. 움직임을 주려는 부분에 종이를 덧대어 그림자가 생기도록 만든다.
3. 움직이는 장면을 만들 때는 두 개의 조정 막대를 달아 사용한다.

【 배경 만들기 】

1. 그림책의 삽화를 확대 복사해 도화지에 붙인 뒤 윤곽이 드러나도록 칼로 도려낸다.
2. 종이인형과 배경에 색을 입히려면 색을 넣고자 하는 부분에 셀로판 색지 또는 조명용 필름을 붙인다.

Tip. 좀 더 정교하게 색 입히기

- 유성매직을 이용해 인형 또는 배경에 색을 넣는 방법도 있다. 색을 넣을 부분에 라미네이팅 필름(코팅비닐)을 붙인 다음 원하는 색깔의 유성매직으로 색칠한다. 이때, 칠하는 부분이 넓으면 잉크가 뭉쳐 좋은 색감이 나지 않을 수 있으니 주의한다.
- 배경이 너무 화려하거나 복잡하면 캐릭터의 움직임이 잘 보이지 않으므로 충분한 여백을 두도록 한다.

【 공연하기 】

1. 인형을 움직일 때는 천천히 움직여야 한다. 인형 조종자가 생각하기에 천천히 조종한다는 느낌보다 더 천천히 움직여야 관객이 보기에 좋다.
2. 각 캐릭터마다 특징적인 움직임을 한두 개 찾아서 연습한다. 다른 캐릭터와 차별되는 그 캐릭터만의 움직임이 있으면 그림자극 전체에 변화가 생겨 재밌어진다.
3. 대사를 말하는 동안에는 인형을 살짝살짝 움직여서 누가 말하는지 알려준다.
4. 손전등이나 스탠드를 광원으로 사용할 때 인형이나 배경이 광원과 가까울수록 그림자는 커지고, 멀수록 그림자는 작아진다.

Tip. 공연 전에 준비하기

- 막 뒤는 어두우므로 손전등을 미리 준비하여 혼란이 없게 한다.
- 그림자극을 공연할 때 주요 장면을 사진으로 찍어 편집한 뒤 자막과 음악을 입히면 스톱 모션 애니메이션과 같은 극적인 효과를 연출할 수 있다.

사진으로 보는 책놀이

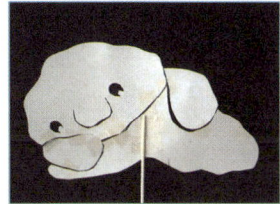

1. 인형 만들기 예 : 『강아지똥』의 캐릭터

2. 1의 강아지똥 캐릭터 인형이 그림자극에 사용된 모습

3. 중요 캐릭터는 몸짓과 표정이 다른 인형을 여러 개 만들어 사용한다.

4. 장면에 따라 인형을 다르게 사용하면 극에 생기를 불어넣을 수 있다.

5. 종이인형과 배경 그림을 윤곽이 잘 드러나게 칼로 오린다.

6. 잘못된 실루엣 예 : 산

7. 잘 만든 실루엣 예 : 산

8. 7의 산을 배경으로 한 공연

9. 할핀을 이용해 움직임을 만든 인형

10. 9의 인형 그림자

11. 움직임을 주려는 부분에 종이를 덧대야 그림자가 생긴다.

12. 11의 인형 그림자

13. 색이 들어갈 부분에 셀로판 색지를 붙인다.

14. 하나의 인형으로 거리를 조정하여 여러 크기를 만든 예1

15. 하나의 인형으로 거리를 조정하여 여러 크기를 만든 예2

16. 그림자극의 주요 장면을 찍은 사진으로 동영상을 만들고 자막을 넣은 모습

선생님을 위한 도움말

- 배경이 너무 자주 바뀌면 혼란스럽고 산만하다. 배경을 바꿀 때 여러 개의 배경을 연결해 영화 필름처럼 바로 다음 장면이 연결되게 하면 효과적이다.
- 초등학교 저학년들과 그림자극을 할 경우 배경을 사용하지 않거나 교사가 도움을 주도록 한다.
- OHP는 유리판 위에 종이인형을 놓을 수도 있고, 스크린 앞에서 그림자를 만들 수도 있어 아주 편리하다. 특히 배경이 필요한 경우 배경 그림을 유리판 위에 놓아 큰 이미지를 만들고, 스크린 앞에서 인형을 움직이는 방법 등으로 여러 가지 활용이 가능하다.
- 그림자극은 흑백이 주는 아름다움의 효과가 크다. 전체적인 작품 분위기를 생각해 배경을 흑백으로 갈 것인지, 몇 가지 색을 사용할 것인지 결정한다.
- 셀로판 색지는 열에 약해 조명 가까이 가면 우그러지므로 주의한다. 조명용 필름을 사용하면 조명 가까이에 있어도 변형되지 않는다.

03. 표현 놀이

초·중·고 중고등

『몽실언니』 읽고 캐릭터 그리기

김선애 대구 서부고 사서 교사

프로그램 소개

『몽실언니』는 세상의 예쁜 것만을 이야기하는 동화가 아닌 인간의 삶을 그대로 다룬 작품이다. 자존, 다른 사람에 대한 섬김, 평화의 소중함 등 책에 담긴 정신을 통해 학생들이 올바른 가치관을 배울 수 있다. 『몽실언니』 속 캐릭터를 그리기 위해 등장인물의 성격과 개성이 담긴 표현을 찾아 읽으면서 분석적인 책 읽기도 이뤄질 수 있다. 이를 통해 쉽게 지나쳤던 인물에 대한 이미지를 정리하면서 아이들과 함께

작가가 인물을 어떻게 표현하고 싶었는지 그의 입장에서 생각해 보는 기회를 가졌다.

관련 도서

『몽실언니』

권정생 지음, 이철수 그림, 창비, 2012

준비물

미니 캔버스(22.7×15.8cm), 아크릴 물감, 아크릴 붓, 연필

진행 방법

1. 『몽실언니』를 수차례 꼼꼼하게 읽도록 한다.
2. 『몽실언니』속 등장인물의 성격 및 개성이 드러나는 부분을 찾아 해당 구절과 연상되는 이미지를 정리해 본다(예 : 둥글납작한 얼굴과 코, 단발머리, 작은 키에 절름발이라는 묘사, 검둥이 아기를 발길로 차는 사람들과 달리 그 아기를 껴안고 살리려는 몽실이 등).
3. 정리한 이미지를 바탕으로 미니 캔버스에 스케치를 한다.
4. 아크릴 물감으로 색칠하여 마무리한다.

선생님을 위한 도움말

- 인물을 미니 캔버스에 그리기 전에 『몽실언니』를 수차례 읽어 등장 인물의 성격을 파악할 수 있도록 지도한다.
- 아크릴 물감의 특성을 설명하여 작품의 효과를 극대화하도록 한다.
- 활동이 끝나면 작품을 모아 전시한다.

2부 체험 놀이

01. 독서교실
02. 독서캠프
03. 도서관 축제 프로그램

체험 놀이에서는 독서교실, 독서캠프, 책 축제 등 학교나 도서관에서 일상적으로 하지 못하는 독서문화 활동을 다뤘다. 이런 활동들은 책 읽기를 통한 간접 경험을 직접 경험으로 옮겨보며 책 속 인물과 배경, 사건을 좀 더 입체적으로 이해하도록 도와준다. 이 책에서는 독서교실과 독서캠프를 학교 교실에서 할 수 있는 활동과 교실 밖 또는 학교 밖에서 할 수 있는 활동으로 구분했다.

01. 독서교실   초·중·고 **초등**

가족과 함께하는
깊은 밤 책 읽기

정재연 경기 가평초 사서교사

프로그램 소개

집에서 부모님이랑 함께 책을 읽어 본 경험이 없는 아이들을 위해 기획한 행사다. 밤 시간을 이용해 도서관에 가족을 초대하고, 책 읽기·퀴즈 풀기·낭독 등을 함께하는 활동이다. 요즘 아이들은 가족과 함께 밥 먹을 기회도 별로 없다. 세상

이 너무 바쁜 탓이고, 해야 할 공부가 너무 많은 탓이다. 그런 아이들에게 "책 읽어!"라는 메마른 말보다, 행복하게 책을 읽는 경험을 선물하고 싶었다. 모두 잠들었을 법한 깜깜한 밤, 학교도서관에서 책을 읽는다면 어떤 기분일까? 게다가 엄마 아빠와 함께라면? 생각만으로도 두근거리지 않을까? 어쩌면 어른이 되어서도 학교도서관을 떠올리면 마음 한구석이 따뜻해질지 모르겠다.

관련 도서

『우리 가족입니다』

이혜란 지음, 보림, 2005

준비물

슬라이드 영사기 혹은 빔 프로젝트, 대형 스크린, 퀴즈 문제, 상품 등

사전 준비

1. 가정통신문을 통해 가족 단위로 희망자를 모집하되, 1인 이상의 보호자와 함께 참여하도록 한다(할머니, 할아버지도 가능하다). 전체 인원을 30명 내외로 받으면 진행이 수월하다.
2. 각종 안내문, 책 퀴즈, 낭독 자료, 그림책 슬라이드 자료 등 프로그램에 필요한 자료를 준비한다.

진행 방법

1. 출석 체크를 한 뒤 일정에 대해 간략히 소개한다.
2. 가족과 함께 자유롭게 책을 읽으며 주어진 미션을 수행한다. '아이에게 그림책 읽어주기', '아이가 가장 좋아하는 책이 있는 장소 알아보기', '책꽂이에 붙어있는 글자 찾아 문장 만들기' 등 간단한 미션을 준비하면 학부모들의 참여를 도울 수 있다.
3. 프로그램 중간에 소등 후 그림책 슬라이드 공연을 보여준다. 가족 독서 프로그램이다 보니 가족과 관련된 그림책 반응이 좋다.
4. 도서관 퀴즈, 책 높이 쌓기, 긴 책 찾아오기, 숨 안 쉬고 책 읽기 등

다양한 책놀이를 진행한다.

5. 행사 중간중간에 사진을 찍어 두었다가 프로그램 마무리 시간에 음악과 함께 보여주고, 소감을 나누는 시간을 갖는다.

| 프로그램 진행 순서 |

시간	세부 프로그램	비고
오후 7:00 ~ 7:10	등록 및 일정 소개	
오후 7:10 ~ 8:00	가족과 함께 책 읽기	가족과 함께 자유롭게 책을 읽으며 주어진 미션을 수행하기
오후 8:00 ~ 8:40	낭독시간	그림책 슬라이드 공연
오후 8:40 ~ 9:50	책놀이	도서관 퀴즈, 책 높이 쌓기, 긴 책 찾아오기, 숨 안 쉬고 책 읽기 등
오후 9:50 ~ 10:00	소감 나누기	참여 가족 사진 나눔

선생님을 위한 도움말

- 일반 가정보다는 문화적 혜택이 좀 더 필요한 사회 복지 대상 가정을 우선적으로 모집할 수 있다.
- 최대한 많은 가족이 참여할 수 있도록, 참여 가족당 신청 인원을 제한하는 것이 좋다. 상황에 따라 다르지만 보통 두세 명 정도가 적당하다.
- 부모님이 늦게 퇴근해 참여하고 싶어도 못하는 아이들이 많다. 주중에 실시할 경우 금요일 저녁, 아니면 아예 토요일 낮도 적합하다.
- 지각하는 가족이 의외로 많다. 프로그램 도중에 들어와도 원활히 참여할 수 있고, 프로그램 진행을 끊지 않아도 되도록 자유 독서 시간을 첫 프로그램으로 진행하면 좋다. 또 칠판에 어떤 프로그램을 진행 중인지 안내문을 띄워 놓으면, 지각을 했어도 덜 당황하며 바

로 프로그램에 참여할 수 있다.
- 자유 독서 시간에 수다를 떨거나 핸드폰을 사용하지 않도록 'X' 자 표시를 한 마스크를 준비해 놓으면 효과가 좋다. 잔잔한 클래식 음악도 도움이 된다.
- 모든 가족이 선물을 골고루 받을 수 있도록 배려한다.
- 마무리 시간에 함께 보는 사진은 전체 사진보다는 개인 사진이 좋으며, 표정이 살아있게 찍는다. 슬라이드쇼 기능을 사용하면 별도의 편집 없이 바로 영상을 볼 수 있다. 많은 학부모님이 이 시간에 눈물을 보이시니 당황하지 말자.
- 특정 주제를 가지고 프로그램을 구성할 수도 있다(예 : 별자리 독서퀴즈, 별자리 램프 만들기, 별자리 관측).
- 함께 읽으면 좋은 책 :

『부엉이와 보름달』
제인 욜런 지음, 존 쉰헤르 그림, 박향주 옮김, 시공주니어, 1997

『우리 엄마』
앤서니 브라운 지음, 허은미 옮김, 웅진주니어, 2005

『내가 아빠를 얼마나 사랑하는지 아세요?』
샘 맥브래트니 지음, 아니타 제람 그림, 김서정 옮김, 베틀북, 1997

『돼지책』
앤서니 브라운 지음, 허은미 옮김, 웅진주니어, 2001

『오른발, 왼발』
토미 드 파올라 지음, 정해왕 옮김, 비룡소, 1999

01. 독서교실　　　　　　　　　　　　　　　　　초등　초등 4

내 귀는 짝짝이 귀

김강선 서울 용동초 사서교사

프로그램 소개
책 속에서 자신의 소중함을 깨닫고 받아들일 수 있도록 하기 위해 서울초등사서교사 독서치료 연구 동아리에서 기획한 '마음이 영그는 책교실'이라는 독서치료 프로그램 중 하나다. 『내 귀는 짝짝이』라는 그림책에서 친구들과 달리 귀가 짝짝이라 놀림 받는 주인공 '리키'가 되어보는 역할극을 통해 자신의 열등감을 들여다보고, 그것을 어떻게 극복할 수 있는지 탐구해 보는 활동이다.

관련 도서
『**내 귀는 짝짝이**』
히도 반 헤네흐텐 지음, 장미란 옮김, 웅진주니어, 1999

준비물
색연필, 사이펜, 종이로 만든 '친구 토끼' 머리띠, 종이로

만든 '짝짝이 귀 토끼' 머리띠, 양면테이프

사전 준비

1. 초등 4학년을 대상으로 각 반별로 한 명씩 담임 선생님의 추천을 받아 총 네 명에서 여섯 명의 참가 학생을 구성한다.
2. 독서교실에 참가하는 아이들은 가정에서 부모님으로부터 참가동의서를 확인 받아 제출한다.

진행 방법

1. 참가자들은 'I am ground' 게임으로 자신의 멋진 점, 좋은 점, 잘난 점, 자기가 잘하는 것 등 자기 소개를 한다.
2. 『내 귀는 짝짝이』를 읽고, 각각의 독서치료 단계(인식, 동일시, 카타르시스, 통찰 및 적용)에 맞는 발문에 답해 보면서 서로의 마음과 생각을 나눈다.

| '내 귀는 짝짝이' 발문 예시 |

독서치료 단계	발문 예시
인식	• 책 표지 그림에 토끼는 어떤 모습인가요? • 리키는 왜 친구 토끼들이 부러웠을까요? • 리키가 귀를 세우기 위해서 한 행동은 무엇이 있을까요?
동일시 (이해&고찰)	• 리키는 왜 귀를 세우려고 했을까요? • 리키가 의사 선생님을 만나고 난 후 당근을 들고 친구들 앞에 당당히 걸어 나간 이유는 무엇인가요? • 귀가 달라진 것도 아닌데 왜 리키가 웃으면서 생각을 바꿨을까요?
카타르시스	• 다양한 방법으로 귀를 쫑긋 세우려고 노력하는 모습에 오히려 친구들의 놀림감이 되었을 때 리키는 어떤 마음이 들었을까요? • 많은 노력을 했는데도 귀가 세워지지 않았을 때 리키의 마음은 어땠을까요?

	• 마지막 장면에서 리키가 친구 토끼들과 똑같은 모습이 되었을 때 어떤 기분이 들었을까요?
통찰 및 자기 적용	• 나는 리키처럼 친구들에게 놀림을 받은 경험이 있었나요? 있다면 그때 친구들에게 어떻게 행동했나요? • 나는 리키처럼 숨기고 싶은 콤플렉스가 있나요? 왜 숨기고 싶나요? • 열등감을 극복한 경험이 있나요? 있다면 어떤 방법으로 극복했나요?

3. 참가자들은 각자 '짝짝이 귀 토끼' 머리띠와 '친구 토끼' 머리띠를 만든다.

4. 참가자들은 번갈아가며, '짝짝이 귀 토끼' 머리띠를 쓰고 '리키'가 되어 책 속의 장면을 토대로 역할극을 한다. 이때 다른 친구들은 '친구 토끼' 머리띠를 쓰고 역할극에 동참한다.

사진으로 보는 책놀이

1. 종이로 만든 '짝짝이 귀 토끼' 머리띠

2. 종이로 만든 '친구 토끼' 머리띠

3. 각자 두 가지 버전의 토끼 머리띠를 만든다.

4. 각자의 개성대로 만든 '짝짝이 귀 토끼' 머리띠

5. '짝짝이 귀 토끼' 머리띠를 쓰고 역할극을 하는 모습

6. 아이들 모두 번갈아가며 주인공이 되어 본다.

선생님을 위한 도움말

• 함께 읽으면 좋은 책 :

『세상에서 가장 큰 여자아이 안젤리카』
앤 이삭스 지음, 폴 오 젤린스키 그림, 서애경 옮김, 비룡소, 2001

『세상에서 하나뿐인 특별한 나』
모리 에도 지음, 스기야마 가나요 그림, 박숙경 옮김, 주니어김영사, 2004

『물고기는 물고기야!』
레오 리오니 지음, 최순희 옮김, 시공주니어, 2000

01. 독서교실

초등 　초등 4

정말 정말 화나면

김강선 서울 용동초 사서교사

프로그램 소개

책 속에서 자신의 소중함을 깨닫고 받아들일 수 있도록 하기 위해 서울초등사서교사 독서치료 연구 동아리에서 기획한 '마음이 영그는 책 교실'이라는 독서치료 프로그램 중 하나다. '나의 분노 감정 다스리기'를 주제로 그림책 『소피가 화나면, 정말 정말 화나면』을 함께 읽은 뒤 내 안의 다양한 감정을 살펴보고, 화가 났을 때의 감정을 표현해 보는 활동이다.

관련 도서

『소피가 화나면, 정말 정말 화나면』
몰리 뱅 지음, 박수현 옮김, 책읽는곰, 2013

준비물

색칠 도구, 풍선, 유성매직, 감정카드, 분노 검사지

사전 준비

1. 초등 4학년을 대상으로 각 반별로 한 명씩 담임 선생님의 추천을 받아 총 네 명에서 여섯 명의 참가 학생을 구성한다.
2. 독서교실에 참가하는 아이들은 가정에서 부모님으로부터 참가동의서를 확인 받아 제출한다.

진행 방법

1. 아이들과 함께 동요 '얼굴 찌푸리지 말아요'를 함께 부른다.
2. '☐가 화나면 정말 정말 화나면 ☐이다'라는 문장에서 네모 칸을 채우는 놀이를 해 본다.
3. 분노 검사지를 작성해 본다.
4. 『소피가 화나면, 정말 정말 화나면』을 읽고, 각각의 독서치료 단계(인식, 동일시, 카타르시스, 통찰 및 적용)에 맞는 발문에 답해 보면서 서로의 마음과 생각을 들어본다.
5. 감정카드를 펼쳐서 내 안의 다양한 감정에 대해서 살펴본다.
6. 각자 풍선을 원하는 크기만큼 불어 매듭을 묶는다.

| '정말 정말 화나면' 발문 예시 |

독서치료 단계	발문 예시
인식	• '소피가 화나면 정말 정말 화나면' 책 표지에서 소녀의 표정은 어떤 것 같나요? • 소피가 재미있게 놀고 있을 때 어떤 일이 벌어졌나요? • 소피는 울면서 밤나무 있는 곳까지 달려가서 무엇을 했나요?
동일시 (이해&고찰)	• 소피는 화가 나서 어떤 행동을 했나요? • 소피는 화가 난 마음을 어떻게 해서 풀었나요? • 소피가 화를 풀지 않았다면 어떤 일이 벌어졌을까요?

카타르시스	• 언니가 고릴라 인형을 빼앗아 갔을 때 소피의 마음은 어땠을까요? • 엄마가 언니 편만 들었을 때 소피의 마음은 어땠을까요? • 나무 위에서 바람을 느끼고 일렁이는 물결을 볼 때 소피는 어떤 마음이었을까요?
통찰 및 자기 적용	• 만일 엄마가 언니 편만 들었다면 나는 어떻게 행동했을까요? • 소피처럼 화가 많이 난 경험이 있나요? 있다면 그때 어떤 행동과 말을 했나요? • 나는 화가 날 때 어떻게 푸나요? 화를 푸는 좋은 방법에는 무엇이 있을까요?

7. 6의 풍선에 유성매직이나 사인펜으로 화났을 때의 표정을 그린다.
8. 각자 만든 풍선을 얼굴에 대고, 어떨 때 화가 났는지 얘기한 뒤 풍선을 터트린다.

사진으로 보는 책놀이

1. 감정카드 중 자신의 감정을 표현하는 카드를 세 장씩 고른다.

2. 각자 어떤 카드를 골랐는지, 이유가 무엇인지 얘기해 본다.

3. '□가 화나면 정말 정말 화나면 □이다'에서 빈칸을 채워 본다.

4. 분노 검사지를 작성해 본다.

5. 화가 났을 때의 감정을 떠올리며 풍선을 분다.

6. 풍선에 매직으로 화난 표정을 그린다.

7. 각자 6의 풍선을 얼굴에 대고, 어떨 때 화가 났는지 얘기해 본다.

8. 풍선을 터트린다.

선생님을 위한 도움말

- 함께 읽으면 좋은 책 :

『베티는 너무너무 화가 나!』
스티브 앤터니 지음, 김주연 옮김, 살림어린이, 2016

『화가 나서 그랬어!』
레베카 패터슨 지음, 김경연 옮김, 현암주니어, 2016

『화가 날 땐 어떡하지?』
코넬리아 스펠만 지음, 낸시 코트 그림, 마술연필 옮김, 보물창고, 2015

01. 독서교실

초등 　초등 4

스트레스를 삼키는 마법상자

김강선 서울 용동초 사서교사

프로그램 소개

책 속에서 자신의 소중함을 깨닫고 받아들일 수 있도록 하기 위해 서울초등사서교사 독서치료 연구 동아리에서 기획한 '마음이 영그는 책 교실'이라는 독서치료 프로그램 중 하나다. '나의 스트레스 관리하기'를 주제로 그림책 『무엇이든 삼켜버리는 마법상자』를 함께 읽은 뒤 내가 받는 스트레스는 무엇인지 생각해 보고, 놀이를 통해 스트레스를 풀어보는 활동이다.

관련 도서

『무엇이든 삼켜버리는 마법상자』
코키루니카 지음, 김은진 옮김, 고래이야기, 2017

준비물

활동지, 색종이, 상자 모형, 딱풀, 테이프, 사인펜, 색연필

사전 준비

1. 초등 4학년을 대상으로 각 반별로 한 명씩 담임 선생님의 추천을 받아 총 네 명에서 여섯 명의 참가 학생을 구성한다.
2. 독서교실에 참가하는 아이들은 가정에서 부모님으로부터 참가동의서를 확인 받아 제출한다.

진행 방법

1. '007빵 게임'을 하며 아이들이 긴장을 풀고 마음을 열 수 있게 한다.
2. 『무엇이든 삼켜버리는 마법상자』를 읽고, 각각의 독서치료 단계(인식, 동일시, 카타르시스, 통찰 및 적용)에 맞는 발문에 답해 보면서 서로의 마음과 생각을 들어본다.

| '스트레스를 삼키는 마법상자' 발문 예시 |

독서치료 단계	발문 예시
인식	• 마법상자에는 무엇이라고 쓰여 있었나요? • 아이가 싫다고 말하는 것들은 모두 어떻게 되었나요? • 마법상자가 삼켜버린 것에는 무엇이 있나요?
동일시 (이해&고찰)	• 모두가 사라지고 난 후 아이가 "미안해"라고 말한 이유는 무엇일까요? • 아이가 싫어하는 걸 마법상자가 삼켜버렸을 때 아이는 왜 기분이 이상했을까요? • 아이는 왜 "난 내가 싫어!"라고 말했을까요?
카타르시스	• 엄마가 잘못한 동생은 혼내지 않고 아이만 혼냈을 때 아이의 마음은 어땠을까요? • 아이가 "싫어"라고 했던 것들을 마법상자가 삼켜버렸을 때 아이는 어떤 기분이 들었을까요? • 모든 것을 없애기 전과 없앤 후의 아이는 어떤 기분이었을까요?

통찰 및 자기 적용	• 나에게 무엇이든 삼켜버리는 마법상자가 있다면 어떤 것을 삼켜버리고 싶은가요? 왜 그런가요? • 마법상자가 내가 싫어하는 것을 모두 삼켜버린다면 나의 마음은 어떨까요? • 나는 스트레스를 받을 때 어떻게 하나요?

3. 아이들에게 색종이를 각각 다섯 장씩 나눠준 뒤 요즘 내가 많이 받고 있는 스트레스 다섯 개를 써보고, 함께 이야기해 보도록 유도한다.
4. 아이들에게 상자 모형을 나눠준 뒤 스트레스를 삼키는 마법상자를 만들게 한다.
5. 각자 만든 마법상자에 스트레스 종이를 접어서 넣고 덮는다.
6. 스트레스로 생각했던 종이를 빼내고, 그 이유를 말해 본다.

사진으로 보는 책놀이

1. 그림책을 읽고 발문에 대한 답을 이야기해 본다.

2. 색종이에 스트레스 다섯 가지를 쓴다.

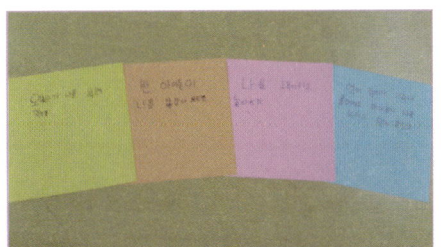

3. 스트레스를 적은 색종이

4. 상자 모형을 한 사람당 하나씩 나눠준다.

5. 사인펜이나 색연필로 마법상자를 예쁘게 꾸민다.

6. 풀로 붙여 마법상자를 완성한다.

7. 스트레스를 적은 종이를 접어 상자에 넣는다.

아이들이 만든 마법상자

선생님을 위한 도움말

• 함께 읽으면 좋은 책 :

『나 하나로는 부족해』
피터 레이놀즈 지음, 조세현 옮김, 비룡소, 2007

『윌리와 악당 벌렁코』
앤서니 브라운 지음, 허은미 옮김, 웅진주니어, 2003

01. 독서교실 초등 초등 4

친구와 사이좋게 지내는 방법 카드

김강선 서울 용동초 사서교사

프로그램 소개

학교생활에 적응하기 힘들어하거나 친구관계에서 어려움을 겪는 어린이들의 사회성 향상을 돕기 위해 서울초등사서교사 독서치료 연구 동아리에서 기획한 '마음이 영그는 책 교실'이라는 독서치료 프로그램 중 하나다. '친구와 사이좋게 지내기'를 주제로 그림책 『친구를 모두 잃어버리는 방법』을 함께 읽은 뒤 카드 놀이를 통해 원만한 친구관계를 만드는 방법을 배워보는 활동이다.

관련 도서

『친구를 모두 잃어버리는 방법』
낸시 칼슨 지음, 신형건 옮김, 보물창고, 2007

준비물
색연필, 사인펜, 필기도구, 활동지, 마분지

사전 준비

1. 초등 4학년을 대상으로 각 반별로 한 명씩 담임 선생님의 추천을 받아 총 네 명에서 여섯 명의 참가 학생을 구성한다.
2. 독서교실에 참가하는 아이들은 가정에서 부모님으로부터 참가동의서를 확인 받아 제출한다.

진행 방법

1. 『친구를 모두 잃어버리는 방법』 책 표지 그림을 보면서 친구를 모두 잃어버리는 방법에는 무엇이 있는지 이야기해 본다.
2. 『친구를 모두 잃어버리는 방법』을 읽고, 각각의 독서치료 단계(인식, 동일시, 카타르시스, 통찰 및 적용)에 맞는 발문에 답해 보면서 서로의 마음과 생각을 들어본다.

| '친구와 사이좋게 지내는 방법 카드' 발문 예시 |

독서치료 단계	발문 예시
인식	• 엄마는 친구가 하나도 없기를 바란다면 어떻게 하면 된다고 말했나요? • 친구가 하나도 없게 할 수 있는 방법에는 무엇이 있을까요? • 다섯 가지 안 좋은 행동을 했는데도 친구가 아직 남아 있다면 어떻게 하면 될까요?
동일시 (이해&고찰)	• 주인공은 왜 좋은 장난감들을 혼자 꽉 쥐고 있으려고 했나요? • 과자를 혼자 몽땅 먹거나 뺏기지 않으려고 도망가는 주인공에게 친구들은 뭐라고 말할까요? • 주인공이 못된 방법을 써서 친구들을 골탕 먹이는 이유는 무엇일까요?
카타르시스	• 장난감이나 먹을 것을 모두 독차지할 때 주인공의 기분은 어땠을까요? • 친구를 모두 잃어버린 주인공은 어떤 마음이 들었을까요? • 주인공이 친구들에게 과자를 나누어주었을 때 마음은 어땠을까요?
통찰 및 자기 적용	• 나는 주위 사람들에게 어떤 친구인가요? • 친구가 귀찮거나 싫어진 적이 있나요? 언제, 어떨 때 그랬나요? • 과자도 혼자 먹고, 장난감도 혼자 갖고 노는 친구가 있다면 나는 어떻게 대할까요? 왜 그렇게 대하고 싶나요?

3. 아이들에게 친구 사이에 지켜야 할 예절, 하지 말아야 할 말이나 행동, 태도에 대해 써보는 활동지를 나눠준 뒤 작성하게 한다.
   예) 친구와 놀이터에서 농구하자고 한 약속시간에 꼭 맞춰 가는 것
4. 〈친구와 사이좋게 지내는 방법 카드〉 만드는 법을 설명해 준다.
5. 아이들에게 카드 종이를 네 장씩 나눠준 뒤 앞서 작성한 활동지를 바탕으로 〈친구와 사이좋게 지내는 방법 카드〉를 만들게 한다.
6. 〈친구와 사이좋게 지내는 방법 카드〉를 예쁘게 꾸민 뒤 각 카드가 담고 있는 내용의 가치를 매겨 뒷면에 금액을 적는다. 단위는 만 원 이상으로 통일한다.
7. 〈친구와 사이좋게 지내는 방법 카드〉로 '높은 가격 맞히기' 게임을 한다. 게임 방법은 '선생님을 위한 도움말' 참고.

사진으로 보는 책놀이

1. 활동지에 친구 사이에 지켜야 할 예절을 쓴다.

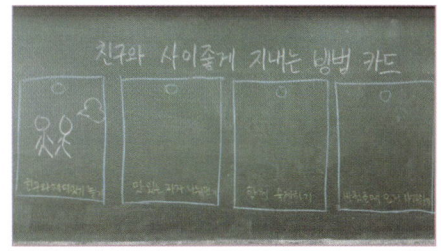

2. 교사는 〈친구와 사이좋게 지내는 방법 카드〉 만드는 법을 설명한다.

3. 교사는 아이들에게 카드 종이를 네 장씩 나누어 준다.

4. 〈친구와 사이좋게 지내는 방법 카드〉를 만든다.

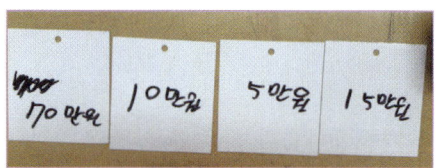

5. 카드 앞면에 친구와 사이좋게 지내는 방법을 쓰고 그림을 그린다.

6. 카드 뒷면에는 내용의 가치를 매겨 금액으로 적는다.

7. 만든 카드로 '높은 가격 맞히기 게임'을 한다.

8. 카드를 뒤집어 금액을 확인한다.

선생님을 위한 도움말

- 높은 가격 맞히기 게임 방법 :

  ① 게임 참가자들은 탁자를 가운데 두고 자리를 잡은 뒤 각자 만든 카드 네 장을 다른 사람들이 보지 못하게 손에 쥔다.

  ② 각자 자신의 카드를 한 장씩 탁자 위에 내려놓는다.

  ③ 다 함께 하나 둘 셋을 외친 뒤 가장 높은 가격일 것 같은 카드를 고른다.

  ④ 카드를 뒤집어 금액을 확인한 뒤 각자 쪽지에 자신이 고른 카드의 가격을 기록한다.

  ⑤ 한번 낸 카드는 버리고 각자 손에 든 카드가 없어질 때까지 게임을 계속한다.

  ⑥ 게임을 마친 뒤 각자가 고른 카드들의 가격을 합산해 금액이 가장 큰 사람이 승리한다.

01. 독서교실   초등   초등 4

봉투가면 쓰기

김강선 서울 용동초 사서교사

프로그램 소개

학교생활에 적응하기 힘들어하거나 친구관계에서 어려움을 겪는 어린이들의 사회성 향상을 돕기 위해 서울초등사서교사 독서치료 연구 동아리에서 기획한 '마음이 영그는 책 교실'이라는 독서치료 프로그램 중 하나다. '친구와 화해하는 방법 배우기'를 주제로 그림책 『숨지마! 텀포드』를 함께 읽은 뒤 역할극을 통해 친구에게 사과하는 것, 친구를 이해하고 용서하는 것을 체험해 보는 활동이다.

관련 도서

『숨지마! 텀포드』
낸시 틸먼 지음, 신현림 옮김, 내인생의책, 2011

준비물

봉투가면, 활동지, 필기도구, 사인펜

사전 준비

1. 초등 4학년을 대상으로 각 반별로 한 명씩 담임 선생님의 추천을 받아 총 네 명에서 여섯 명의 참가 학생을 구성한다.
2. 독서교실에 참가하는 아이들은 가정에서 부모님으로부터 참가동 의서를 확인 받아 제출한다.

진행 방법

1. 『숨지마! 텀포드』를 읽고, 각각의 독서치료 단계(인식, 동일시, 카타르시스, 통찰 및 적용)에 맞는 발문에 답해 보면서 서로의 마음과 생각을 들어본다.

| '봉투가면 쓰기' 발문 예시 |

독서치료 단계	발문 예시
인식	• 텀포드가 생각하기에 세상에서 제일 끔찍한 일은 무엇인가요? • 마을 축제에 가서 텀포드가 일으킨 말썽은 무엇인가요? • 선반 위에 있던 청어를 엎어버리고 텀포드는 어떻게 했나요?
동일시 (이해&고찰)	• 텀포드가 사고를 치고 숨는 이유는 무엇인가요? • 텀포드는 사고를 치고 왜 "잘못했어요" 또는 "미안해요"라고 말하지 않을까요? • 텀포드가 "미안해요"라는 말을 할 수 있도록 어떤 생각이 도움을 주었나요?
카타르시스	• 축제여왕에게 주는 청어를 엎어버렸을 때 텀포드의 마음은 어땠을까요? • 사고를 치고 숨어 있는 동안 텀포드의 마음은 어땠을까요? • 텀포드가 축제에 모인 사람들 앞에서 사과할 때 마음은 어땠을까요?
통찰 및 자기 적용	• 내가 만일 텀포드라면 축제에서 말썽을 일으킨 후 어떻게 할까요? • 잘못한 줄 알면서도 "잘못했어요" 또는 "미안해요"라는 말을 못한 적이 있나요? 왜 그랬나요? • 잘못한 상황에서 "미안해(요)"라고 말하지 못하는 친구가 있다면 어떤 도움을 주고 싶나요?

2. 봉투가면을 쓰고 숨어버리고 싶었던 경험을 이야기한다.
3. 자신이 잘못을 저지른 상황을 〈역할극 대본〉으로 써본다. 교사가 역할극 상황을 제시해 주어도 좋다.

예) ① 일어난 일 : 친구의 과자를 뺏어 먹었다. ② 일어난 때 : 쉬는 시간 ③ 일어난 장소 : 동물나라 학교 4학년 ④ 등장인물 : 물개, 닭, 사자, 토끼

4. 만든 대본으로 친구들과 역할극을 하고 느낌을 발표한다.

사진으로 보는 책놀이

1. 각자 원하는 가면을 고른다.

2. 가면을 쓰고 숨어버리고 싶었던 경험을 말해본다.

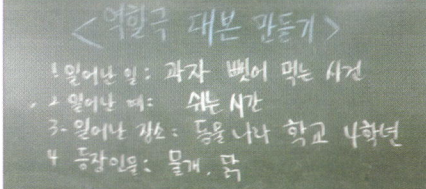
3. 역할극 대본을 만들어 본다.

4. 친구들과 역할극을 한다.

선생님을 위한 도움말

• 함께 읽으면 좋은 책 :

『무지개 물고기』
마르쿠스 피스터 지음, 공경희 옮김, 시공주니어, 1994

『미안하다고 안 할래!』
사만사 버거 지음, 브루스 와틀리 그림, 사과나무 옮김, 크레용하우스, 2018

01. 독서교실   초등 초등 4

내 말 좀 들어주세요

김강선 서울 용동초 사서교사

프로그램 소개

학교생활에 적응하기 힘들어하거나 친구관계에서 어려움을 겪는 어린이들의 사회성 향상을 돕기 위해 서울초등사서교사 독서치료 연구 동아리에서 기획한 '마음이 영그는 책 교실'이라는 독서치료 프로그램 중 하나다. 그림책『내 말 좀 들어 주세요, 제발』을 함께 읽은 뒤 '책 속 문장으로 말을 전달하기' 게임을 통해 상대방의 말에 경청하는 자세를 배워 보는 활동이다.

관련 도서

『내 말 좀 들어 주세요, 제발』

하인츠 야니쉬 지음, 질케 레플러 그림, 김라합 옮김, 상상스쿨, 2010

준비물

사인펜, 활동지, 필기도구, 귀마개

사전 준비

1. 초등 4학년을 대상으로 각 반별로 한 명씩 담임 선생님의 추천을 받아 총 네 명에서 여섯 명의 참가 학생을 구성한다.
2. 독서교실에 참가하는 아이들은 가정에서 부모님으로부터 참가동의서를 확인 받아 제출한다.

진행 방법

1. 그림책 『내 말 좀 들어 주세요, 제발』을 함께 읽고, 각각의 독서치료 단계(인식, 동일시, 카타르시스, 통찰 및 적용)에 맞는 발문에 답해 보면서 서로의 마음과 생각을 들어본다.

| '내 말 좀 들어주세요' 발문 예시 |

독서치료 단계	발문 예시
인식	• 곰이 "저에게 문제가 있어요."라고 말했을 때, 그 '문제'는 무엇인가요? • 곰은 그동안 다른 사람들에게 왜 고민을 말할 수 없었나요? • 곰의 이야기를 끝까지 귀 기울여 들어준 건 누구인가요?
동일시 (이해&고찰)	• 의사는 곰의 얘기를 듣지도 않고 왜 약만 처방해주었을까요? • 곰이 고민을 말하려 할 때 사람들은 왜 듣지 않는 것일까요? • 곰은 왜 사람들에게 받은 물건을 내려놓으면서 한숨을 쉬었을까요?
카타르시스	• 곰이 "저에게 문제가 조금 있어요."라고 말할 때 마음이 어땠을까요? • 사람들이 곰의 얘기를 듣지 않고 자기 식으로 해결해주려 했을 때 곰의 마음은 어땠을까요? • 파리가 곰의 이야기를 귀 기울여 들어줄 때 곰의 기분은 어땠을까요?
통찰 및 자기 적용	• 친구나 부모님에게 고민을 말했을 때 진심으로 이해하고 들어주지 않는다면 나는 어떤 마음이 들까요? • 곰이 내게 고민을 얘기한다면 어떻게 할까요? • 고민을 말하고 싶을 때 어떤 방법으로 어떻게 해야 할까요?

2. 경청하는 자세와 관련된 영어 단어가 왼편에 적혀 있는 〈LISTEN 경청법〉 카드('사진으로 보는 책놀이' 참고)와 각 영어 단어에 대응하는 한글 문장이 적힌 쪽지를 아이들에게 나눠 준다.
3. 아이들은 〈LISTEN 경청법〉 카드에 각 영어 단어의 뜻과 짝을 이루는 한글 문장 쪽지를 붙인다.
4. 책 속 문장을 활용해 '말 전달하기' 게임을 해본다.

게임 방법

〈말 전달하기〉
① 게임을 위해 아이들은 귀마개를 한 뒤 일렬로 앉는다.
② 첫 줄에 앉은 아이가 책 속 문장을 활동지에 적고, 바로 뒤에 앉은 친구에게 불러준다.
③ 앞 줄 친구의 말을 들은 아이는 바로 뒤에 앉은 친구에게 전달한다.
④ 맨 마지막 줄에 앉은 친구는 자기가 전달 받은 말을 활동지에 쓴다.
⑤ 순서를 바꿔 게임을 세 차례 더 진행한다.

사진으로 보는 책놀이

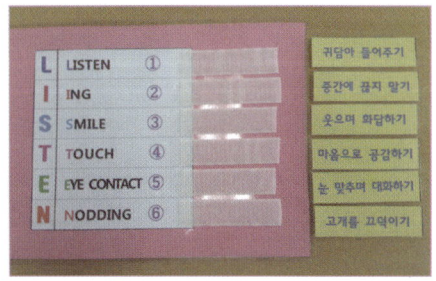

1. 〈LISTEN 경청법〉 카드를 나누어 준다.

2. 각 영어 단어에 대응하는 한글 문장 쪽지를 카드 오른쪽에 붙인다.

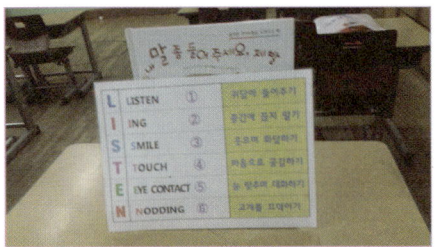
3. <LISTEN 경청법> 카드 정답을 게시한다.

4. 말 전달하기 게임을 위해 아이들은 귀마개를 꽂고 일렬로 앉는다.

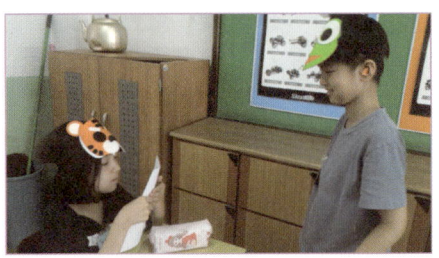
5. 첫 줄에 앉은 아이가 자신이 적은 책 속 문장을 뒷사람에게 불러준다.

6. 뒷사람은 자기가 들은 말을 다음 친구에게 전달한다.

7. 맨 마지막 줄에 앉은 친구는 활동지에 자기가 들은 말을 적는다.

8. 순서를 바꿔 가며 게임을 더 진행한다.

선생님을 위한 도움말

- 함께 읽으면 좋은 책 :

『요술쟁이 젤리 할머니』

크리스텔 발라 지음, 스테파니 오귀소 그림, 정미애 옮김, 다림, 2012

✚ 독서치료 교실 Tip

① 독서치료를 진행하려는 교사는 전문기관에서 독서심리상담사나 독서치료사, 상담사, 미술치료사 등 관련 자격을 갖추는 것이 중요하다.
② 어떤 주제로 아이들을 상담하고 독서치료 프로그램을 진행할 것인지 구체적으로 철저하게 계획한 다음 관련 도서와 발문, 활동자료, 재료 도구를 준비해야 한다.
③ 어린이들을 모집하는 수가 너무 많으면 진행 시간이 너무 오래 걸리고, 개별적인 지도가 힘들기 때문에 네 명에서 여섯 명 정도가 적당하다. 또한, 어린이들을 구성할 때 특이사항이나 특별지원(예 : 저소득층 교육복지 대상) 대상의 어린이들과 일반 어린이들을 섞어서 구성하는 것이 좋다.
④ 프로그램은 매주 1회로 정하고 80~100분 정도 하는 것이 바람직하다.
⑤ 예산에 매 회기별로 간식비를 책정한다.
⑥ 마지막으로 프로그램을 종료하고 2주나 한 달 후에 추후 변화와 상태를 살펴보기 위해서 추후 모임을 갖고 마무리한다.

01. 독서교실   초등~중등 초등

학부모와 함께하는 저자와의 만남
짱뚱이 작가 오진희 선생님을 만나다

김강선 서울 용동초 사서교사

프로그램 소개

저자와의 만남은 저자가 책을 쓸 때의 생각과 마음을 알게 해 책에 대한 이해를 높이고, 세상을 바라보는 시각을 넓혀 주는 기회가 된다. 10년 전까지만 해도 학교도서관에서 저자를 모시고 강연을 듣는 것이 특별한 경험이었지만 요즘은 많은 학교에서 실시하고 있다. 다만 10년 전이나 지금이나 저자와의 만남 프로그램이 비슷비슷해서 학생들이 식상해한다는 게 문제다. 일반적이고 보편화된 저자와의 만남에서 벗어나 즐겁고 행복한 경험이면서 좀 더 의미 있는 프로그램으로 운영할 수 없을까 고민하다가 소규모 가족 단위로 진행하는 '학부모와 함께하는 저자와의 만남'을 기획했다. 저자 강연, 질의응답 시간, 사인회에 저자가 쓴 책을 주제로 한 독서퀴즈대회, 저자의 책 속 체험 놀이 활동을 추가해 다섯 가지 과정으로 진행했다.

관련 도서

『짱뚱이의 우리는 이렇게 놀았어요』

오진희 지음, 신영식 그림, 주니어파랑새, 2001

사전 준비

1. 교내 방송과 도서실 게시판을 통해 프로그램을 홍보하고 가정통신문에도 공지하고, 전교생을 대상으로 참가 신청서를 받아 선착순으로 열 가족을 모집한다.
2. 저자가 쓴 작품을 소개하는 안내판을 만들어 도서실에 전시하고, 도서를 비치해 행사에 참가하는 가족이 활용할 수 있도록 한다.
3. 저자의 책 속 전통놀이(공기놀이, 윷놀이, 고리 던지기, 투호놀이, 아카시아 파마하기 등) 체험 활동을 위한 도구와 재료를 준비한다.

진행 방법

1. 오진희 작가를 소개하고 '짱뚱이와 함께 하는 우리 전통놀이 이야기'를 주제로 한 강연을 듣는다.
2. 오진희 작가와의 질의응답 시간을 갖고 사인회를 진행한다.
3. 저자의 책 내용을 바탕으로 독서퀴즈를 풀어본다.
4. 저자와 책 속 전통놀이 및 자연놀이를 체험해 본다.
5. 저자와의 기념 촬영을 한 뒤 다 함께 간식을 먹으며 이야기 나누는 시간을 가진다.

사진으로 보는 책놀이

1. 오진희 작가 강연 모습

2. 오진희 작가가 내는 독서퀴즈를 풀어본다.

3. 아카시아 파마 재료와 설명서를 준비해 둔다.

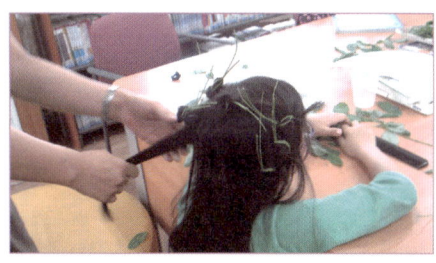

4. 아카시아 파마 체험

5. 둘씩 짝지어 책에 소개된 공기놀이를 해본다.

6. 윷놀이하기

7. 투호놀이

8. 학부모 질경이싸움

선생님을 위한 도움말

- 참가 희망 가족이 많을 경우 다음과 같은 우선순위에 따라 선정한다.

  대상자 우선순위 선정 기준

  ① 형편이 어려워서 문화체험의 기회가 적은 교육복지 대상 어린이 가족 ② 각 학년별 독서우수자 가족 ③ 도서실에서 무료 봉사를 하는 어린이사서 가족 ④ 도서실에서 무료 봉사하시는 학부모 명예사서 가족

- 참가 대상 가족이 미리 저자의 책을 읽고 참가할 수 있도록 하며, 사인회에서 저자 사인을 받고자 하는 가족의 경우 저자의 책을 미리 준비할 수 있도록 안내한다.
- 사전에 저자에게 강연과 사인회, 독서퀴즈대회, 체험활동 등 5가지 코스로 진행하는 프로그램임을 설명하고 모실 수 있도록 한다.
- 강연과 체험이 있는 저자와의 만남을 계획하기 전에 도서관 안전점검과 행사 진행에 필요한 준비물을 철저히 체크한다.
- 함께 읽으면 좋은 책 :

  『짱뚱이의 나의 살던 고향은』

  오진희 지음, 신영식 그림, 주니어파랑새, 1999

  『짱뚱이의 보고 싶은 친구들』

  오진희 지음, 신영식 그림, 주니어파랑새, 2000

01. 독서교실 초등 초등 1~2

'옛날 옛적에' 이야기 시간

김강선 서울 용동초 사서교사

프로그램 소개

매달 첫째 주 중간 놀이시간에 사서교사 및 학부모 자원봉사자들이 짝을 이루어 1~2학년 교실에 가서 이야기책을 읽어주는 활동이다. 사서교사는 아이들의 독서 수준과 성장 발달 단계에 적합한 도서자료를 신중히 선정하는데, 주로 빅북(BIG BOOK)으로 나온 옛날이야기책과 창작 그림책을 읽는다.

준비물

큰 그림책 여섯 권(세 반에서 두 권씩 읽어줌)
이야기 들려주기 앞치마와 머리띠

사전 준비

1. 교사는 1학년 학급 게시판과 학교도서관 홈페이지에 프로그램과 매달 들려주는 그림책에 대해 공지하고, 책 읽어주기 봉사에 관심

있는 학부모를 모집한다.
2. 학부모 자원봉사자들과 함께 책 읽어주기에 좋은 큰 그림책을 고르고, 적합한 도서를 구입해 도서관에 비치한다.
3. 이야기 읽어주기 봉사를 희망한 학부모들을 대상으로 이야기 전문 강사를 초빙해 연수를 진행한다. 책 읽어주는 방법, 책 읽는 목소리와 자세, 책 넘기는 방법, 책 읽어주기의 의미 등을 연수한다.
4. 이야기 읽어주기에 참여하는 학부모들은 틈틈이 모여 그림책에 대한 정보를 공유하고 공연을 연습한다.
5. 이야기 시간 진행에 필요한 복장을 준비해 행사 전날 리허설을 해본다.

진행 방법

1. 이야기 시간에 참여하는 학부모 자원봉사자는 공연 20분 전에 미리 와서 들려줄 그림책과 추후 활동에 대해 교사와 의논한다.
2. 중간 놀이시간(10:40 ~ 11:00)에 2인 1조로 구성된 학부모 자원봉사자 네 팀이 1~2학년 교실에 가서 재미있게 이야기를 들려준다.
3. 학부모 자원봉사자는 이야기 들려주기를 끝낸 후 활동에 대한 내용을 이야기 시간 일지에 기록하고, 참여 소감 및 활동 내용을 발표한다.

사진으로 보는 책놀이

1. 큰 그림책을 구입해 도서관에 비치한다.

2. 학부모를 대상으로 책 읽어주기 연수를 진행한다.

3. 틈틈이 책 읽어주기 모임을 통해 연습한다.

4. 2인 1조로 팀을 구성해 학급에서 책을 읽어준다.

선생님을 위한 도움말

- 초등학교 1~2학년 대상으로 이야기책 읽어주기에 적당한 도서 목록은 395쪽 부록3 참고.

01. 독서교실 초등 초등 1~2

책 읽어주는 할머니

이영주 서울 구산초 사서교사

프로그램 소개

책을 매개로 하여 '사람과 사람'의 만남이 이루어지고 그 안에서 정서적 교감이 일어나는 체험은 무엇보다 감동적이다. 사교육으로 바쁜 친구들과 놀지 못하고 맞벌이 가정으로 방치된 아이와 바쁜 자녀들 때문에 소외된 어르신들이 만나 함께 책을 읽으면서 서로의 정서적 욕구불만을 해소하고 도서관을 친숙한 공간으로 느끼게 되길 바라며 이 프로그램을 기획했다.

사전 준비

1. 책 읽어주실 할머니를 섭외한다.
   ① 지역노인복지회관에 프로그램 취지를 설명하고, 노인 일자리 사업과 관련해 지원을 받을 수 있는지 문의한다.

② '책 읽어주는 할머니' 활동 계획서를 제출한다.
③ 복지회관 관계자와 '책 읽어주기' 지원단을 꾸리고 운영 계획을 짠다.
2. 독서 자료를 선정한다(선정 기준은 '선생님을 위한 도움말' 참고).
3. 책 읽어주실 할머니에게 아이들한테 읽어줄 책을 미리 보여드린 뒤 다음과 같이 사전 교육을 한다.
① 책 읽는 도중 아이들이 엉뚱하거나 장난스러운 반응을 보여도 무시하지 않고 이야기의 일부로 끌어들인다.
② 잘못된 고정관념을 심어주지 않도록 한다.
예) 의사 목소리는 남자로, 간호사 목소리는 여자로 내는 등 성 역할을 구분 짓지 않는다.
③ 마음으로부터 이야기를 이해하고 받아들인 다음에 읽어주어야 그 세계의 아름다움과 즐거움을 전달할 수 있다.

진행 방법

1. 방과 후 도서관에 오는 아이에게 개별적으로 프로그램을 설명하고, 참여 의사를 물어본다.
2. 책 읽어 주실 할머니와 아이를 인사시킨다.
3. 할머니와 아이는 서로를 바라보며 "생각은 쑥쑥~ 가슴은 따끈따끈!"이라고 말한다.
4. 책 읽어주기 전에 서로에 대한 소개나 간단한 게임을 통해 주의를 집중하고 친밀감을 쌓도록 한다.
5. 할머니가 아이에게 책을 읽어주신다. 이때 책 내용을 충실하게 전달하는 것에 중점을 둔다.

6. 책을 읽고 난 후 할머니와 아이가 대화하는 시간을 가진다.
7. 할머니와 아이는 서로를 바라보며, 첫인사를 나눌 때처럼 '생각은 쑥쑥~ 가슴은 따끈따끈!'이라고 말하며 프로그램을 마무리한다.
8. 사서 교사는 프로그램 활동 내용(읽어준 날짜, 장소, 아이들의 반응, 읽어준 사람의 느낌 등)을 기록지에 적는다.
9. 한 달에 한 번 '책 읽어주기 지원' 모임을 해 개선할 점을 의논한다.

선생님을 위한 도움말

- 도서 선정 시 유의해야 할 사항 :
  ① 아동의 학년 수준이 아닌 개인 수준에 맞는 책을 고른다.
  ② 이야기가 너무 길지 않은 책을 고른다.
  ③ 특정 분야에 치우치지 않고 다양하게 선정한다.
  ④ 사서가 읽어도 재밌는 책을 골라야 한다.
- 책 읽어주는 할머니 선정 도서 목록은 396쪽 부록4 참고.

02. 독서캠프

초·중·고   초등~중등

학부모와 함께하는 황순원 문학촌 탐방

김강선 서울 용동초 사서교사

프로그램 소개

작가가 쓴 작품의 배경이 되는 장소나 생가를 직접 둘러보는 활동은 학생들이 문학작품을 더욱 깊이 있게 이해하고 감상하도록 돕는다. 황순원 문학촌 탐방은 이런 취지에 부합하도록 꾸리기 위해 1부와 2부로 나누어 진행했다. 1부는 학교도서관에서 황순원 작가의 생애와 문학세계를 알아보는 시간으로, 2부는 양평에 있는 황순원 문학촌 소나기 마을을 탐방하는 것으로 기획했다. 기행 전 학생들과 함께 책을 읽고, 작품 세계에 대한 이야기를 충분히 나누었기에 학생들이 문학촌에서 보고 체험한 것과 작품을 읽었을 때 받은 인상을 비교해 보고, 적극적으로 질문하는 모습을 보였다.

관련 도서

『소나기』
황순원 지음, 강우현 그림, 다림, 1999

준비물

- 1부 준비물 : 부직포 가방 만들기 재료(부직포 가방, 네임펜, 유성매직)
- 2부 준비물 : 필기도구, 물통, 우산, 간편한 복장

사전 준비

1. 교내 방송과 도서실 게시판을 통해 프로그램을 홍보하고 가정통신문에도 공지하고, 4~6학년 학생을 대상으로 참가 신청서를 받아 선착순으로 열 가족(4인 기준)을 모집한다.
2. 문학촌 탐방 전 작가의 생애와 작품 세계 이해를 돕기 위한 자료와 체험 활동 재료를 준비한다.

진행 방법

[1부 | 황순원 작가의 작품 들여다보기]

1. 출석 체크를 한 뒤 황순원 문학촌 탐방에 대해 간략히 안내한다.
2. 황순원 작가의 생애와 문학세계에 대해 설명한다.
3. 학생들과 「소나기」를 함께 읽고 생각과 느낌을 이야기해 본다.
4. 소설의 내용과 관련된 ○× 퀴즈를 풀어본다.
5. 작품의 뒷이야기를 상상해 부직포 가방에 그림으로 표현해 본다.

[2부 | 황순원 문학촌 탐방하기]

1. 문학촌에 있는 〈작품 속으로〉 전시실에서 대표작 「소나기」와 「학」 녹음 작품을 듣고, 작품 세계에 대한 해설사의 설명을 듣는다.
2. 〈작가와의 만남〉 전시실에서 대표작 관련 영상물과 모형, 작가의 유품 등을 감상한다.

3. 영상실에서 〈소나기〉의 뒷이야기를 담아낸 애니메이션 〈그날〉을 감상하며 직접 소나기를 맞는 체험을 해본다.
4. 〈너와 나만의 길〉, 〈소나기 광장〉 등 문학촌 내 테마시설에서 친구들과 함께 소설 속 명장면을 연출해 사진을 찍는 미션을 준다. 우수작 다섯 편을 선정해 상품을 준다.
5. 「소나기」에 나오는 낱말을 찾는 빙고게임과 가로세로 독서퀴즈를 풀고, 정답을 맞힌 학생에게 선물을 준다.
6. 체험을 마친 뒤 학생들과 학부모들로부터 평가 설문지를 받아 다음 해에 문학기행 계획을 짤 때 참고하도록 한다.

사진으로 보는 책놀이

1. 문학기행 당일, 일정을 안내하고, 작가와 작품 설명을 진행한다.

2. 소설의 뒷이야기를 상상해 부직포 가방에 그림으로 표현해 본다.

3. 소설의 내용과 관련된 ox퀴즈를 풀어본다.

4. 전시실에서 황순원 작가의 유품을 관람하는 모습

5. 소설 속 오두막과 움막을 재현해 놓은 소나기 광장

6. 소설 속 명장면을 재연하는 모습

7. 소나기 광장 포토존에서 소설 속 소년 소녀처럼 사진 찍기

8. 집으로 돌아가는 차 안에서 소설과 관련된 퀴즈를 푸는 모습

선생님을 위한 도움말

- 문학기행을 기획할 때 생존 작가와 함께 진행하는 프로그램으로 할 것인지 돌아가신 작가의 생가나 작품 속 배경을 둘러보는 문학기행으로 기획할 것인지 정한다.
- 문학기행을 기획할 때 교사는 사전답사를 통해 프로그램을 어떤 내용으로 꾸릴 것인지 구상하는 것이 좋다.
- 낱말 빙고게임과 가로세로 독서퀴즈 양식은 398~400쪽 부록5 참고.

02. 독서캠프

`초·중·고` `초등~중등`

권정생 작가의 흙집을 찾아서

이영주 서울 구산초 사서교사

프로그램 소개

권정생 작가의 작품을 읽고, 그가 살던 집을 돌아보며 작가의 고결한 정신과 문학의 진정성을 느껴보는 활동이다. 권정생 작가의 집을 방문했을 때 아이들은 유명 작가의 집치고 너무 초라해서 놀라워했다. 또한, 유품전시관에서 작가가 직접 만든 빗자루나 등불, 자필 원고를 보며 작가의 정신과 검소한 생활에 감동받았다. 권정생 작가 자택 탐방에 덧붙여 안동 하회마을 탐방, 한지 만들기 체험, 장작 패서 고구마 구워 먹기 등 전통문화 체험도 함께하는 1박 2일 간의 문학기행으로 진행했다.

관련 도서

『강아지똥』
권정생 지음, 정승각 그림, 길벗어린이, 1996

『몽실언니』

권정생 지음, 이철수 그림, 창비, 2012

준비물

- 개인 준비물 : 필기도구, 물
- 학교 준비물 : 구급상자, 여행자 보험, 이름표, 가정통신문 및 참가 동의서, 카메라

사전 준비

1. 참가 학생을 모집한다(본교의 경우, 4~6학년 복지 대상 아동 중 참가 희망자 스무 명을 선착순으로 선발한다).
2. 문학 탐방 전 권정생 작가의 작품을 읽고, 작가의 삶과 작품에 대한 교육을 실시한다.

| 일정표 예시 |

구분	시간	장소	체험 내용
1일 차	09:00	학교	집결 및 출발
	12:00 ~ 13:00		안동 도착, 점심
	13:00 ~ 14:00	안동시 일직면 조탑리 7번지 권정생 자택	권정생 선생님이 사시던 집과 빌뱅이 언덕 돌아보기
	14:30 ~ 15:00	안동시 일직면 성남길 119 권정생어린이문화재단	권정생어린이문화재단 방문 권정생 선생님 도서 및 유품 전시 관람 도서, 유품 일부 전시 (안경, 친필 유고, 의류, 집필 도구 등) 관람
	15:00 ~ 16:00	도산서원	도산서원 관람
	17:40 ~ 18:40		저녁 식사 (향토 음식)
	18:50 ~ 21:30	숙소	방 배정 및 휴식
	21:30 ~ 22:20		권정생 작가에게 편지 쓰기

	22:20~23:00	숙소 마당	캠프 파이어 / 권정생 선생님 유언장 낭독
	23:00 ~ 8:30		취침
	8:30 ~ 9:00		기상 및 잠자리 정리
2일 차	9:20~10:10		아침 식사
	10:30 ~ 12:00	의성김씨 학봉 종택, 안동한지공장	- 마을 및 종가집 탐방 (민요, 민담, 방언, 집안 내력, 가훈 채록) - 안동한지공장 견학, 종이의 마술 보기
	12:00 ~ 13:00	풍산장터	점심 식사
	13:00 ~ 15:00	하회마을	하회마을 탐방
	18:00	학교	서울 도착, 인원 체크 후 해산

진행 방법

【 1일 차 】

1. 권정생 작가가 살았던 빌뱅이 언덕 밑의 오두막집을 둘러보고 『강아지똥』 작품의 배경이 되었을 골목길 담벼락도 눈에 담아본다.
2. 작가가 해거름이면 찾아가 낙조 바라보기를 즐겼다던 야트막한 빌뱅이 언덕에 올라본다.
3. 권정생어린이문화회관을 방문해 전시실에서 작가의 생애와 작품들을 살펴본다.
4. 권정생 작가의 유품 전시관에서 책상, 소반, 직접 만든 빗자루와 등불, 자필 원고, 유언장 등을 보며 그의 작가정신과 검소했던 삶을 느껴본다.
5. 권정생 작가의 집을 그림으로 그려보고, 작가에게 편지도 써본다.
6. 작가의 유언장을 낭독해 본다.
7. 각자 그린 그림이나 편지를 발표한다.

【 2일 차 】

1. 의성 김씨 학봉종택에서 전통 가옥의 고상한 멋을 감상하고 구전되는 민요, 민담, 방언, 집안 내력, 가훈 등을 채록한다.
2. 안동한지공장에 들러 한지 만드는 모습을 구경하고 한지 만드는 과정을 직접 체험해 본다.
3. 안동 하회마을로 가 초가집과 기와집이 어우러진 풍경을 감상하고 마을 골목골목을 걸어 본다.

사진으로 보는 책놀이

1. 권정생 작가가 살던 집

2. 흙벽돌로 지은 집에 창호지를 바른 문

3. 유품전시관의 모습

4. 도산서원의 정경

5. 도산서원 내부를 관람하는 모습

6. 의성 김씨 고택 내부를 관람하는 모습

7. 한지 만들기 체험 중인 아이들

8. 안동 하회마을 안을 구경하는 모습

선생님을 위한 도움말

- 사전에 권정생 작품 전시(그림책, 동화책, 음악으로 나온 책, 동시책 등)를 한 뒤 문학기행을 가면 더욱 좋을 것 같다.
- 일정을 마치고 밤에는 권정생 선생님 작품을 영화로 만든 〈엄마까투리〉나 〈몽실언니〉를 보고 이야기 나누는 것도 좋겠다.

02. 독서캠프

조선 5대 궁궐 답사

이영주 서울 구산초 사서교사

프로그램 소개

조선의 대표적인 궁궐 다섯 곳에 대한 책을 읽은 후 직접 답사하는 활동이다. 초등학교 4~6학년 학생 스무 명을 대상으로 궁궐의 역사적 가치와 유래, 쓰임새, 건축미를 이해하고, 우리 문화재의 소중함을 느끼게 하고자 총 4회에 걸쳐 프로그램을 진행했다. 사전에 안내 해설을 예약해 고궁 해설자로부터 주요 전각과 장소에 대한 설명과 그곳에 얽힌 역사적 사건, 인물들의 일화를 들으며 관람했다.

관련 도서

『경복궁에서의 왕의 하루』
청동말굽 지음, 박동국 그림, 문학동네어린이, 2003

『임금님의 집 창덕궁』
최재숙 지음, 홍선주·달리 그림, 웅진주니어, 2008

『창경궁 : 조선의 역사가 깃든 궁궐』

손용해 지음, 이종호·정다이 그림, 주니어김영사, 2012

『덕수궁과 정동 : 살아 있는 근현대 역사의 현장』

이종호 지음, 이유나·김효중 그림, 스쿨김영사, 2012

준비물

- 개인 준비물 : 필기도구, 물
- 학교 준비물 : 구급상자, 여행자 보험, 이름표, 가정통신문 및 참가 동의서, 카메라

사전 준비

1. 4~6학년 중 참가 희망자 스무 명을 선착순으로 모집한다.
2. 참가신청서 및 학부모 동의서를 받고, 여행자 보험에 가입한다.
3. 답사 일주일 전 참가 학생들에게 관련 도서를 나누어 주고 읽어 오도록 한다.
4. 답사 일정과 개인 준비물을 안내하고, 궁궐 관람 예절에 대한 교육을 실시한다.

| 일정표 예시 |

일정	답사 시간	내용
1주 차	오후 12:40에 학교 출발, 오후 06:00에 학교 도착	경복궁 답사 (관람 시간 : 1시간 30분)
2주 차		창경궁과 종묘 답사 (관람 시간 : 창경궁 1시간, 종묘 30분)
3주 차		경운궁(덕수궁)과 경희궁 답사 (관람 시간 : 총 1시간 30분)
4주 차		창덕궁 답사 (관람 시간 : 1시간 30분)

5. 교통편을 준비한다. 본교의 경우, 버스와 지하철을 이용했다.

진행 방법

【 1주 차 | 경복궁 답사 】

1. 경복궁 내부를 왕이 정치를 펼쳤던 공간(근정전, 사정전, 수정전 등), 왕의 가족이 생활하는 공간(강녕전, 교태전, 자경전, 동궁 등), 궁궐 사람들이 거처하는 공간 등으로 나누어 주요 전각을 둘러본다.
2. 고궁 해설자로부터 각 건물의 용도 및 기능적으로 설계된 양식, 건물 내외부를 둘러싼 장식물의 의미에 대한 설명을 듣는다.
3. 왕을 비롯해 경복궁 안에 거처하는 사람들의 생활에 대한 설명을 듣는다.

【 2주 차 | 창경궁과 종묘 답사 】

1. 창경궁 내부를 나랏일을 위한 공간(명정전, 문정전 등), 왕실 가족이 살던 곳(환경전, 경춘전, 통명전), 왕실 정원 등으로 나누어 주요 전각을 둘러본다.
2. 고궁 해설자로부터 각 건물의 용도 및 기능적으로 설계된 양식, 건물 내외부를 둘러싼 장식물의 의미, 각 전각에 얽힌 역사적 사건에 대한 설명을 듣는다.
3. 종묘 내부를 제사를 준비하는 곳(외대문, 신로, 중연지, 향대청 등), 옛 임금님을 만나는 곳(월대, 정전, 공신당, 칠사당, 영녕전 등)으로 나누어 주요 전각을 둘러본다.
4. 조선시대 나라의 가장 큰 제사이자 유네스코 '인류무형문화유산'으로 등재된 종묘제례에 대한 설명을 듣는다.

【 3주 차 | 경운궁(덕수궁)과 경희궁 답사 】

1. 경운궁 내부를 대한제국 황제의 궁궐로 쓰인 공간(중화전, 즉조당, 준명당, 석어당), 동서양의 조화가 이루어진 건물들(덕홍전, 함녕전, 정관헌, 석조전)으로 나누어 주요 전각을 둘러본다.
2. 고궁 해설자로부터 각 건물의 용도 및 기능적으로 설계된 양식, 황제를 상징하는 장식물에 대한 설명을 듣는다.
3. 경희궁 내 숭정전, 자정전, 융복전, 회상전 등 주요 전각을 둘러본다.
4. 고궁 해설자로부터 각 건물의 용도 및 기능적으로 설계된 양식, 건물 내외부를 둘러싼 장식물의 의미에 대한 설명을 듣고, 일제가 대한제국을 강점하면서 경희궁이 겪은 수난에 대해 알아본다.

【 4주 차 | 창덕궁 답사 】

1. 창덕궁 내부를 왕의 즉위식과 정치 무대로 쓰인 공간(인정문, 인정전, 선정전, 희정당), 아름다운 왕실 후원(부용지, 주합루, 애련지, 옥류천)으로 나누어 전각 및 정자를 둘러본다.
2. 고궁 해설자로부터 각 건물의 용도 및 기능적으로 설계된 양식, 각 전각에 얽힌 역사적 사건에 대한 이야기를 듣는다.

사진으로 보는 책놀이

1. 경복궁 안으로 들어가기 전 해설사가 궁궐의 구조를 설명해 준다.
2. 근정전을 관람하는 모습

3. 해시계의 원리에 대해 설명을 듣는 모습

4. 덕수궁 중화전 앞에서 해설자의 설명을 듣는다.

5. 중화전 내부를 관람하는 모습

6. 고종 황제가 외국 사신들을 만났던 정관헌

선생님을 위한 도움말

- 인솔 교사가 최소 두 명 이상은 되어야 한다.
- 함께 읽으면 좋은 책 :

『타임머신 5대 궁궐 여행』
이재영 외 지음, 이비락, 2008

『종묘 : 조선 500년 왕과 왕비의 넋이 깃들어 있는 사당』
허균 지음, 배종숙 그림, 주니어김영사, 2012

『쑹내관의 재미있는 궁궐 기행』
송용진 지음, 지식프레임, 2009

『우리 궁궐 이야기』
홍순민 지음, 청년사, 1999

02. 독서캠프

학교 뜰 안 식물 캠프

이동림 창원 제황초 교사

프로그램 소개

우리 학교 뜰에서 자라는 식물을 관찰하고 식물도감을 찾아보면서 새로 알게 된 내용과 그림을 그려 '나의 식물도감'을 만들어 보는 활동으로 기획했다. 4~5학년 학생들과 학부모 희망자(10명 이내)를 포함해 총 40명을 대상으로 3일 동안 오전 9시부터 정오까지 자연염색 등 체험 활동의 즐거움을 느끼게 했다.

관련 도서

『세밀화로 그린 보리 어린이 식물도감』

보리 편집부 엮음, 전의식 지음, 권혁도 외 그림, 보리, 2016

『봄·여름·가을·겨울 식물도감』

윤주복 지음, 진선아이, 2010

『웅진 세밀화 식물도감』

심조원 지음, 손경희 외 그림, 김진석 감수, 호박꽃, 2012

『우리 식물도감』

김태정 지음, 예림당, 2004

『식물 비교 도감』

김옥임 외 지음, 이원규 사진, 현암사, 2009

준비물

종합장, 돋보기, 식물도감, 종이, 색이 있는 필기도구, 가위, 풀, 황토, 에코백, 손수건, 면 티셔츠, 커다란 통

사전 준비

1. 교사는 프로그램을 어떻게 진행할지 구체적인 일정을 짠다.
2. 학생들은 학교 뜰에서 만난 식물들을 식물도감에서 찾아보고, 그 식물에 대한 내용을 자세히 알아본다.
3. 식물도감이 어떻게 구성되었는지 살펴본다.
4. 자신이 만들 식물도감에, 소개할 식물의 간단한 내용을 정리한다.

| 일정표 예시 |

일정	시간	장소	내용
1일 차	09:00 ~ 12:00 (오전)	학교 뜰, 텃밭, 운동장	학교 뜰에서 자라는 식물 만나기
2일 차		학교도서관	식물도감 만들기
3일 차		학교 주차장	황토 염색 체험하기

진행 방법

【 1일 차 | 학교 뜰에서 자라는 식물 만나기 】

1. 교사는 참가자들을 한자리에 모아서 함께 인사를 나누고, 3일간의 독서캠프 일정을 안내한다.
2. 학생들은 인솔 선생님, 참가자들과 학교 뜰, 운동장, 텃밭을 다니면서 나무, 풀, 꽃, 채소 등 여러 가지 식물을 자세하게 관찰하고 기록한다. 식물과 관련된 이야기도 기록한다.
3. 참가 학생, 학부모는 관찰한 식물을 종합장에 그리기도 하고 새로 알게 된 내용을 적는다.

【 2일 차 | 학교 뜰에서 관찰한 식물로 '나의 식물도감' 만들기 】

1. 사서 선생님이 우리 학교도서관에 소장하고 있는 여러 가지 식물도감을 소개한다.
2. 학생들은 첫째 날 관찰하고 기록했던 식물을 식물도감에서 찾아보고 보충할 내용을 기록한다.
3. 2에서 각자 기록한 내용을 바탕으로 북아트를 활용해 '나의 식물도감'을 만든다.
4. 각자 만든 식물도감을 소개하며 소감을 나눈다.

【 3일 차 | 황토로 간단한 생활용품 염색하기 】

1. 학교 뜰에서 자라는 식물 중 염색이 가능한 것을 알아본다.
2. 염색전문가를 초빙해 설명을 듣고 모둠을 나누어 학교 주차장에서 황토염색을 한다.
3. 에코백, 면 티셔츠를 황토물에 담가 손으로 조물조물 한참 동안 주

무른 다음, 여러 번 헹군 후에 말린다.

4. 서로 소감을 나누는 등 평가회를 가진다.

선생님을 위한 도움말

- 염색을 위한 풀이나 꽃은 흔히 볼 수 있는 걸로 조금만 꺾는다. 황토는 생물이 아니라서 사용하는 데 거리낌이 없으나 염색 과정이 복잡하여 어른들의 도움이 필요하다.
- 염색 활동은 물을 써야 하고 말려야 하는 과정이 있어서 주차장처럼 별도 있고, 물을 쓰기 좋은 장소에서 하는 것이 좋다.
- 학부모와 아이들이 함께 활동할 때는 아이들에게 자율권을 많이 주어야 하니 학부모에게 활동을 최소화하도록 미리 당부한다.

02. 독서캠프

초등~중등 초등

마을 도서관 연계 독서캠프

이영주 서울 구산초 사서교사

프로그램 소개

테마를 정해 평소에는 갈 수 없었던 먼 곳으로 독서캠프를 가는 것도 좋지만, 걸어 다닐 수 있을 만큼 가까운 지역 안에서 즐기며 배울 수 있는 지역 캠프가 있으면 좋겠다고 생각했다. 그런 의미에서 학교도서관과 지역도서관을 연계해 함께 다양한 책놀이를 체험하는 1박 2일 독서캠프를 기획했다. 아이들은 지역에 사는 또래 친구들과 도서관에서 함께 놀고 하룻밤을 보내며 돈독한 정을 나누고, 도서관에 대한 흥미와 애정을 느낄 수 있다.

관련 도서

『거위의 꿈, 폴 포츠』
박현성 지음, 이지훈 그림, 리잼, 2009

『소리의 집을 지은 윤이상』
한수연 지음, 권예실 그림, 하늘을나는교실, 2017

『세밀화로 그린 보리 어린이 식물도감』

보리편집부 엮음, 전의식 지음, 권혁도 외 그림, 보리, 1997

『세밀화로 그린 보리 어린이 나무도감』

이제호·손경희 그림, 보리, 2016

준비물

- 개인 준비물 : 필기도구, 세면도구, 갈아입을 여벌 옷, 개인 물
- 학교 준비물 : 구급상자, 이름표, 가정통신문, 참가동의서, 카메라

사전 준비

초등학교 4~6학년 학생 20명을 대상으로 참가 신청서를 받는다.

| 일정표 예시 |

일정	시간	장소	체험 내용
1일 차	12:30	꿈나무 도서관	집결
	13:00 ~ 14:00		점심 식사
	14:00 ~ 16:00		공동체 놀이
	16:00 ~ 17:00	상상놀이터	걸리버의 저녁 식사
	17:00 ~ 18:00		저녁 식사
	18:00 ~ 20:00	꿈나무 도서관	힙합 배워 보기(숭실대 힙합동아리 '다피스')
	20:00 ~22:00		내가 좋아하는 책으로 힙합 가사 써보기
			내가 지은 노래 힙합 공연
	22:00 ~ 23:00		간식 먹고 자유시간
	23:00 ~		자유롭게 책 읽다가 잠들기
2일 차	08:00 ~ 09:00	꿈나무 도서관	기상 및 잠자리 정리, 세안
	09:00 ~ 10:00		아침 식사 후 출발
	10:00 ~ 12:00	서오릉	세밀화 그리기
	12:00 ~ 13:00		점심 식사
	13:00 ~ 14:00	학교	학교 도착 및 인원 체크 후 해산

진행 방법

【 1일 차 】

1. 지역 도서관에서 빙고게임으로 서로의 이름 및 장점 알아보기 등을 하면서 친해진다.
2. 힙합 동아리를 초청해 팀원 한 명당 학생 네 명씩 짝을 지어 랩을 배워 보고, 내가 좋아하는 책으로 랩 가사를 써본다.
3. 각자가 쓴 랩을 친구들에게 들려준다.

【 2일 차 】

1. 세밀화 전문가를 초청해 공상이 아닌 있는 그대로의 자연이나 사물을 세밀하게 관찰하고 그리는 세밀화의 특성을 배운다.
2. 각자 자기가 숲에서 관찰한 것을 세밀화로 그려 본다.

사진으로 보는 책놀이

1. 모둠을 나눠 보드게임 하기

2. 랩 가사 쓰는 법 배우기

3. 자기가 만든 랩으로 공연하기

4. 서오릉 숲에서 세밀화 그리기

선생님을 위한 도움말

- '내가 좋아하는 책으로 랩 가사 쓰기' 활동은 책을 많이 읽고 생각을 많이 해야 잘 쓸 수 있으며, 리듬에 모음을 맞추는 등 언어 숙달 및 생각 키우기에 좋은 프로그램이다.
- 세밀화 그리기 활동은 상상해서 그리는 것과 달리 세밀하게 관찰하고 그리는 것을 배우는 프로그램이다. 예쁘게 그리는 데 치중하기보다 관찰한 그대로 그릴 수 있도록 지도한다.

02. 독서캠프

별과 놀자

황복순 독서교육활동가

프로그램 소개

1박 2일 캠프나 야간 프로그램을 진행할 때 적용할 수 있으며 직접 천문대에 가지 않더라도 천문과학 프로그램을 운영할 수 있다. 인원은 상황에 따라 소그룹에서 대그룹까지 운영 가능하며 참여 대상도 연령이 국한되지 않아 폭넓은 적용이 가능하다. 별자리 수 액자 만들기, 별자리 목걸이 만들기 등의 활동을 추가하거나 상황에 따라 조절한다.

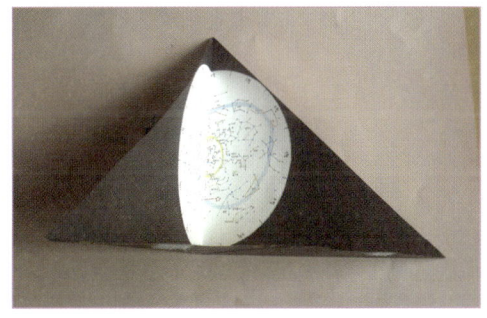

관련 도서

『밤하늘의 선물 별자리 이야기』

조앤 힌즈 지음, 츠아오 위와 쥐에 왕 그림, 승영조 옮김, 승산, 2003

준비물

- 야광 별자리 만들기 : 야광가루, 목공풀, 이쑤시개, 풀, 가위, 머메이드지, 별자리판(크기는 상황에 따라 변동 가능, B5나 A4 정도가 적당함)
- 별 관측하기 : 별자리판, 별자리 관련 책, 레이저 포인터
- 달 관측하기 : 투명 시트지, 유성매직, 투명 테이프
- 생일 별자리 소품 만들기 : 주스 병(작은 것), 생일 별자리 카드, 야광 스티커, 리본테이프

진행 방법

[야광별자리 만들기]

1. 관련 도서를 통해 활동을 하는 계절의 대표 별자리를 알아본다.
2. 별자리판과 야광가루를 목공풀과 1:1 정도로 섞어 야광풀(야광가루와 목공풀을 섞은 제품을 판매하기도 함)을 준비한다.
3. 이쑤시개에 야광풀을 묻혀 별자리판에 찍는다. 이때 별을 너무 많이 찍으면 별자리가 잘 드러나지 않고 마르는 데도 많은 시간이 걸리게 되므로 1등성이나 우리가 잘 알고 있는 대표 별자리를 중심으로 찍어야 한다.
4. 야광풀이 마르면 머메이드지에 붙여 별자리판을 세워둘 수 있도록 만들거나 벽에 걸 수 있게 고리를 만든다.

[별 관측하기]

1. 별자리 앱과 관련 도서에 소개된 계절별 대표 별자리를 이용해서 관찰 가능한 별자리를 확인한다.
2. 밤하늘의 북쪽에서 북두칠성을 먼저 찾는 법을 배우고, 북극성, 오

리온, 카시오페아, 쌍둥이자리 등 대표 별자리를 찾아본다.

【 달 관측하기 】

1. 하늘이 잘 보이는 유리창에 투명 시트지를 붙인다.
2. 달은 동쪽에서 떠서 서쪽으로 지므로 시간이 지남에 따라 달의 위치가 어떻게 달라지는지 관찰할 수 있다. 1시간마다 투명시트지 위에 달이 보이는 모양을 그대로 따라 그리고 관찰 시각을 적는다.
3. 3~4시간 정도 진행한다고 보고 관측과 관측 사이에 다양한 활동을 배치한다. 달에 대한 책 읽기, 달에 대한 궁금증(크레이터, 달의 자전과 공전 등)에 대해 알아보기, 달의 변화에 따른 달 책 만들기 등을 할 수 있다.
4. 관측이 끝난 뒤 달이 어떤 방향으로 어떻게 움직였는지 확인한다.

【 생일 별자리 소품 만들기 】

1. 생일 별자리에 대해 알아보고 별자리가 인쇄된 카드에 야광 스티커를 붙인다.
2. 사용한 주스 병을 깨끗이 씻은 다음, 야광 스티커로 완성한 카드를 주스 병에 별자리가 바깥쪽으로 보이도록 넣는다.
3. 입구를 리본 테이프로 묶어 마무리한다.

선생님을 위한 도움말

- 야외 활동 시 선생님은 레이저 포인터를 이용해 별자리 위치를 알려준다.
- 돗자리를 준비해 누워서 별을 관찰하면 더 재미있으며, 늦은 시각

에 진행하는 프로그램이므로 안전에 유의한다.
- 초승달은 초저녁에 떴다 금방 사라지므로 보름달이 뜰 때 즈음이 관측하기에 가장 좋다.
- 보급용 망원경으로도 달을 자세하게 관측할 수 있다.
- 생일 별자리 카드를 만들 때, 검은색 종이로 하면 야광 스티커가 더 잘 보이지만 인쇄하기는 어렵다. 생일 별자리를 보고 표시를 한 다음 스티커를 붙일 수도 있고 OHP 필름에 인쇄를 해도 된다.
- 함께 읽으면 좋은 책 :

『별자리 이야기』

이형철 외 지음, 살림, 2014

『풀코스 별자리 여행』

김지현 외 지음, 강선욱 그림, 현암사, 1999

『별이 되고 별자리 되고』

박용숙 지음, 유승하 그림, 창비, 2018

『숨은 별자리 찾기』

한스 아우구스토 레이 지음, 이현주 옮김, 비룡소, 2002

02. 독서캠프

초등 초등

나무와 놀자

황복순 독서교육활동가

프로그램 소개

수목원이나 산에 오르지 않고도 주변의 공원이나 학교 숲 등 가까운 곳에서 운영 가능한 프로그램이다. 숲은 사시사철 새로운 모습으로 변화하고 성장하며 늘 새로운 모습을 보여 주기 때문에 다양한 활동이 가능하다. 나뭇잎 메모리 게임, 나뭇잎 공예, 나무 이름표 달기, 아카시아 파마, 나뭇잎으로 글자 만들기, 나뭇잎 피리 불기 등 상황에 따라 다양한 활동으로 구성한다.

준비물

- 자연 이름 짓기 : (둥근 나무 조각으로 된) 나무 목걸이, 네임펜
- 나무 관찰 프로그램 : 청진기, 루페(돋보기)
- 나뭇잎 탁본 만들기 : 나뭇잎, 잉크, 파스텔, 색연필, 복사지 등
- 나무 지도와 나무도감 만들기 : 나무도감(『나뭇잎 도감』, 윤주복 지음, 진선북스, 2010), 머메이드지, 색연필, 사인펜, 풀, 가위

- 나뭇잎 가면과 왕관 만들기 : 플라타너스 잎(가면), 작은 나뭇잎, 나뭇가지, 가위, 풀, 고무줄
- 나뭇잎 빙고 : 다양한 나뭇잎

진행 방법

[자연 이름 짓기]

1. 나의 이미지를 잘 표현할 수 있는 자연물은 무엇인지 탐색한다. 꽃, 풀, 나무, 새, 등 동식물 모두 가능하며, 무생물인 바위, 하늘, 바다 등도 가능하다.
2. 내가 정한 이름을 나무 목걸이에 쓰고, 이름의 의미를 나눈다.
3. 캠프를 진행하는 동안 자연 이름을 불러준다.

[나무 관찰 프로그램]

1. 마음에 드는 나무를 한 그루 골라 무엇을 어떻게 관찰하면 좋을지 함께 알아본다.
2. 나무의 전체 모양, 줄기 모양, 줄기를 만져본 느낌, 잎의 모양과 색깔, 잎의 무늬 등을 자세히 관찰한다. 나무의 수피를 만져보고 냄새도 맡아보며 청진기를 이용하여 줄기로 물이 오르는 신비한 경험을 할 수 있다.
3. 각자 마음에 드는 나무를 골라서 함께 활동했던 대로 나무를 자세히 관찰하고 기록한다.
4. 각자 관찰한 것을 친구들과 공유한다.

【 나뭇잎 탁본 만들기 】

1. 나뭇잎의 전체 모양과 잎맥, 잎자루, 색깔 등을 자세히 살펴보고 잎의 앞면과 뒷면의 차이점을 확인해 본다.
2. 나뭇잎에 잉크를 묻혀 찍기, 색연필이나 파스텔 등을 이용한 스크래치, 나뭇잎 대고 그리기 등 다양한 방법으로 나뭇잎을 찍어본다.

【 나무 지도와 나무도감 만들기 】

1. 학교, 도서관, 집 주변의 숲의 나무를 관찰하고 도감을 통해 나무의 이름, 특징 등을 확인한다.
2. 지도로 그릴 영역을 정하고 그 영역의 간단한 지도를 그린다.
3. 주변에 볼 수 있는 나무를 소개하고 지도에 표시할 기호를 정한다.
4. 정해진 지역을 돌며 나무를 지도에 표시한다. 특징적인 내용이 있다면 같이 표시해도 좋다.
5. 책 만들기로 나무 도감을 만들고 맨 앞이나 뒤에 나무 지도를 붙여서 완성한다.

【 나뭇잎 가면과 왕관 만들기 】

1. 숲에서 플라타너스 잎, 작은 나뭇잎과 가느다란 나뭇가지를 모은다.
2. 플라타너스 가면은 플라타너스 잎을 도화지에 풀로 붙이고, 눈과 입에 해당하는 곳을 뚫은 다음, 고무줄을 연결해 얼굴에 쓸 수 있도록 만든다.
3. 왕관은 작은 나뭇잎을 옆으로 나란히 겹치게 놓아 가느다란 나뭇가지로 핀을 꼽듯이 연결한다. 머리 크기에 맞게 나뭇잎을 연결하면 된다.

【 나뭇잎 빙고 】

1. 나무의 이름과 특징을 알아보며 나뭇잎(열매도 가능)을 채집한다.
2. 강의실에서 진행할 때는 종이에, 야외에서 진행할 때는 땅에 아홉 칸 빙고판을 그린다.
3. 빙고판 위에 채집한 나뭇잎을 놓고 나무 이름을 쓴다. 교사(사서)는 아이들이 쓴 나뭇잎의 이름이 맞는지 확인한다.
4. 나뭇잎 이름이 불리면 동그라미를 표시하며 정해진 수만큼 가로, 세로, 대각선이 연결되게 한다.

사진으로 보는 책놀이

 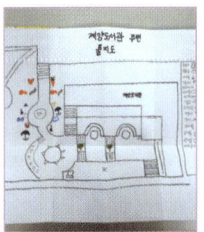  

1. 나무 관찰하기
2. 나무 지도, 풀 지도 그리기
3. 나뭇잎 빙고에 쓸 잎을 찾는 모습
4. 나뭇잎으로 얼굴 그리기

선생님을 위한 도움말

- 나무 이름을 모를 때는 관련 앱이나 나무도감을 활용한다.
- 혼자 또는 모둠으로 활동할 수 있다.
- 나뭇잎을 모을 때 가능하면 떨어진 나뭇잎을 활용하지만 나무에서 따야 할 때에는 한 나무에서 너무 많은 잎을 따지 않도록 주의한다.

02. 독서캠프

북극곰을 구해줘
기후 변화 지구온난화 인식 독서교실 프로그램

황복순 독서교육활동가

프로그램 소개

기후 변화의 의미와 문제점을 인식하고 실천적 대안을 탐구해 보기 위해 기획한 프로그램이다. 공공도서관의 독서교실에서 활동한 내용을 토대로 하였으며 도서관에서 운영한 기본 프로그램은 제외한 주제 관련 활동만 소개한다. 실제 프로그램은 여름 방학을 이용해 진행되었으며 1차시 시간은 2~3시간 내외를 기준으로 하였다. 멸종위기종 책 만들기, 북극곰에게 편지쓰기, UCC 제작 등의 활동과 재활용품으로 만든 미술작품 전시, 업사이클링 북아트 전시, 생태 환경도서 전시 등을 함께 기획하고 종이컵 대신 개인 컵 사용하기, 에어컨용 온도 준수하기 등을 함께 실천하면 좋다.

관련 도서

『산타의 선물을 지키는 법』

캐서린 바 지음, 프란체스카 체사 그림, 강하나 옮김, 내인생의책, 2015

『북극곰 윈스턴, 지구온난화에 맞서다』

진 데이비스 오키모토 지음, 예레미야 트램멜 그림, 장미정 옮김, 한울림어린이, 2012

준비물

- 탄소발자국 게임 : 탄소발자국 카드(표로 주거나 카드로 만들어 사용)
- 기후변화(지구온난화)를 주제로 한 토론(직소토론) 활동 : 유성매직, 머메이드지(인원수만큼), 관련 도서
- 자전거발전기를 이용한 에너지 인식 돌아보기 : 자전거 발전기, 선풍기, 전자레인지, 믹서기
- 기후 변화 신문 만들기 : 복사지, 사인펜, 색연필, 풀, 가위, 관련 도서와 자료
- 지구를 구하는 캠페인 : 신문(전시용, 배포용), 손 팻말

진행 방법

[1일 차 | 탄소발자국 게임]

1. 어제 하루 일과를 기록한다.
2. 탄소발자국의 의미('선생님을 위한 도움말' 참고)를 이해하고 나의 하루 일과에 따른 탄소발자국을 계산해본다.
3. 모둠별로 탄소발자국이 가장 높은 친구의 일과표를 분석하여 탄소

| 일정표 예시 |

일정	시간	장소	체험 내용
1일 차	09:00 ~ 12:20	공공도서관	책과 함께하는 생태놀이, 탄소발자국 게임
2일 차			지구온난화가 우리에게 미치는 영향 탐색, 조별로 공익광고 만들기
3일 차			〈북극곰을 구해줘〉 영상자료 보기, 클레이 점토를 이용해 에코 마스코트 만들기
4일 차			기후 변화를 알리는 신문 만들기
5일 차			지구를 구하는 캠페인 실시

발자국을 줄일 수 있는 방법을 찾는다.

4. 모둠별로 발표하고 탄소발자국을 가장 효율적으로 줄일 수 있는 방법을 공유한다.

【 2일 차 | 지구온난화를 주제로 한 토론 활동 】

1. 그림책 『산타의 선물을 지키는 법』, 『북극곰 윈스턴, 지구온난화에 맞서다』를 읽고, 기후 변화와 지구온난화에 대한 이야기를 나눈다.
2. 지구온난화와 관련된 다양한 생각거리를 찾는다.
    예) 지구온난화의 의미, 지구온난화가 생기는 원인, 지구온난화의 피해, 지구온난화가 계속된다면 벌어질 일들, 지구온난화를 막을 수 있는 방법 등
3. 4명씩 모둠을 나누고 4가지 주제를 정해서 하나씩 맡는다.
4. 같은 주제를 선택한 토론자끼리 모여 자료를 찾고 토론 내용을 정리한다.
5. 원래의 모둠으로 돌아가 조사하고 토론한 내용을 발표한다.

[3일 차 | 자전거발전기를 이용한 에너지 인식 돌아보기]

1. 생활 주변에서 에너지가 필요한 곳은 어디인지 이야기를 나눈다.
2. 에너지가 만들어지는 과정을 알아본다.
3. 전자기기 사용 등에 대한 전지 사용량을 살펴보고 '우리 집 전기 먹는 하마'를 찾는다. 전자레인지, 셋톱박스, 냉장고 등의 전기 사용량을 수치로 보게 되면 전기 사용 실태를 구체적으로 확인하게 되며 전기를 줄이기 위한 실천을 하는 데도 도움이 된다.
4. 자전거 발전기를 돌려 전자기기를 사용한다. 선풍기나 믹서기는 잘 돌릴 수 있지만 전자레인지를 돌리는 데는 많은 에너지가 필요하며 에너지를 만드는 것이 중요하면서도 힘든 일이라는 것을 알게 된다. 믹서기에 과일이나 얼음을 갈아 주스를 만들어 먹을 수도 있다.
5. 자전거 발전기를 사용해 본 소감을 나누고 전기를 아낄 수 있는 방법을 찾는다.
6. 내가 생활 속에서 꼭 실천할 약속을 세 가지씩 정해서 친구들과 약속한다.

[4일 차 | 기후 변화 신문 만들기]

1. 앞서 활동했던 내용을 토대로 지구온난화를 비롯한 기후 변화를 알리고 실천 의식을 높이는 신문을 만드는 활동이다. 여기서 만든 신문은 '지구를 구하는 캠페인'에서 배포할 자료로도 활용된다.
2. 신문의 역할과 기본 틀에 대해 이해하는 활동을 한다.
3. 편집 회의를 통해 신문에 들어가야 할 전체 내용을 정하고 모둠별로 관심 있는 주제에 대한 기사를 작성한다. 신문 작업은 전시용 신문과 배포용 신문, 두 가지(내용은 동일)로 제작한다. 전시용 신문은

캠페인을 할 때 세워두고, 캠페인 후에는 도서관(학교)에 게시한다. 배포용 신문은 캠페인 시 나누어준다.

4. 모둠별로 작업한 내용을 모아 신문을 완성한다. 배포용 신문은 필요한 만큼 인쇄한다.

[5일 차 | 지구를 구하는 캠페인]

1. 캠페인의 목적에 대해 공유하고 구체적인 방법(캠페인 시간, 장소, 방법)을 의논한다.
2. 구호를 만들고, 손 팻말을 제작한다. 가능하면 재활용품(택배상자 등)을 이용해서 만든다.
3. 모둠별로 역할을 나누어 캠페인을 진행한다.
    예) 신문 나누어 주면서 설명하기, 구호 외치기, 거리 캠페인하기 등
4. 캠페인을 마치고 소감을 나누고 마무리한다.

선생님을 위한 도움말

- 탄소발자국은 우리가 일상생활을 하는 중에 배출하게 되는 탄소의 양이 얼마나 되는지를 한눈에 볼 수 있도록 만든 것이다. 한국기후환경네트워크 사이트(www.kcen.kr)에 들어가면 탄소발자국 계산기에서 일상생활에서 만들어내는 탄소의 양을 알 수 있다. 예를 들면 일회용 컵 사용 11g, TV 시청 2시간 129g, 화장실 1회 67g, 냉장고 24시간 554g, 전기밥솥 10시간 752g, 세탁기 1시간 791g, 샤워 15분 86g, 우유 한 잔 153g, 자가용 10분 2100g 등이다. 탄소발자국은 일상생활에 따른 탄소발생량을 합하면 된다.
- 책에 실린 탄소발자국 게임은 기존의 탄소발자국 게임을 변형하여

활용한 것이다. 탄소발자국 게임은 여러 가지가 있지만 가장 많이 이용되는 것은 일상생활에 따른 탄소 발생량을 적은 카드와 일상생활만 그려있고 탄소 발생량은 적혀있지 않은 카드를 이용해 탄소 발생량이 많이 발생하는 것부터 순서대로 배치하는 게임으로 놀이로 탄소 배출량에 대해 깊이 생각해볼 수 있게 고안된 프로그램이다. 현장에서는 상황에 따라 다양하게 변형하여 활용할 수 있다.

- 자전거 발전기를 돌려 주스를 만들어 먹는 활동을 할 때는 일회용품의 사용을 자제하여, 개인 컵을 지참하도록 한다. 또한, 먹는 것에 집중하여 활동의 목표가 흐려지지 않도록 주의한다.
- 기후 변화 신문을 만들 때 기후 변화(지구온난화)의 의미와 원인, 피해, 생활 속의 실천 등에 대한 내용이 골고루 들어가도록 돕는다. 그리고 신문 발행의 목적과 과정, 도서관(학교) 프로그램의 내용을 간략히 소개하는 글을 싣는다.
- 거리 캠페인을 할 때 안전에 유의한다. 거리 캠페인이 어려운 경우에는 도서관(학교) 내부에서 활동 자료를 전시하는 것도 대안이다.

+ 색다른 문학기행 계획 방법

황복순 독서교육활동가, 『책 잘 읽는 아이의 신나는 체험학습 노하우』 저자

작가의 생가와 집필 공간, 작품의 공간적 배경이나 문학관, 시비 등을 직접 찾아가는 문학기행은 문학을 보다 역동적이면서도 입체적으로 만날 수 있도록 도와준다.

문학기행은 아이들에게 문학의 가치는 책장 속에 머무르는 것이 아니라 우리의 삶 속에 뿌리를 내리고 있다는 것을 경험하게 해 준다. 작품의 공간적, 시대적, 사회적 배경에 대한 충분한 지식을 쌓고 작가의 삶과 세계관을 만나게 되면서 문학작품에 대한 깊이 있는 이해와 안목을 기르게 도와준다. 더불어 작품을 품어 낸 생산자와의 교감에서 형성된 친밀감은 문학작품에 대한 관심을 불러일으키는 촉매가 되기도 한다.

문학작품을 어렵게 생각하는 아이들이나 시험의 텍스트로만 인식하는 아이들에게 여행이 주는 즐거움과 문학의 만남은 작품을 감상하는 신선한 통로를 열어준다.

문학기행 준비하기

문학기행지 정하기

문학기행 장소를 선택할 때는 참여자의 상황을 고려해야 한다. 이에 따라 이동 거리와 활동 내용, 작가나 작품 등을 정할 수 있다. 문학관에 전시된 자료의 내용과 전시 방법 등은 초등학생이 이해하기에는 다소 어려울 수 있다. 같은 작가의 작품이라도 접근할 수 있는 작품의 수준이 다르기 때문에 초등학생의

경우라면 테마 작품을 고르고 그것을 중심으로 계획을 짜는 것을 권한다. 범위가 너무 넓어지면 집중력과 흥미가 떨어질 수 있기 때문이다. 중고등학생의 경우라면 작가를 정하고 작가의 다양한 작품을 중심으로 활동하면 작품과 작가를 더 깊이 이해할 수 있다. 관련 도서를 정할 때에도 주제나 분량 등이 참여자의 수준에 맞는지 고려해야 한다.

초등학생이 쉽게 이해할 수 있는 문학관은 많지 않지만 문학기행의 범위를 조금 더 확장해 작품의 배경이 된 곳을 찾아가는 것도 하나의 방법이다. 예를 들면 『초정리 편지』(배유안, 창비)-영릉의 세종대왕 기념관, 『마사코의 질문』(손연자, 푸른책들)-서대문 형무소 역사관, 『서찰을 전하는 아이』(한윤섭, 푸른숲주니어)-동학혁명기념관과 만석보와 전봉준 생가 그리고 말목장터 등, 『마지막 왕자』(강숙인, 푸른책들)-경주 월지의 조합도 가능하다.

사전 활동

문학기행의 목적이 작품의 이해와 활발한 독서 활동의 촉진인 만큼 단순히 보고 오는 기행에 머무르지 않으려면 효과적인 사전 활동이 필요하다. 현장 활동도 중요하지만 준비과정에 아이들을 적극적으로 이끌어내는 것이 기행의 성패에 가장 중요한 요소가 된다. 문학기행을 계획할 때 아이들 중에서 기획단을 모집하여 자료를 찾고 아이디어를 모으게 하고, 진행 과정을 공개해 아이들의 의견을 최대한 반영하면 스스로 참여하는 의미 있는 프로그램이 된다.

<사전 활동 예>

기행지 관련 작품 읽기, 주제 작품을 정하여 읽고 토론하기(한 가지 작품을 함께 읽는 것도 의미가 있지만 조별로 서로 다른 작품들을 읽고 이야기를 나누어 보는 것도 의미가 있다), 기행지 주변의 볼거리 탐색, 활동지 제작(완성도가 떨어지더라도 아이들이 역할을 나누어 만들면 더 효과적이다), 오가는 길 퀴즈 만들기, 관련 특강, 책 속의 한 줄 쓰기 등

| 문학기행 계획하기 예시 자료 1 |

주제		권정생 동화나라 여행
답사지		안동 권정생 문학관, 권정생 선생이 살던 집
관련 도서	초등	• 『강아지똥』(권정생 지음, 정승각 그림, 길벗어린이, 1996) • 『하나님이 우리 옆집에 살고 있네요』(권정생 지음, 신혜원 그림, 산하, 2017) • 『황소 아저씨』(권정생 지음, 정승각 그림, 길벗어린이, 2001) • 『몽실언니』(권정생 지음, 이철수 그림, 창비, 2012) • 『밥데기 죽데기』(권정생 지음, 바오로딸, 1999) • 『천국의 이야기꾼 권정생』(정지아 지음, 실천문학사, 2012) • 『강아지똥 권정생 동화의 꽃을 피우다』(전신애 지음, 이상권 그림, 청어람미디어, 2011)
	청소년 이상	• 『우리들의 하느님』(권정생 지음, 녹색평론사, 2008) • 『선생님, 요즘은 어떠십니까』(이오덕, 권정생 지음, 양철북, 2015) • 『아름다운 사람 권정생』(이충렬 지음, 산처럼, 2018) • 『작은 사람 권정생』(이기영 지음, 단비, 2014) • 『권정생 동시 읽기』(권정생 동시를 사랑하는 안도현과 열아홉 사람 엮음, 현북스, 2015) • 『내 삶에 들어온 권정생』(똘배어린이문학회 지음, 단비, 2012)
사전활동		관련도서 읽기, 권정생 선생님 일대기 알아보기, 권정생 동시에 곡을 붙인 동요 배우기
현장 활동		권정생 어린이 문학관 - 권정생 선생님 살던 빌뱅이 집 - 조탑동 교회 - 작가가 다녔던 시장과 보건소, 운산역 등

다녀와서	작품에 등장한 캐릭터 그리기와 다양한 재료(비누, 지점토 등)로 만들기, 인형극 공연하기, 영화로 만들기 등
주변 볼거리	경북산림과학박물관, 도산서원, 병산서원, 하회마을, 봉정사, 유교박물관, 이육사 문학관, 안동 법흥사지 칠층석탑, 안동 한지전시관, 하회세계탈박물관 등

| 문학기행 계획하기 예시 자료 2 |

주제		메밀꽃 핀 고향
답사지		이효석 문학관, 생가, 가석공원 외
관련 도서	초등학생	• 메밀꽃 필 무렵-오디오북(이효석 지음, 오디언소리, 2009) • 『메밀꽃 필 무렵』(이효석 지음, 맑은소리, 2008)
	고등	• 『낙엽을 태우면서』(이효석 지음, 범우사, 2001) • 『메밀꽃 필 무렵 외』(이효석 지음, 강성천 평론, 하서, 2006) • 『메밀꽃 필 무렵』(이효석 지음, 문학사상사, 2005)
사전활동		관련 도서 읽기, 사진전(『메밀꽃 필 무렵 외』, 이효석 지음, 홍상민 사진, 청년사진, 2010)
현장 활동		봉평 장 구경(2, 7일장)-가석공원(이효석 흉상, 표지석, 충주댁)-흥정천 섶다리-물레방앗간(시비)-메밀밭(사진 콘테스트를 위한 촬영)-이효석 문학관(숲길 이용)-이효석 생가-평양집
다녀와서		메밀밭 사진전, 내가 뽑은 한 구절 전시, 독서 감상문 기행문 공모
주변 볼거리		평창 무이 예술관, 봉평 허브나라

함께 떠나자

별을 사랑한 시인, 윤동주

윤동주가 다녔던 연세대학교(연희전문학교) 교정에 윤동주 시비가 있다. 시비는 핀슨홀 앞쪽에 있는데 이곳은 윤동주가 재학 시절 기숙사로 사용했던 곳으로 2층에 윤동주 기념관이 마련되어 있다. 서울 청운동에도 시인의 언덕과 윤동주 문학관이 있다. 이곳은 윤동주가 자신의 시 원고를 끝까지 지켜주었던 정병욱과 서촌에서 하숙을 하며 종종 올라 시를 썼던 곳이라고 한다. 문학관은 청운동 일대에 물을 공급하기 위해 만들었던 가압장을 리모델링하여 독특한 공간을 만들어 냈다. 물때가 고스란히 남아있는 지하 물탱크는 윤동주가 죽어간 후쿠오카 감옥을 상징적으로 보여준다. 이곳에서 만나는 윤동주의 삶에 대한 영상자료는 그래서 더 특별한 느낌을 준다. 뒤쪽으로 이어지는 시인의 언덕에는 시비가 세워져 있다.
초등 교과서에 실린 단편집 『마사코의 질문』이 많이 읽히면서 함께 실린 윤동주를 소재로 한 「잎새에 이는 바람」도 관심을 받고 있다.

꿈에도 잊히지 않는 고향, 정지용
충북 옥천에 한국 현대시를 개척하며 이상, 청록파 등을 등장시킨 정지용 시인의 생가와 문학관이 있다. 문학관에서 시인의 작품과 일대기를 만날 수 있으며 한국 현대시의 흐름도 한눈에 볼 수 있다. '손으로 느끼는 시'에서는 손바닥에 흐르는 시를 만날 수 있고, 정지용의 대표적인 시 「향수」를 노래하고 녹음해 볼 수 있는 공간이 마련되어 있다.
문학관 근처 구읍거리에는 작품의 이미지와 글귀를 이용한 간판들로 가득하다. 「향수」가 쓰여 있는 가게는 어디일까? '얼룩배기 황소가 해설피 금빛 게으른 울음을 우는 곳', 바로 정육점이다.

대청호를 끼고 조성된 '향수 30리, 멋진 신세계'에는 19편의 정지용의 시와 정지용문학상 시비가 세워져 있어 정호승, 강은교, 박두진 등의 시를 감각적으로 감상할 수 있다. 정지용의 작품을 형상화한 조각과 작품에서 아이디어를 얻은 모단가게, 카페 프랑스, 모단갤러리 등을 둘러보며 작품을 온몸으로 느껴 보자.

멋진 신세계의 모단갤러리와 미래의 내게 쓰는 편지

문학기행 활동지

문학기행을 풍요롭게

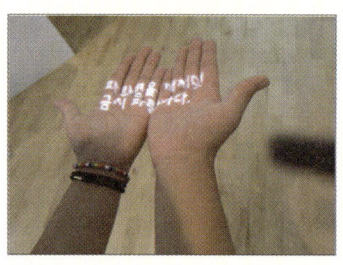

정지용 문학관의 '손바닥에 담은 시'

정지용의 멋진 신세계나 황순원의 소나기 마을에는 작은 무대가 마련되어 있다. 이곳에서 「향수」 노래 부르기나 시 낭송, 『소나기』 미니극, 기억에 남는 글귀 낭송 등을 해 볼 수 있다. 또한, 작품의 일부나 시 조각을 나누어주고 서로 의논하면서 완성해 보는 작품 퍼즐도 즐겁게 작품을 만나게 도와준다. 멋진 신세계에서 시비에 새겨진 특정 시구를 찾고, 소나기 광장에서 『소나기』의 한 장면을 재연해 보고, 권정생의 시에 붙인 노래를 부르다 보면 문학을 바라보는 새로운 눈과 마음을 갖게 될 거라 기대한다. 그 마음은 문학 작품을 온전히 만나고, 느끼는 과정을 만들어주고 건강하게 세상을 살아가는 귀한 밑거름이 되어줄 것이다.

다녀온 뒤에는 감상문 외에도 기행사진 전시와 관련 도서 소개, 활동자료(활동지, 팸플릿, 입장권 등) 전시, 포토 에세이 쓰기, 작가와 작품을 소개하는 홍보 팸플릿 제작 등의 추후활동을 진행할 수 있다. 추후활동을 공유하는 것은 문학기행을 다녀온 이들에게는 기행을 되새겨 정리하는 의미가 있다면, 가지 않은 이들에게는 정보를 제공하고 관심을 갖게 하는 기회를 준다.

+Tip. 독서캠프, 처음이세요?! 이것부터 체크해 보세요.

김유진_서울 종암초 사서교사

방학이 다가오면 학교는 물론이고 지역도서관에서도 독서캠프, 독서교실, 독서 체험 행사 등 다양한 프로그램이 진행된다. 글쓰기, 논술, 교육연극, 만들기 체험, 밤샘 독서 등 학기 중에는 하기 어려웠던 활동들을 할 수 있기 때문에 독서캠프는 이제 방학 프로그램의 하나로 자리 잡았다. 그래서인지 독서캠프의 전체적인 프로그램 내용에 관한 정보는 쉽게 얻을 수 있지만 오히려 처음 시도하는 분들을 위한 기초적인 내용은 알기 어렵다. 이번 글에서는 아직 독서캠프를 한 번도 해본 적이 없어, 체계를 잡기 힘든 선생님들을 위해 운영계획부터 활동의 마무리까지 기초적인 내용들을 정리했다.

1. 독서캠프는 언제 하는 것이 좋을까?

방학 첫 주에 실시하는 것이 좋다. 방학 중간에 실시하면 신청 여부를 잊거나 다른 개인적인 사정이 발생해 참가 못 하는 경우가 생기기 때문이다. 독서캠프 기간 동안 도서관을 개방하지 않는 곳이 있는데, 이용자를 고려한 도서관 운영 기간의 일관성 측면에서도 방학 첫 주에 하는 것이 좋다.

예) 7월 마지막 주(월요일~금요일) 독서캠프 실시 / 8월 한 달간 도서관 개방

2. 독서캠프 운영시간과 기간은 어떻게 정할까?

프로그램의 주제, 내용 등에 따라 차이가 있지만 학생들의 수업 집중도, 프로그램의 연계성 등을 고려할 때 1일 2~3차시, 3~5일 정도 운영하는 것이 좋다.

3. 참가자 선정은 어떻게 해야 할까?

방학 전 가정통신문에 공지하고 신청을 받거나 평소 도서관 이용을 많이 한 친구들을 대상으로 하거나 학급 담임 선생님으로부터 추천을 받는 등 다양한 방법이 있다. 단, 요즘에는 방학 중에도 다양한 프로그램들이 학교 내외에서 실시되기에 방학 전에 조금 서둘러 참가자를 확정해야 한다.

신청자가 많을 경우 기존에 참가하지 않은 학생을 우선순위로 하고, 추첨을 통해 선발하거나 도서관 이용실적에 따라 선정하면 된다.

4. 참가자는 몇 명이 좋을까?

교사 혼자 캠프를 운영해야 할 경우, 여러 체험프로그램을 함께하기에는 열 명에서 열다섯 명 내외의 소규모가 좋다. 전에 스물다섯 명의 한 학급으로 진행해 본 적이 있는데 만들기 등의 체험프로그램 시 개별적인 지도가 어려워 처음 의도했던 목표가 달성되지 못했다.

인원이 많을 경우에는 명예교사나 자원봉사자의 협조를 요청하면 좋다.

5. 독서캠프는 어떤 내용으로 해야 할까?

학년별 수준을 고려해야 한다. 저학년의 경우 그림책이나 비교적 내용이 짧은 책을 그 시간에 함께 읽고 신체 활동을 중심으로 진행하는 것이 좋다. 중·고학년은 미리 정해진 책을 과제로 읽어오게 한 후 그 내용을 바탕으로 다양한 체험활동과 토론·논술 등의 활동과 연계할 수 있다.

그 밖에 효과적인 운영을 위한 Tip
- 독서캠프 첫날 참가자끼리 자기소개를 한다. 학년과 학급이 다른 친구들이 모여 길게는 일주일 동안 함께하기에 서로에 대한 정보를 공유하는 편이 좋다.
- 캠프 일정을 깜박해 참가 못 하는 경우도 있으므로 독서캠프 전 운영기간이나 준비물 등을 개별적으로 안내한다.
- 수업 시작 전에 미리 오거나, 활동을 빨리 끝낸 경우에는 자유 독서 시간으로 정해서 독서 내용을 정리할 수 있도록 활동지 등의 과제를 부여한다.
- '나만의 가방 만들기' 프로그램과 관련해 가방이나 파일을 미리 준비한다. 아이들의 활동지나 작품 등 결과물을 모을 수 있어 좋다. 또는 도서관 한곳에 작은 공간을 마련해 모아두는 것도 방법이다.
- 마지막 날은 수료식과 같은 행사를 통해 참가확인서나 수료증 등을 수여하면 성실히 참가한 학생에게 격려가 되고, 소감 발표나 작품발표회 시간을 가지면 캠프 내용에 대한 정리와 함께 미흡한 점에 대한 피드백도 나눌 수 있다.

- 강사비, 재료비 등의 예산이 필요할 경우, 연간계획 수립 시 프로그램 운영비에 포함시키거나, 지역구청지원비, 교육복지사업비 등을 활용할 수 있다.

03. 책 축제

우리 전통풍속 책잔치

김강선 서울 용동초 사서교사

프로그램 소개

우리 조상들의 정신과 지혜를 배울 수 있는 전통풍속을 테마로 책 잔치를 기획했다. 빠르게 변하는 세상에서 잊혀가는 우리의 아름다운 옛 풍속들을 배워 보고, 전통문화의 소중함을 느낄 수 있는 다양한 체험 활동을 마련했다. 또한, 학부모 자원 봉사자들의 참여로 도서관 교육 활동에 대한 관심과 교육 공동체의식을 고취시킬 수 있었다. 각 체험을 마친 어린이의 책잔치 PASSPORT에 확인 도장을 찍어준다.

관련 도서

『장승 이야기』
김근희 지음, 보리, 2009

『씨실 날실』
주강현 지음, 안정의 그림, 보림, 1995

『하늘 높이 솟은 간절한 바람, 탑』

이기범 지음, 김도연 그림, 박경식 감수, 문학동네어린이, 2010

『에헤야데야 떡타령』

이미애 지음, 이영경 그림, 보림, 2007

『그림 옷을 입은 집』

조은수 지음, 유문조 그림, 사계절, 2002

준비물

- 공통 준비물 : 책잔치 전통풍속 축제 PASSPORT, 확인 도장
- 장승 만들기 : 장승세트 재료(반제품 이용), 네임펜, 유성매직
- 씨실 날실 옷감 짜기 : 티 모양 부직포, 부직포와 같은 색깔의 줄
- 전통 떡 만들기 : 떡 반죽, 물티슈, 위생장갑, 떡살, 콩가루
- 단청 퍼즐 만들기 : 종이퍼즐(원형) 반제품, 네임펜, 유성매직

사전 준비

1. 도서자율봉사회에 참여해주실 학부모를 모집한다.
2. 준비하는 2주간 시간을 정해서 수시로 모임을 가진다.
3. 체험마당별 관련 도서를 빅북(Big Book)으로 만든다.
4. 행사 전날 운동장에 체험마당 천막을 설치하고 책상·의자·돗자리 등 기본 설치 물품을 준비한다.

진행 방법

[첫째 마당 | 장승 만들기]

1. 학부모 도서 명예교사가 학생들에게 『장승 이야기』를 읽어주고, 마을을 지키는 장승 천하대장군과 지하여장군에 대해서 설명해 준다.

2. 나무 장승 재료를 직접 조립한 후 유성매직과 네임펜을 이용해 색칠하고 꾸민다.

【 둘째 마당 | 씨실 날실 옷감 짜기 】

1. 학부모 도서 명예교사가 학생들에게 『씨실 날실』을 읽어주고, 옛날 조상들이 옷감 짜는 데 활용한 전통 베틀에 대해서 설명해 준다.
2. 부직포 티셔츠에 다양한 색상의 골판지를 이용해 씨실 날실 형태로 옷감을 짜 본다.

【 셋째 마당 | 책 탑 쌓기 】

1. 학부모 도서 명예교사가 학생들에게 『하늘 높이 솟은 간절한 바람, 탑』을 읽어주고, 조상들이 돌탑을 쌓아서 간절한 바람을 기원한 것에 대해서 설명해 준다.
2. 마음속으로 소원을 빌면서 책 탑을 쌓은 학생들 가운데 선착순 100명에게 즉석사진을 찍어 증정한다. 나머지 학생들에게는 디지털카메라로 사진을 찍어주고 컬러로 인쇄해 전시한 뒤 전달한다.

【 넷째 마당 | 전통 떡 만들기 】

1. 학부모 도서 명예교사가 학생들에게 『에헤야데야 떡타령』을 읽어주고, 열두 달 명절에 먹는 우리 떡에 대해 설명해 준다.
2. 위생장갑을 끼고 쑥, 호박 등이 섞인 떡 반죽을 주물러 떡을 평평하게 한 후 다양한 떡살로 찍어 절편을 만들어 먹는다.

【 다섯째 마당 | 단청 퍼즐 만들기 】

1. 학부모 도서 명예교사가 학생들에게 『그림 옷을 입은 집』을 읽어주고, 전통 건축물 장식인 단청에 대해서 설명해준다.
2. 유성매직과 네임펜을 이용해 원형퍼즐에 다양한 단청무늬를 그리고 색칠한 후 꾸민 단청 퍼즐을 풀어서 퍼즐을 맞춰본다.

사진으로 보는 책놀이

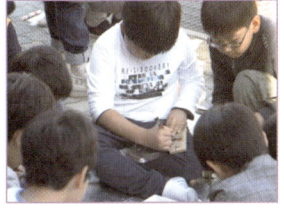  

1. 장승 만들기 체험   2. 옷감 짜기 체험   3. 책 탑 쌓기 중인 아이들

4. 떡살로 반죽을 찍어보는 아이들   5. 단청 모양 원형 퍼즐을 색칠 중인 아이들

선생님을 위한 도움말

- 체험 활동에 참여하는 학생이 인기 있는 부스에 몰리지 않도록 다양한 체험마당을 안내하고 질서 있게 참여할 수 있도록 지도한다.
- 여러 개의 부스가 있어 교사 한 사람이 이끌어 가기엔 무리가 있다. 가정통신문이나 학교 홈페이지에 공지해 진행을 함께 해줄 학부모를 모집해 도움을 받는 것이 좋다.

03. 책 축제 　　　　　　　　　　　　　　　초등~중등　초등

다문화 체험 책잔치

김강선 서울 용동초 사서교사

프로그램 소개

세계의 전통문화를 보여주는 그림책 전시, 각국의 전통풍속 체험을 테마로 한 책잔치다. 인종과 피부색, 언어, 종교 등 다양한 문화적 배경을 지닌 사람들로 구성되어 있는 현재 사회를 바르게 이해하고 인식할 수 있도록 돕는 그림책 읽기와 문화 체험을 마련했다. 체험을 마친 어린이의 PASSPORT에 확인 도장을 찍어준다.

관련 도서

다문화 체험 책잔치 참고도서 목록(194쪽 참고)

준비물

- 공통 준비물 : 책잔치 다문화 축제 PASSPORT, 확인 도장
- 일본문화관 : 주먹밥 재료 400인분(쌀, 단무지, 김, 기타 양념 등)
- 몽골문화관 : 나무기타 재료(반제품)

- 과테말라문화관 : 칼라눈썹 눈알(5호), 칼라전선, 개고리 핸드폰줄, 털실
- 중국문화관 : 종이탈, 포스터칼라(大 튜브), 분장 물감, 단아미구성붓 (5호, 6호, 15호), 종이접시, 종이컵
- 미국문화관 : 마분지 8절, 운동화끈, 무늬색종이, 스팡클혼합, 분류 스티커 홀로그램 혼합, 장식부직포 꽃
- 베트남문화관 : 마분지 4절, 마분지 2절, 6골 납작고무줄
- 필리핀문화관 : 머리 장식품 재료(OHP필름, 칼라나뭇잎가지 초록(大), 칼라나뭇잎가지 초록(中), 칼라나뭇잎가지(보라, 은색, 금색), 머리띠 몸체 PVC), 페이스 페인팅 재료(포스터칼라 세트, 사인펜)
- 칠레문화관 : 빈 요구르트 병, 아이클레이
- 아프리카문화관 : 아크릴 구슬(10㎜), 나무원통구슬(中), 각무지개구 슬(10㎜), 개구쟁이구슬(大), 낚싯줄(5호), 칼라빨대(일자), 오공본드 무독이, 600딱풀, 고무인 가나다세트, 투명테이프
- 전통의상 체험관 : 한복 및 외국 전통의상(베트남, 중국, 일본) 대여

사전 준비

1. 도서자율봉사회에 참여해주실 학부모를 모집한다.
2. 준비하는 2주간 시간을 정해서 수시로 모임을 가진다.
3. 체험마당별 관련 도서를 빅북(Big Book)으로 만든다.
4. 행사 전날 운동장에 체험마당 천막을 설치하고 책상·의자·돗자리 등 기본 설치 물품을 준비한다.
5. 도서실에 책잔치 주제에 맞게 다양한 나라의 문화와 역사를 알고 이해할 수 있는 도서를 전시하여 관람할 수 있게 한다.

진행 방법

【 일본문화관 체험 】

1. 학부모 도서 명예교사가 학생들에게 『주먹밥이 데굴데굴』을 읽어준 후 일본의 주먹밥 민담에 대해 설명해 준다.
2. 주먹밥을 직접 만드는 체험을 한 후 만든 주먹밥을 맛있게 먹는다.

【 몽골문화관 체험 】

1. 학부모 도서 명예교사는 학생들에게 『수호의 하얀 말』을 읽어준 후 몽골의 전통 악기 마두금이 어떻게 만들어졌는지 그 유래에 대해 알아본다.
2. 마두금과 같은 현악기인 나무로 된 통기타를 만들고 나만의 창의적인 생각과 의미를 부여해서 그림으로 표현하고 연주해 본다.

【 과테말라문화관 체험 】

1. 학부모 도서 명예교사는 학생들에게 『겁쟁이 빌리』를 읽어준 후 옛날 인디언들은 걱정이 있을 때 어떻게 떨쳐냈는지 설명해준다.
2. 종이에 자신의 걱정거리를 써서 '걱정 날려 보내는 나무'에 붙이고, 펠트지와 털실을 이용해 걱정인형을 만든 다음 핸드폰 줄에 엮어 본다.

【 중국문화관 체험 】

1. 학부모 도서 명예교사는 학생들에게 『경극이 사라진 날』을 읽어준 후 중국 전통 극예술인 경극의 시대적 배경과 의미를 설명해 준다.
2. 경극에서 쓰는 탈처럼 종이탈에 그림을 그리고 직접 써 본다.

3. 전통의상체험관에 가서 전통경극의상과 직접 만든 가면을 쓰고 기념사진을 찍는다.

【 미국문화관 체험 】
1. 학부모 도서 명예교사는 학생들에게 『퀼트 할머니의 선물』을 읽어 준 후 고대 이집트의 '퀼트'가 미국으로 전해진 역사에 대해 이야기해 준다.
2. 종이가방 전개도를 접은 후 다양한 무늬의 꽃 색종이와 골지를 이용해 나만의 퀼트가방을 만든다.

【 베트남문화관 체험 】
1. 학부모 도서 명예교사는 학생들에게 『태권팥쥐와 베트콩쥐』를 읽어준 후 베트남의 전통모자 '농'의 이야기를 설명해 준다.
2. 자신의 머리 크기에 맞는 모자 전개도에 습자지와 풀을 이용하여 전통모자 '농'을 만들어 끈을 달고 써본다.

【 필리핀문화관 체험 】
1. 학부모 도서 명예교사는 학생들에게 『우정의 섬 일로일로』를 보여 준 후 필리핀 옛 부족들이 축제 때 사용한 '머리 장식품'에 대해 설명해 준다.
2. 머리띠 몸체에 다양한 색깔의 컬러 나뭇잎 가지들로 필리핀 옛 부족들의 머리 장식품을 만들어 본다.
3. 머리 장식품을 다 만든 어린이는 원주민 부족들이 축제 때 하던 화장법인 페이스 페인팅을 경험해 본다.

【 칠레문화관 체험 】

1. 학부모 도서 명예교사가 학생들에게 『이스터섬 : 바위 거인들의 비밀』을 보여준 후 원주민 조상을 닮았다는 해변가의 '모아이' 석상의 유래에 대해서 설명해 준다.
2. 빈 요구르트병에 아이클레이를 이용하여 표면을 '모아이' 석상의 모습으로 표현한 후 연필꽂이로 활용한다.

【 아프리카문화관 체험 】

1. 학부모 도서 명예교사가 학생들에게 『꼬마 추장 우수리』를 읽어준 후 옛 아프리카인의 '구슬 목걸이'가 의미하는 것을 설명해 준다.
2. 낚싯줄에 구슬과 다양한 색깔 빨대를 끼워 목걸이를 만든 뒤 걸어본다.

【 전통의상 체험관 】

1. 한국·중국·일본·베트남 전통의상을 입어본 후 느낌을 말해본다.
2. 다른 체험관 중 다섯 개 체험관에서 확인 도장을 받은 어린이들 가운데 선착순 100명에게 폴라로이드 즉석카메라로 사진을 찍어 준다. 나머지 어린이들에게는 디지털 카메라로 사진을 찍어주고 컬러로 인쇄해 전시한 뒤 전달한다.
3. 체험을 마친 학생의 PASSPORT에 확인 도장을 찍어준다.

사진으로 보는 책놀이

1. 다문화도서 전시

2. 미국문화관 - 퀼트 만들기 체험

3. 베트남문화관 - 농 모자 만들기 체험

4. 이집트문화관 - 구슬목걸이 만들기 체험

5. 칠레문화관 - 모아이석상 연필꽂이 만들기 체험

6. 필리핀문화관 - 머리 장식품 만들기 체험

7. 한중일, 베트남 전통의상 체험

8. 다문화 체험 여권 속장

선생님을 위한 도움말

- 책잔치를 기획할 때 테마에 중점을 둘지 책과 도서관에 중점을 둘지 콘셉트를 정한다. 그런 다음 관련 기관 홈페이지와 전문서적을 살펴보고 어떤 내용을 기획할지 설계한다. 특히 기관의 협력 지원을 받을 수 있는지 알아본다.
- 다문화 체험 책잔치 참고도서 목록 :

『주먹밥이 데굴데굴』
고바야시 테루코 지음, 아카바 수에키치 그림, 김난주 옮김, 비룡소, 2007

『수호의 하얀 말』
오츠카 유우조 지음, 아카바 수에키치 그림, 이영준 옮김, 한림출판사, 2001

『겁쟁이 빌리』
앤서니 브라운 지음, 김경미 옮김, 비룡소, 2006

『경극이 사라진 날』
야오홍 지음, 전수정 옮김, 사계절, 2011

『퀼트 할머니의 선물』
제프 브럼보 지음, 게일 드 마켄 그림, 양혜원 옮김, 홍성사, 2002

『태권팥쥐와 베트콩쥐』
김영희 지음, 김정연 그림, 한솔수북, 2013

『우정의 섬 일로일로』
송혜진·이대연 지음, 홍자희 그림, 한솔수북, 2015

『이스터섬 : 바위 거인들의 비밀』
카트린·미셸 오를리아크 지음, 장동현 옮김, 시공사, 1997

『꼬마 추장 우수리』
김지유 지음, 황요섭 그림, 한국영리더십센터 감수, 끼리끼리, 2008

03. 책 축제

초·중·고 초·중·고

책 읽는 학교 사진전

김민정 서울 광남고 사서교사 (잠실고에 재직할 당시 운영했던 프로그램입니다.)

프로그램 소개

교내 곳곳에서 폴라로이드 카메라로 선생님, 학생들이 책 읽는 모습을 찍어 도서관에 전시하고, 전시 기간이 끝나면 작품의 주인공에게 선물로 전달한다. 아이들은 자신이 찍혔거나 아는 친구가 나오는 재미있는 사진들을 즐겁게 구경한다. 또한 심심한 도서관 벽면에 사진들을 붙여 놓으면 아기자기한 느낌이 나는 볼거리가 된다. 도서관 주간이나 책의 날이 있는 4월, 또는 독서의 달 등 독서를 권장하기 좋은 시기에 책 읽는 분위기 조성을 위한 행사로 진행하기 좋다. 제출된 사

진 중 완성도가 높은 작품은 도서관의 다른 행사나 홍보 자료, 교지 등에 활용할 수 있다.

준비물
폴라로이드 카메라(미니) 10만 원, 폴라로이드 필름 5만 원, 사진 전시용 나무집게 3천 원, 지끈 1천 원

진행 방법
1. 교무실이나 도서관 등 교내에서 책을 읽는 선생님과 학생들을 폴라로이드 카메라로 촬영한다.
2. 도서관 내외 게시판에 사진을 전시한다.
3. 전시가 끝난 뒤 사진 속 주인공에게 사진을 전달한다.

선생님을 위한 도움말
- 선생님들께 양해를 구하고 책 읽는 사진을 미리 찍어서 게시판을 채우는 데 도움을 받는다.
- 도서관에 온 학생들 위주로 최대한 자연스럽게 찍는 것이 좋다.
- 사진 속 주인공이 된 학생에게 전시에 대한 동의를 구하고, 사진 뒷면에 네임펜으로 학년, 반, 번호와 이름을 적어두어 전시가 끝난 뒤 사진을 전해줄 수 있도록 한다.

+이렇게도 했어요!

다양한 책 읽는 모습 사진 찍기

박영옥_전 서울 연지초 사서

프로그램 소개

학교도서관 책 축제 프로그램으로 언제 어디에서든, 어떤 자세로든 책을 읽을 수 있다는 것을 알려주기 위해 기획했다.

1. 책 읽는 내 모습 사진전

① 도서관이나 공원이나 어디서든 책 읽는 내 모습을 찍어 학년, 반, 이름과 함께 사서 선생님 핸드폰으로 보내면 출력하여 도서관에 전시한다.

② 고학년의 경우 서로 찍어서 보내기도 하지만 저학년의 경우 학부모가 자녀의 사진을 찍어 보내주므로, 가정통신문이나 학교 홈페이지에 공지해 학부모의 참여를 유도한다.

2. 누구일까요?

① 다양한 자세로 책을 읽는 아이들의 뒷모습만 찍어 전시해도 재미있다.

② 사진을 보고 누구인지 알아맞힐 수 있도록 포스트잇을 붙여놔도 좋다.

3. 어디서나 읽을 수 있어요!

준비물 : 대형 함지박, 아기 욕조, 변기, 대형 박스, 우산, 타이어 등

① 변기는 학교 앞 철물점에서 빌리고, 타이어는 아이들 옷에 고무가 묻지 않도록 천으로 감싼다.

② 타이어, 아기 욕조, 변기 등을 운동장 나무 그늘 쪽에 빙 둘러 놓는다.

③ 학생들이 자유롭게 설치물에 앉아 책을 읽으면 사진을 찍어준다.

03. 책 축제

세계의 성장소설 전시

김민정 서울 광남고 사서교사

프로그램 소개

주제가 있는 도서 전시를 하고자 할 때, 중고등학교 도서관에 가장 어울리는 주제가 바로 '성장소설'이 아닐까 한다. 특정한 달이나 시기의 제한을 받는 주제도 아니어서 더 매력 있다. 책의 날 행사의 한 부분으로 시도해 보았다.

관련 도서

『내 인생의 성장소설』

강애라 외 지음, 학교도서관저널, 2015

책따세에서 추천한 성장소설, 학교도서관저널의 성장소설 특집기사 (2010)

준비물
미니이젤, 아크릴 쇼케이스(양면 200×70cm), 북엔드, 게시판

진행 방법
1. 각종 단체에서 제시한 세계 성장소설 목록(401쪽 부록6)을 참고하여 초·중·고에 맞는 목록을 추린다.
2. 목록을 참고해 도서관의 800번대 서가를 둘러보면서 한국, 중국, 일본, 영미, 독일, 프랑스, 기타 언어로 발표된 성장소설을 모은다.
3. 처음 참고한 목록 중에 현재 도서관에 소장하고 있지 않지만 전시 목록에 꼭 넣고자 하는 책은 바로 구입한다.
4. 소장 중인 도서와 새로 구입한 성장소설을 중심으로 전시 목록을 작성한다.
5. 각 나라별로 대표 성장소설 한두 권을 미니이젤에 올려놓고, 나머지는 책등만 보이도록 정리하고 북엔드로 고정한다.
6. 주요 국가의 국기 모양을 컬러로 출력하여 쇼케이스에 넣고 각 나라별 성장소설 앞에 놓는다.
7. 전시 목록을 예쁘게 출력하여 전시 공간 옆에 놓는다.

선생님을 위한 도움말
- 미니이젤에 올려놓는 대표 소설은 매일 돌아가며 바꿔줘도 좋다.

- 전시하는 도서의 대출 여부는 상황에 따라 융통성 있게 하는 것이 좋다.
- 각 성장소설의 간단한 내용을 소개하는 자료를 함께 제시하면 더욱 적극적인 전시가 될 수 있다.

03. 책 축제

사제 동행 책드림

김민정 서울 광남고 사서교사

프로그램 소개

교내 선생님들이 추천하거나 기증해 주신 책을 원하는 학생들에게 추첨하여 선물하는 행사를 기획했다. 일주일 동안 학생들이 대출할 때마다 응모권을 나눠 주고, 받고 싶은 책의 응모함에 넣도록 했다. 행사하는 내내 선물을 받을 수 있단 기대감에 부푼 학생들로 도서관이 북적였다.

(※ 본 행사는 혜화여자고등학교, 성신여자중학교 선생님께서 전국학교도서관담당교사모임 카페에 올려주신 자료를 응용하여 실시하였음을 밝힙니다.)

준비물

선물용 책, 응모권, 응모함(종이

상자), 색지 등

진행 방법

1. 교내 메신저를 통해 책을 기증해 주시거나 추천 책 제목이라도 알려주실 선생님을 모집한다.
2. 해당 책과 응모함, 응모 용지를 준비한 후 책을 대출하는 학생에게 응모권을 준다.
3. 응모권을 받은 학생은 선물 받고 싶은 책의 응모함에 응모 용지를 넣는다.
4. 해당 책을 추천해 주신 선생님이 추첨을 한 후 학생에게 책을 전달해 준다.

선생님을 위한 도움말

- 책 권수를 너무 많이 정하면 진행하기 쉽지 않기 때문에 선물용 책은 열 권 이내로 정하는 것이 적절하다.
- 선생님들이 책을 기증해 주시면 행사에 드는 비용을 줄일 수 있다.
- 응모권에는 응모 번호와 학년, 반, 번호, 이름 적는 칸을 두어야 하며, 보관용과 응모용 각각 한 장씩 필요하다.

03. 책 축제

초등~중등 초등

책 아나바다 장터

책! 아껴 쓰고, 나눠 쓰고, 바꿔 쓰고, 다시 쓰자!

염광미 화성 효행초 사서교사

프로그램 소개

책이 세계 환경오염의 10대 주범 안에 속한다는 사실을 아는 사람은 얼마나 될까? 책의 좋은 점은 살리고 나쁜 점은 최소화하는 방법이 있다. 바로 책 아나바다 장터를 여는 것이다. 이 프로그램은 책도 아껴 쓰고 나눠 쓰고 바꿔 쓰고 다시 쓰는 대상이 될 수 있고, 나의 작은 실천을 통해 세상을 더욱 아름답고 깨끗하게 할 수 있다는 인식을 심어준다는 데 의미가 있다.

준비물
현수막, 행사 안내판

책 교환 쿠폰, 교환할 책

사전 준비
참가 신청은 따로 하지 않고, 3일에서 최대 5일까지 기간을 정해서 책을 낸다.

진행 방법
1. 책을 낸 숫자만큼 책 교환 쿠폰을 나누어 준다.
2. 받은 책을 한곳에 모아 수준과 종류에 따라 나눈다(저·중·고학년용, 만화책, 전집 등).
3. 프로그램 당일에 책을 진열하고, 가지고 있는 책 교환 쿠폰의 숫자만큼 책을 바꾸어 가도록 한다.

선생님을 위한 도움말
- 학생 수가 많은 학교라면 너무 붐빌 수 있으므로, 학년에 따라 적절히 시간을 조정하는 것이 좋다.
- 고학년이 저학년 책을 내고 고학년 책으로 바꾸어 가는 경우가 많아서 나중에는 고학년 책이 부족할 수 있다. 책 교환 쿠폰에 수준을 표시하여 자기가 낸 책과 같은 수준의 책을 교환하도록 하면 아이들의 불만을 줄일 수 있다.
- 사람이 많이 붐비므로 행사를 진행할 장소(도서관 복도, 강당 등)를 미리 확보해야 하며, 입구와 출구를 정해 질서 있게 운영한다.

- 방과 후 시간을 이용하거나 방학 중에 하루 또는 이틀에 걸쳐 프로그램을 진행할 수 있다.
- 장소는 학교 운동장이나 강당, 도서실과 도서실 복도 등 학교 사정에 따라 다르게 할 수 있다.
- 프로그램이 끝난 후 책이 남을 경우 학급 문고로 보낸다. 만약 남은 책의 질이 괜찮을 경우 책이 부족한 학교에 기부해도 좋다.
- 함께 읽으면 좋은 책 :

『똥으로 종이를 만드는 코끼리 아저씨』
루시타 라나싱헤 지음, 로샨 마르티스 그림, 류장현·조창준 옮김, 책공장더불어, 2013

『달리는 나눔 가게』
미하엘 로어 지음, 임미숙 옮김, 북비, 2013

『꺼벙이 억수랑 아나바다』
윤수천 지음, 원유미 그림, 좋은책어린이, 2010

03. 책 축제 초등~중등 초등

책 벼룩시장

조영선 김천 율곡초 사서교사

프로그램 소개

학부모 및 전교생을 대상으로 책을 저렴하게 사고파는 활동이다. 판매자로 참가한 학생과 학부모는 팔 책들을 정리하면서 안 보던 책을 다시 읽어볼 수 있고, 추억을 회상할 수 있고, 나눔을 통해 물자를 절약하는 습관을 기를 수 있다.

준비물

개인별 돗자리, 판매할 책, 가격표, 거스름돈(동전), 봉지나 종이가방,

가게 소개판 (A4지에 ○○네 가게라고 적음)

사전 준비
1. 책 벼룩시장에서 판매하기를 원하는 가족에 한해 도서관에서 선착순으로 신청서를 받는다. 판매자는 열다섯 가족으로 제한한다.
2. 행사를 진행할 만한 장소(도서관 복도, 강당 등)를 미리 확보해 둔다.
3. 도서관 소식지에 행사 소식을 게재하거나 학급으로 교내 연락망을 통해 연락하고, 홍보물을 곳곳에 부착하여 책 벼룩시장을 홍보한다.
4. 행사 하루 전에는 참가할 사람들에게 다시 한번 안내하고, 책 살 돈을 챙겨오도록 한다.

진행 방법
1. 행사 당일, 각 학급으로 '책 벼룩시장' 행사를 안내하고, 판매자 가족은 돗자리를 깔고, 판매할 물품을 가지런히 정리한다. '○○네 가게' 소개판도 부착한다.
2. 수익금의 일부를 도서관에 기부하여, 어려운 이웃을 돕도록 한다 (의무사항은 아님).

선생님을 위한 도움말
- 행사의 의미에 맞게 책 가격을 저렴하게 책정하도록 미리 안내한다. 우리 학교는 100원에서 1,000원까지 책정할 수 있도록 정하였다.
- 수익금의 일부를 어려운 이웃을 돕는 데 사용하면 인성교육의 측면에서도 도움이 될 것이다.
- 아기 책이나 유아 책을 판매하는 경우가 많아 아쉬움이 있었다. 책

선정에 대한 자세한 홍보와 교육이 필요하겠다.
- 간혹 책을 임의로 교실에서 판매하는 친구도 있어서 벼룩시장 이용에 대한 사전 교육이 필요하다.
- 판매자가 많았더라면, 책의 종류도 많고 더욱 풍성한 행사가 되었을 텐데, 참가 가족을 제한했던 점이 아쉽다. 다음번에는 학부모가 참가하지 못하더라도 학생만으로도 참여할 수 있도록 참가의 폭을 넓히도록 해야겠다.
- 우리 학교의 경우 오후 1시~2시 30분까지 행사를 진행했는데, 점심 시간인 12시 30분부터 시작하였다면 고학년 학생들의 참여를 더 높일 수 있었을 것 같다. 많은 학생을 참여시킬 수 있는 '시간'에 대한 고민이 필요하다.

03. 책 축제

길아저씨 손아저씨

박영옥 전 서울 연지초 사서

프로그램 소개

학교도서관 축제 때 진행했던 프로그램 중 하나로, 그림책 『길아저씨 손아저씨』의 느낌을 직접 체험해 보는 활동이다. 『길아저씨 손아저씨』 내용처럼 학생들에게 장애를 이해하고 합심하면 목적을 이룰 수 있다는 것을 알게 해준다. 학교도서관 축제의 체험 활동이 책상에 앉아서 무얼 만들거나 체험지를 작성하는 등 대개 움직임이 적은데 이 프로그램은 움직임이 많아 아이들이 아주 좋아한다. 처음엔 A와 B의 역할을 한 번만 하려고 계획했는데 교대해서 체험해 보고 싶다는 아이들이 많았다. 비용이 들지 않는 것도 장점이다.

관련 도서
『길아저씨 손아저씨』
권정생 지음, 김용철 그림, 국민서관, 2006

준비물

장애물, 풍선 3개, 책상, 체험지, 안내판, 필기도구

사전 준비

1. 운동장에 가로세로 10×2(m) 길이의 라인을 긋는다.
2. 라인 안에 장애물을 배치한다.
3. 라인 끝에 풍선을 매단 설치물을 둔다. 이때 운동장 철봉에 풍선을 매달면 좋다.

진행 방법

1. 2인 1조로 모둠을 만들어 한 사람은 안대를 하고(A), 한 사람은 안대를 하지 않는다(B).
2. B는 A가 장애물을 피해 앞으로 가도록 말로 설명한다.
3. A는 B의 지시에 따라 앞으로 나아간다.
4. 마지막에 B는 A가 철봉에 설치한 풍선을 머리로 칠 수 있도록 말로 설명한다.
5. A가 머리로 풍선을 치면 안대를 벗는다.
6. A와 B가 역할을 바꿔 체험한다.
7. A와 B는 체험을 하며 느낀 점을 체험지에 적는다.
8. 체험지는 학교도서관 축제가 끝난 후 도서실 게시판에 게시한다.

사진으로 보는 책놀이

1. 2인 1조가 되어 한 사람은 안대를 한다.

2. 안대를 차지 않은 학생은 친구가 장애물을 피해 가도록 말로 설명한다.

3. 안대를 차지 않은 학생은 친구가 풍선을 머리로 칠 수 있게 설명한다.

4. 안대를 찬 친구가 머리로 풍선을 치면 안대를 벗는다.

선생님을 위한 도움말

- 장애물은 아이들이 다치지 않는 것으로 준비한다.
- 사전 공지를 통해 아이들이 『길아저씨 손아저씨』를 미리 읽도록 하여 체험 목적을 이해하도록 한다(1, 2학년의 경우는 도서실 이용 시간에 사서가 읽어준다).
- 길아저씨 역할을 맡았던 아이들은 "눈이 안 보이는 사람들의 불편을 알겠다." "내가 네비게이션이 된 것 같았다." "어휴, 못 살아." 등의 소감을 남겼다.
- 손아저씨 역할을 맡았던 아이들은 "앞이 보이지 않아 답답하고 넘어질 것 같아 무서웠다." "앞이 안 보여서 친구의 소리를 잘 들어야 했다." "앞에 뭐가 있을지 몰라 친구만 믿었다." 등의 소감을 남겼다.

03. 책 축제

점자 명함 만들기

박영옥 전 서울 연지초 사서

프로그램 소개

학교도서관 축제 프로그램 중 하나다. 명함 크기의 종이에 점자로 자기 이름을 쓰는 활동으로 학생들이 매우 흥미롭게 체험한다. 점자 명함 만들기는 점자판에 자음과 모음을 혼합하여 점필로 찍어 글자를 만드는 색다른 체험이다. 또한 점자라벨도서, 데이지도서, 촉각도서, 점묵자혼용도서 등을 전시하여 시각 장애인을 위한 책이 점자책만 있는 것이 아님을 알려준다.

관련 도서

『루이 브라이』
마가렛 데이비슨 지음, J. 컴페어 그림, 이양숙 옮김, 다산기획, 1999

『점자로 세상을 열다』
이미경 지음, 권정선 그림, 우리교육, 2006

준비물

점자일람표, 점자판, 점필, 명함용 종이, 전시 책자(점자라벨도서, 데이지도서, 촉각도서, 점묵자혼용도서)

사전 준비

1. 점자 용지를 명함 크기로 잘라 놓는다. 점자 용지가 없을 경우 조금 두꺼운 A4용지를 사용하면 된다. 종이가 두껍지 않으면 점필로 글자를 새겨도 금세 뭉개져 손으로 느낄 수 없다.
2. 시각 장애인용 도서인 점자라벨도서, 데이지도서, 촉각도서, 점묵자혼용도서 등을 점자도서관이나 시각장애인협회 등을 통해 미리 빌려 놓는다.
3. 학생들에게 도서관 이용시간을 활용해 관련 도서를 소개한다.

진행 방법

1. 점자판에 명함용 종이를 대고 점자일람표를 보면서 점필로 한 자 한 자 찍어 자기 이름을 완성한다.
2. 점자로 찍은 이름 옆에 펜으로 자기 이름을 적어 자기 이름과 점자를 비교해 본다.
3. 부스 담당 교사와 명예사서는 점자일람표 보는 방법과 점필로 글자를 찍는 과정을 잘 가르쳐 준다.

사진으로 보는 책놀이

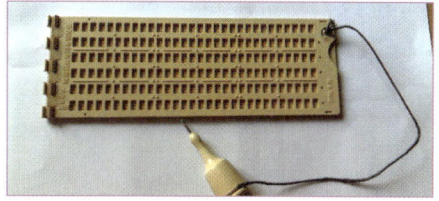

1. 점자판과 점필

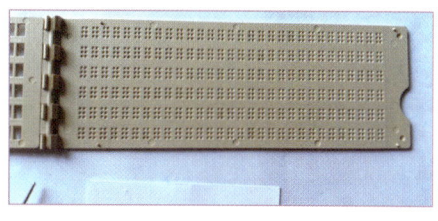

2. 점자판을 열고 이 위에 종이를 놓는다.

3. 점자일람표를 보면서 자기 이름의 명함을 만들어 본다.

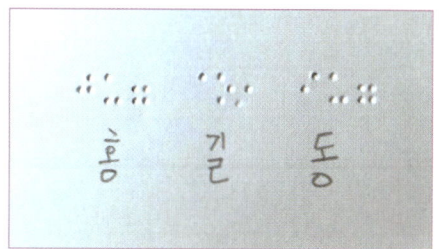

4. 완성된 점자 명함

선생님을 위한 도움말

- 점자일람표를 보면서 이름을 찍어보는 과정은 그렇게 어렵지 않다. 어려울 것이라는 선입견을 가질 수 있으니 친절한 설명이 필요하다. 그러나 1학년에게는 다소 어려울 수 있다.
- 점자일람표, 점자판, 점필은 시각장애인협회 등에서 협찬을 받는다.

【 점자일람표 】

자음	초성	●○ ○○ ○○	●● ○○ ○○	○○ ●○ ○○	○○ ●● ○○	●○ ●○ ○○	●● ●○ ○○	●○ ●● ○○		○○ ●○ ●○	○○ ●● ●○	●○ ○○ ●○	●● ○○ ●○	●○ ○○ ●●	●○ ●○ ●○		○○ ○○ ●○
		ㄱ	ㄴ	ㄷ	ㄹ	ㅁ	ㅂ	ㅅ		ㅈ	ㅊ	ㅋ	ㅌ	ㅍ	ㅎ		된소리
	중성	●○ ○○ ○○	○○ ●○ ○○	○○ ●● ○○	○○ ○● ○○	●○ ●○ ○○	●● ●○ ○○	●● ○○ ○○	●○ ○● ○○	●○ ●○ ○○	●○ ●● ○○	●● ●● ○○	○○ ●○ ●○	○○ ●● ●○	●○ ○○ ●●		○○ ●● ○○
		ㄱ	ㄴ	ㄷ	ㄹ	ㅁ	ㅂ	ㅅ	ㅇ	ㅈ	ㅊ	ㅋ	ㅌ	ㅍ	ㅎ		ㅆ받침

모음	●○ ●● ●○	○● ○● ●○	○● ○● ○●	○● ○● ●●	●○ ●○ ○●	●● ○○ ○●	●○ ●● ●○	●● ●● ○○	●○ ●○ ●○	●● ●○ ●○	●● ●○ ●○	●○ ●○ ●●		
	ㅏ	ㅑ	ㅓ	ㅕ	ㅗ	ㅛ	ㅜ	ㅠ	ㅡ	ㅣ	ㅢ	ㅔ	ㅐ	ㅖ
	●○ ●○ ●●	●● ○● ●○	●● ○○ ●●	●● ○● ○●	●○ ●○ ●○	●○ ●○ ●●	●● ●○ ●○	●● ●○ ●○						
	ㅘ	ㅝ	ㅚ	ㅟ	ㅒ	ㅙ	ㅞ							

03. 책 축제

휠체어 운전면허증 따기

초등~중등 초등

박영옥 전 서울 연지초 사서

프로그램 소개

학교도서관 책축제 프로그램 중 하나다. 휠체어 타기를 배워 보고 몸이 불편하여 휠체어를 타는 장애인을 이해할 수 있다. 학교에 도움반이 있는 경우 적극 추천한다. 휠체어는 서울시립북부장애인종합복지관의 협찬을 받았다.

관련 도서

『스티븐 호킹 : 우주의 블랙홀을 밝힌 과학자』
박용기 지음, 웅진씽크하우스, 2008

『내 다리는 휠체어』
프란츠 요제프 후아이니크 지음, 베레나 발하우스 그림, 김경연 옮김, 주니어김영사, 2004

『독서왕 수학왕』
고정욱 지음, 정연 그림, 파랑새, 2010

준비물

휠체어, 휠체어운전면허증

사전 준비

운동장에 라인을 그어 휠체어를 라인 안에서 탈 수 있도록 준비한다. 이때 라인은 직선과 곡선으로 그린다.

진행 방법

1. 장애인종합복지관에서 선생님을 초빙해 휠체어 작동 방법에 관한 설명을 듣고 휠체어 타기 연습을 한다.
2. 참가자들은 순서를 정해 한 사람씩 면허 시험을 치른다.
3. 휠체어 바퀴가 라인 밖으로 나갈 경우 다시 한 번 탈 기회를 준다.
4. 도서관 책 축제가 끝난 후에 학생들에게 '휠체어 운전면허증'을 만들어 코팅해서 준다. '휠체어 운전면허증' 뒷면에는 '장애인을 만났을 때'의 예절을 적어 학생들이 장애인을 만났을 때 행동 주의사항을 알도록 한다.
5. 운전면허증은 학년별로 색깔을 다르게 한다.

사진으로 보는 책놀이

1. 장애인복지관 선생님에게 휠체어 작동법을 배우고 있다.

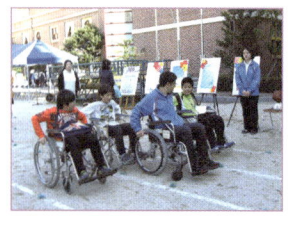
2. 복지관 선생님과 함께 휠체어 타기를 연습하는 모습

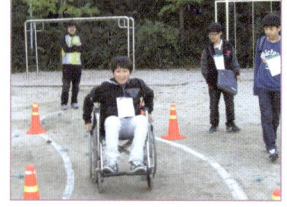
3. 면허시험 중 곡선 코스를 통과하고 있는 학생의 모습

선생님을 위한 도움말

- 휠체어 바퀴가 라인 밖으로 나가지 않아야 합격이다.
- 학생들이 서로 시합을 하려는 경향이 있어 주의를 요한다.
- 이 부스에서 떠나지 않으려는 아이들이 많다. 체험이 끝나면 다른 부스에서 체험하도록 유도한다.
- 휠체어 운전면허증은 실제가 아님을 알려준다.

휠체어 운전면허증	장애우를 만났을 때
면허번호: 연지 - _____ 성 명 : _____ 학 년 : _____	1. 웃으며 대하기 2. 먼저 다가가기 3. 무조건 반말하지 않기 4. 즐겁게 같이 놀기 5. 친절하게 도와주기
○○○○.○○.○○ 서울연지초등학교	서울연지초등학교 (www.seoulyeonji.es.kr, 02-979-8091)

휠체어 운전면허증 앞면과 뒷면 예시

+Tip. 원화 전시 쉽게 따라하기

김혜진 그림책 연구가

원화 전시를 한 번도 안 해본 학교는 있을지 몰라도 한 번으로만 끝난 학교는 없을 것이다. 그만큼 아이들에게나 학부모, 교사 모두에게 즐거운 체험이 된다. '전시'라는 말 때문에 너무 부담을 가질 필요는 없다. 아직까지도 문화 활동, 예술적 체험과 같은 것은 특정 계층, 특정 장소에서나 즐기는 것으로 생각하는 데서 그런 괴리감이 생겼을 수 있다. 사실 문화나 예술 분야는 보통 사람들과의 사이에 끝없이 높은 담을 쌓아온 것이 사실이다. 하지만 겁내지 말고 도전해 보자. 의외로 간단하다는 사실에 깜짝 놀라게 될 것이다.

1. 그림책 출판사에 원화 전시 안내 찾아보기

인터넷 검색창에 '그림책 출판사'를 입력하면 출판사의 홈페이지 주소가 쭉 뜬다. 거기서 맘에 드는 출판사(특히 그림책 출판으로 이름이 알려진) 홈페이지 주소를 클릭하여 들어가 보자. 웬만큼 큰 출판사 홈페이지에는 원화 전시에 대해 안내하는 메뉴가 있다. 원화 전시 메뉴를 클릭하고 그 페이지에서 안내하는 대로 입력하면 된다. 주로 회원 가입에 관한 요구인데, 개인 회원으로 가입해도 되지만 기관 회원 자격으로 가입을 권하는 출판사도 있다.

회원 가입 시 확인해야 할 사항은 다음과 같다.

① 원화 신청 시기

② 대여 기간

③ 원화 상태가 액자인지, 액자를 하지 않은 상태인지, 액자일 경우 유리인지 아크릴인지

④ 액자의 크기와 개수

⑤ 액자 뒷면에 끈을 걸 고리가 있는지(벽에 부착하거나 걸어서 전시할 경우)

⑥ 다음 전시 장소와 담당자 연락처

⑦ 비용

2. 간이 액자 만들기

출판사로부터 원화를 받았다면 전시할 수 있게 액자를 준비한다. 출판사에서 원화가 아닌 원화와 거의 같은 느낌의 고해상 출력물인 아트프린팅 출력물을 보내줄 경우에는 학교도서관에서 간이 액자를 만들어야 한다. 검은 종이에 출력물을 테이프로 붙인 후 그 위에 책 겉표지로 쓰는 투명 아스테이지로 감싸는 방법이 있다. 검은 종이 뒷면에 폼보드를 덧대면 튼튼해진다. 이런 경우 무게가 많이 나가지 않으므로 도서관 벽면에 그대로 붙여서 전시할 수 있다.

3. 나무 이젤을 이용해 원화 액자 전시하기

액자에 넣은 원화들을 전시하는 가장 좋은 방법은 이젤을 이용하는 것이다. 이때, 나무 이젤이라면 어떤 액자와도 잘 어울려 무난하게 전시할 수 있다. 조립이 필요한 쇠로 된 이젤은 수평을 맞추는 데 어려움이 있지만 조립 상태를 잘 점검하여 단

단히 고정한다면 전시하기에 큰 무리는 없다. 두 이젤 모두 벽면에 바짝 붙여 다리를 잘 고정하여 안전사고에 유의한다. 이젤 위에 얹은 액자와 이젤도 고정해 두어야 안전하다. 낮은 서가 위에 비스듬히 세워 두는 방식으로 전시를 할 땐 액자를 고정하는 데 특히 신경을 써야 한다. 액자 아랫면과 액자가 닿는 서가 부분을 강력한 양면테이프로 꼼꼼히 고정해 준다.

4. 원화 전시에서 수평 맞추기

전시에서 그림의 수평을 어디에 맞추는가는 매우 중요하다. 자칫하면 시선이 엉망이 될 수 있기 때문이다. 서가에 세워두는 전시는 아랫선이 분명하게 맞으므로 고민할 필요 없지만 그림을 이젤 위에 올릴 경우 아래나 위 혹은 중심선으로 수평을 잘 맞춰 놓는 것이 관람객의 눈을 피로하지 않게 하는 비결이다. 대부분의 원화 액자는 크기가 엇비슷하여 큰 차이가 없으므로 무난하게 전시할 수 있다. 간혹 너무 큰 사이즈의 액자가 있을 경우는 어딘가에 올려두기보다 차라리 바닥에 놓고 벽에 비스듬히 기대어 놓는 것도 한 방법이다.

5. 전시 설명과 제목은 눈에 잘 띄는 곳에 설치하기

전시 설명과 제목은 전시가 시작되는 자리에 눈에 띄도록 크게 설치하는 것이 좋다. 관람하는 방향은 큰 화살표로, 전시물과의 거리는 바닥에 색테이프를 붙여 표시해 두면 혼잡하지 않고 안전하게 감상할 수 있다.

6. 방명록과 감상 노트 준비하기

방명록과 간단한 감상을 적을 수 있는 노트를 준비하여 원화가 실린 책들과 함께 두자. 전시 후기와 방문자 기록은 다음 전시를 위한 자료가 된다.

출판사 홈페이지 안내와 출판사별 특이사항

보림출판사

보림출판사의 경우 원화 신청 기간을 별도로 공지하므로 수시로 들어가서 확인해야 한다. 기관 회원 가입을 권한다.

보리출판사

원화 대여를 쭉 해오다 훼손된 것이 많아 2013년에 종료했다. 직접 전화를 하면 창고 확인 후 훼손이 심하지 않은 액자로 대여해 주기도 한다.

길벗어린이

원화 대여를 많이 하는 출판사로 대여 상황을 한눈에 잘 알 수 있게 해놓았고, 각 학교 홈피로 연결되도록 정리되어 있다.

한림출판사

일정과 담당자 등을 엑셀파일로 정리해 놓았다. 현재 책 표지 그림이 프린트된 천으로 가방을 만드는 독후활동 프로그램도 지원하고 있다.

비룡소

신청 기간을 별도로 정해놓지는 않았다. 이벤트로 비정기 모집을 하는 경우도 있다. 메뉴로 들어가 신청하면 액자 없이 원화 아트 프린팅을 보내준다.

느림보 출판사
출판사 홈피가 아니라 인터넷 카페에 가입을 하면 신청할 수 있다. 분기별로 신청을 받아 공지한다. 클릭할 메뉴는 '아트프린팅 대여'이다. 원화 프린팅을 아크릴 두 장으로 압축한 형태이다.

사계절
'그림전시 신청' 메뉴를 클릭해서 들어가면 한 페이지에 필요한 것이 모두 모여 있다.

책읽는곰
인터넷 카페에 가입하고 전시 신청(원화 대여) 메뉴로 들어가면 대여할 수 있는 책 목록이 있다. 안내에 따라 온라인 신청서 양식을 채워 제출한다.

문학동네
문학동네 인터넷 카페에 '문학동네어린이' 메뉴가 있다. 거기에 원화 신청하는 하위 메뉴가 있다. 회원가입 후 게시판에 신청 글을 남기면 된다.

이 밖에 다른 출판사들도 원화를 지원하고 있으니 수시로 검색해 보고 홈페이지로 들어가서 신청해 보자. 어떤 출판사들의 경우는 경쟁률이 치열하여 연초에 신청이 마감되기도 한다. 연말에 계획을 세워 다음 해 계획에 맞춰 미리 신청해 두는 것도 한 방법이다. 전시를 기획했다면 미리 전시할 책을 읽도록 하고, 작가와의 만남으로 연결하는 것이 바람직하다. 그냥 그림만 볼 때와는 전혀 다른 감흥이 있다. 전시 후에는 다음에 전시할 도서관으로 원화나 액자를 전달하는 것까지 잘 마무리해 보자.

3부 미션게임

01. 책 탐험 미션
02. 책 읽기 미션

미션게임이란, 도서관을 찾아오는 아이들과 함께 할 수 있는 신체 활동 중심의 책놀이다. 방 탈출 게임, 추적놀이 등을 차용해 도서관 이곳저곳을 누비는 책 탐험 미션게임 그리고 책을 읽은 후 다트, 빙고, 보물찾기를 하면서 책의 내용을 스스로 정리하게 해주는 책 읽기 미션게임을 소개한다.

01. 책 탐험 미션   초등 초등

책 속 주인공을 찾아라

정재연 경기 가평초 사서교사

프로그램 소개

"책 읽어!"라는 공허한 외침보다, '저 책 좀 읽고 싶다!'라는 마음을 심어주고 싶다. 어느 날 학교에 누군가 이상한 옷을 입고 낯선 분장을 하고 돌아다닌다면 아이들의 호기심을 충분히 자극할 수 있지 않을까? 도서관의 공간 일부를 책 속 장면으로 꾸미고, 책 속 주인공으로 분장한 이들이 도서관을 비롯한 학교 곳곳을 돌아다닌다. 그들과 함께 사진도 찍고, 어떤 책 속에 살고 있는지 퀴즈도 풀어보는 행사를 기획했다.

관련 도서

『구름빵』

백희나 지음, 한솔수북, 2004

준비물

분장 도구 및 옷, 퀴즈 문제와 용지, 사탕

사전 준비

1. 프로그램 진행에 도움을 받을 수 있는 봉사자(교생 선생님, 도서부원, 학부모 자원봉사자)를 모집한다.
2. 도서관의 공간 일부를 책 속 한 장면으로 꾸민다.
3. 도서관 한쪽에 응모함과 응모지를 비치한 전시 코너를 꾸미고, 천장에 빵을 매달아 장식한다.
4. 사서교사와 봉사자들이 노란 우비를 입고, 화장품으로 고양이 분장을 한다.

진행 방법

1. 책 속 인물로 분장한 이들이 도서관 및 학교 곳곳을 돌아다닌다.
2. 아이들은 분장한 이들과 함께 사진을 찍거나 퀴즈에 응모한다. 퀴즈는 책과 관련된 내용으로 준비한다(예 : '사서 선생님은 누구로 분장했나요?', '도서관에서 만난 고양이가 나오는 책의 제목은?').
3. 응모함에서 무작위로 추첨해 정답을 맞춘 학생에게 사탕 같은 작은 상품을 준다.

사진으로 보는 책놀이

1. 아이들이 책 속 주인공으로 분장한 선생님들과 사진을 찍는 모습
2. 빵을 매달아 장식한 전시 코너
3. 응모함과 응모지

선생님을 위한 도움말

- 책 속 장면을 구성할 때 눈으로만 보아야 하는 전시물이 아니라 아이들이 직접 만지고 참여할 수 있는 전시 형태로 기획하면 좋다.
- 교생 선생님이나 학부모 자원 봉사자들, 동아리 친구들과 함께 하기 좋은 행사이다.
- 기획 전시물에 먹을거리를 이용하면 행사 후 함께 나눠 먹는 재미도 있다.

01. **책 탐험 미션** 초·중·고 초등5~중고등

도서관 탐험

이정현 서울 숙명여중 사서

프로그램 소개

신입생들을 위한 도서관 이용 지도 시간으로 3월 국어시간 가운데 한 시간을 빌려 재미있는 게임과 함께 이용 지도를 하면서 선물도 증정한다. 도서관의 첫인상이 좋아야 아이들이 자주 방문하리라 생각하고, 이 시간만큼은 맘껏 뛰어다니며 아이들이 친해지도록 유도한다.

준비물

유인물, 도서관 제작 상품(거울, 연필, 자 등), 사탕, 독서의 중요성에 관한 영상

진행 방법

1. 아이들에게 도서관 이용에 관한 유인물을 나눠 주고 간략한 설명을 한다.
2. 게임을 시작하기 전, 호응을 유지하기 위해 질문에 답한 학생들에

게 사탕을 준다.
3. 조별(2~6명)로 유인물 문제(이용 시간, 청구기호 보는 법 등 도서관 정보를 묻는 질문), 도서관 공간 문제(예: 도서관 시계는 몇 개일까요?), 책 찾기 문제 순대로 풀게 한다.
4. 게임 후 학생들에게 독서의 중요성에 관한 영상을 보여 주고, 문제 풀이 결과를 확인한 후 조별 순위에 따라 우승 조에게 상품을 나눠준다.

선생님을 위한 도움말

- 도서관 문제의 경우 도서관의 지구본 수, 1~3층 올라가는 계단의 수 등 같이 뛰어다니며 세야 한다. 아이들이 함께 뛰어다니며 문제를 풀다 보면 신입생끼리 서먹함이 사라지고 도서관 구석구석을 알게 되니 1석 2조의 효과를 얻을 수 있다.
- 수업을 마무리할 때 '도서관 이용 시 꼭 지켜야 할 주의사항'을 다시 한 번 환기시킨다.

01. **책 탐험 미션** 초·중·고 초등5~중고등

책 높이 쌓기 게임

주상태 독서교육활동가

프로그램 소개

서가에서 책 찾아오기 게임과 연계한 프로그램이다. 서가에서 책을 찾아와 즐겁게 놀도록 하고, 찾아온 책을 높이 쌓으면서 책과 사귀도록 한다. 책을 소중히 다루는 마음자세가 필요하지만, 가끔은 책과 놀아보는 시간을 가질 필요도 있다. 서가 속에서 단순히 자신이 좋아하는 분야의 책에만 관심을 갖는 것보다 색다른 기준으로 책을 찾아보는 시간 말이다. 그러다 보면 '도서관에 이런 책도 있었구나!' 하면서 새로운 느낌을 가질 수 있고, 책 높이 쌓기 게임을 통해 책과 더욱 가까워질 수 있다.

준비물

모둠별로 책을 쌓을 수 있는 탁자

진행 방법

1. 모둠별로 서가에서 몇 가지 방법으로 책을 찾아오게 한다. 시간은 2분 정도가 적당하며, 10권 정도로 제한하는 것이 좋다(예: 제목이 가장 짧은 책, 긴 책, 동물 이름 또는 식물 이름이 들어간 책).
2. 제목이 짧은 책의 경우에는 글자 수가 적은 것을, 제목이 긴 경우에는 글자 수가 많은 것을 우승으로 하고, 나머지 경우에는 책 권수로 결정할 수 있다.
3. 모아 놓은 책으로 5분 정도 시간을 주고 가장 높이 쌓도록 한다. 단 책을 쌓고 손을 떼고도 10초는 버텨야 한다.

선생님을 위한 도움말

- 지나치게 승부욕이 발동하여 책을 높이 쌓다가 책이 무너져 다치지 않도록 주의를 준다.

01. 책 탐험 미션

도서관 Go!

김민정 서울 광남고 사서교사

프로그램 소개

도서부 학생들의 성화에 하루 동안 할로윈 행사를 준비했다. 학생들이 스스로 행사를 준비하게끔 하고 준비물도 챙기도록 지도하니 또 한 번 북적이는 도서관이 되었다.

준비물

초코파이, 사탕, 뽕망치

사전 준비

1. 도서부가 직접 홍보 포스터를 제작해 각 교실에 배부한다.
2. 호박 모양 이미지를 만들어 코팅하고 도서관 곳곳에 숨겨 둔다.

진행 방법

1. 쉬는 시간, 점심시간, 방과 후 시간에 도서부원들이 조별로 도서관

에 찾아와 행사를 진행한다.
2. 참가자들은 도서관 곳곳에 숨겨진 호박 모양 이미지를 찾아 도서부원에게 제출하고 초코파이를 받는다.
3. 호박 머리띠를 쓴 도서부원 앞에서 "Trick or Treat!"을 외치고 가위바위보 게임을 한 후 이기면 사탕을, 지게 되면 뽕망치 벌칙을 받는다.

사진으로 보는 책놀이

1. 서가에 꽂힌 책 중에 호박 카드를 숨긴 모습

2. 호박 카드를 찾아 도서부원에게 제출하면 초코파이를 준다.

선생님을 위한 도움말

- 호박 이미지 대신 책이나 우리 고유 명절, 축제와 관련한 이미지를 코팅해 활용하면 아이들의 거부감 없이 다양한 행사에 응용할 수 있다.
- 특히 책 표지 이미지를 활용하거나 책 속 문구를 넣은 책갈피를 제작하여 해당 책에 꽂아 놓으면 더 의미 있는 행사가 될 수 있다.
- 보물을 책 속에 숨길 경우에는 책갈피 느낌으로 이미지가 살짝 보이게 숨겨 놓아야 숨긴 사람도 찾을 수 있다.

01. 책 탐험 미션

문학 런닝맨

초·중·고 중고등

이정현 서울 숙명여중 사서교사

프로그램 소개

인기 예능 프로그램인 〈런닝맨〉을 문학과 접목시킨 미션게임이며, 1부와 2부로 나누어 진행한다. 1부에서는 최소 두 명에서 최대 네 명을 한 조로 해서 도서부원과 게임을 통해 힌트를 얻고, 이를 조합해 책 제목을 맞힌다. 2부에서는 보물찾기를 하듯 학교도서관 건물에 흩어져 있는 미션 종이를 찾은 뒤 미션 종이에 적힌 책 제목, 종이의 색깔이 나오도록 사진을 찍어야 미션을 완수할 수 있다.

준비물

- 1부 : 참가자 & 스텝 이름표(4가지 색상), 테이프, 짝꿍 종이 팔찌
- 2부 : 미션 종이 200장(1층 100장, 2층 100장), 조당 카메라 1대 (핸드폰 카메라도 가능)

진행 방법

【 1부 】

1. 조원을 세 팀(빨강, 파랑, 녹색 이름표)으로 나누고 두 명씩 짝꿍이 되어 팔찌를 착용한다.
2. 도서부원(노랑 이름표)들은 먼저 밖으로 나가 흩어지고, 세 팀은 가위바위보로 순서를 정하여 5분의 시차를 두어 출발한다.
3. 각 팀은 주어진 미션 수행 중 상대팀의 이름표를 떼어낼 수 있다(짝꿍 중 한 명의 이름표를 떼어내면 그 사람 혼자 아웃되고 팔찌를 끊을 경우 둘 다 아웃된다).
4. 도서부원은 많은 힌트 용지를 가지고 있는데 거기에는 책 한 권에 대한 두 가지의 힌트가 적혀 있다. 도서부원과의 게임에서 이길 경우 힌트 두 가지를 다 받고, 질 경우 반 잘라내어 한 가지 힌트만 획득하게 된다.
5. 20분 동안 게임을 진행해 많은 힌트를 얻고, 그 힌트로 책 제목을 가장 많이 맞힌 팀이 승리한다.
6. 10분 경과 후 부활의 기회를 주어 팀당 두 커플을 살아나게 한다(상황에 따라 부활 인원을 조절한다).

【 2부 】

1. 게임이 시작되면 참가자들은 1, 2층으로 흩어져 최대한 많은 미션 종이를 찾는다(미션 종이는 게임 전에 골고루 숨겨 둔다).
2. 찾은 미션 종이에는 책 제목, 색깔이 적혀 있다. 미션 종이에 적힌 책 제목을 보고, 그 책에서 대표적인 장면을 연출하여 사진 촬영을 한다. 단, 촬영할 때는 미션 종이에 적힌 색깔이 꼭 들어가야 한다.

3. 미션 종이에 적힌 색깔은 무지개색으로 되어 있다. 여러 미션 종이에 해당하는 사진을 찍고, 촬영한 사진을 모았을 때 무지개색이 될 경우 보너스 점수를 부여한다.

선생님을 위한 도움말

- 많은 인원을 한 조로 게임을 진행할 때 너무 일찍 모든 조원이 탈락해 버리면 게임의 재미가 반감되므로 패자부활전을 통해 팀당 두 커플을 살려준다.

01. 책 탐험 미션

초·중·고 중고등

Mission I'm possible!

이인문 서울관광고 사서교사

프로그램 소개

영화 〈미션 임파서블〉의 '불가능한'이란 의미를 가능하다는 '아임 파서블'로 바꾸었다. 학생들에게 인기가 많지 않은 선생님도 즐겁게 도서관 행사에 참여할 수 있어 인기가 많다. 재미있는 미션을 수행하고 상품을 받으려고 학생들이 열심히 참여한다. 미션지를 받기 위해 대출한 책을 읽지 않고 반납하는 학생도 있지만, 이 활동을 위해 도서관을 찾는다는 점에서 긍정적인 효과가 있다. 미션 활동을 하고 나면 추후 일주일 정도는 즐거움에 도서관을 찾게 된다.

준비물

미션지, 선물 추첨권, 다양한 상품

진행 방법

1. 축제 기간(도서관 개방시간 중 3일 정도)에 대출한 학생에게 한 권당 미션지 하나를 추첨할 수 있게 미션지를 여유 있게 준비한다.
2. 미션지에 선생님과 함께할 수 있는 미션을 여러 개 적는다(예 : 국어 선생님께 가서 시 한 편 읊어드리기, 영어 선생님께 가서 팝송을 부르며 춤추기, 교장 선생님께 가서 어깨를 주물러 드리기, 행정 실장님께 가서 "너는 참 재미있는 아이구나"라는 말을 듣기, 원어민 선생님과 브이 사인 포즈로 휴대폰 사진을 찍기 등).
3. 미션을 완수한 뒤 미션지에 선생님 사인을 받아온다.
4. 미션을 완수하고 사인을 받아온 학생에게 선물 추첨 기회를 준다.
5. 선물 추첨권에 '대출등급 up 쿠폰', '연체 삭제 쿠폰', '매점이용 1,000원권', '꽝', '친구와 폴라로이드 사진 촬영 쿠폰' 등 다양하고 재미있는 상품을 적어 추첨하게 한다.

선생님을 위한 도움말

- 한 교사에게 편중되지 않게, 행정실 선생님에게도 찾아갈 수 있게 미션지를 고르게 준비한다.
- 너무 어렵고 부끄러운 미션보다 재미있게 할 수 있는 미션을 중복으로 마련하는 것이 좋다.
- 상품 예시 : 폴라로이드 사진 필름 2통(1만 4천 원), 문화상품권 4매(2만 원), 과자류(1만 원), 막대사탕 1통(2만 원), 각종 학용품 소품류(2만 원-다이소몰 등 활용), 매점 이용권(1,000원권, 2,000원권 등 매점 운영자와 사전 협의 후 발행하고 사후 정산)

01. 책 탐험 미션

초·중·고 중고등

시끌시끌 도서관 탈출

이정현 서울 숙명여중 사서

프로그램 소개

도서관 축제 때 학생들이 즐길 만한 이벤트를 고민하다가 '도서관 탈출'이라는 게임을 기획했다. 이 게임은 시간 안에 힌트를 찾아 제시된 문제를 풀어 방을 탈출하는 방 탈출 게임의 특징을 접목해 만든 것으로, 여러 가지 미션을 수행해 얻은 힌트를 조합해 책 제목을 맞히는 방식으로 진행한다.

준비물

도서관 지도, 색 풍선, 우드락(모두 열 개씩), 압정, 열쇠고리, 유리병, 폴리스라인(한 롤), 가짜 롤, 시 문구, 명언, 초성 글자, 스케치북, 훌라후프, 상품 등

진행 방법

1. 아이들에게 두 명에서 네 명씩 팀을 이루게 한 다음 도서관 지도를 나눠 주고, 해당 게임에 대한 설명을 들려준다(각 팀마다 입장 시간을 적어야 한다).
2. 지도에 나온 다섯 개의 장소에서 게임을 통해 표시된 색상의 힌트를 얻는다.
   ① 준비된 세 개의 게임(주어진 시를 외우는 '시밤', 대본을 외워 연기하는 '철수와 영화', 명언을 외우는 '프로 명언러') 중 제비뽑기를 통해 선택한 게임의 미션을 완수하면 힌트 획득!
   ② '널 위한 힌트를 팡팡팡': 팀원들이 훌라후프 안으로 들어가 지도와 같은 색의 풍선을 터트려 풍선 안에 있는 힌트를 획득한다.
   ③ '세미더머니(노래를 부르며 돈을 세어 근사치 맞추기)', '로꾸꺼로꾸꺼(거꾸로 글자를 읽는 절대음감 게임)' 등에서 힌트를 획득한다.
3. 다섯 개의 힌트를 모두 얻어 지도에 표시된 색상에 해당하는 책 제목을 맞추면 탈출 성공!
4. 번외로 추리게임을 하여 시간을 단축할 수 있는데, 세 가지 게임 중 하나를 풀면서 얻은 힌트 개수에 따라 단축할 시간을 제공한다.
5. 입장 시간과 탈출 시간, 단축 시간까지 계산하여 순위를 매긴 다음 아이들에게 상품을 준다.

선생님을 위한 도움말

- 아이들이 열심히 뛰어다닐 수 있는 분위기를 조성한다.
- 게임 참여자가 힌트를 얻고도 30초가 지나도록 책 제목을 모른다면 진행 요원이 힌트를 준다.

01. 책 탐험 미션

초등 초등

책 제목을 찾아라!

정희영 서울 면북초 사서

프로그램 소개

매년 주제를 정해 독서 퀴즈를 진행한다. 현대사회의 화두로 떠오른 '로봇과 인공지능'을 주제로 한 도서를 전시하고 아이들이 흥미를 갖도록 글자판을 만들어 책 제목을 찾는 독서퀴즈 응모 행사를 진행해 보았다. 글자판은 다섯 권 정도의 책 제목 글자를 섞어 출력하여 준비한다. 퀴즈를 던져주고 2분 정도의 시간을 준 뒤 찾아온 책의 제목을 확인하여 보상을 준다.

준비물

주제 도서, 글자판, 응모함, 응모지, 펜, 도서상품권 다섯 장

진행 방법

1. 학생들은 전시되어 있는 주제

도서를 읽는다.
2. 글자판의 글자를 조합하여 세 권의 책 제목을 찾는다.
3. 응모지에 책 제목을 적어 응모함에 넣는다.
4. 추첨을 통해 다섯 명에게 도서상품권을 상품으로 준다.

선생님을 위한 도움말

- 추첨을 할 때 참여한 학생들이 모두 볼 수 있도록 진행한다. 우리 학교의 경우, 교장 선생님께서 조회 시간에 직접 추첨을 한다.
- 글자판으로 책 내용을 만들 수도 있다. 퀴즈를 푸는 데 너무 오래 걸리지 않고, 전 학년이 즐겁게 참여할 수 있도록 한다.
- '서가에 있는 책 중 제목이 가장 긴(짧은) 책 다섯 권 찾기', '동물 이름이 들어간 책 찾기' 등 책 제목을 활용하는 방법은 무궁무진하다. 동물이나 사람 이름이 들어간 제목의 책을 찾았을 때는 이름의 글자 수를 더하여 점수를 계산할 수도 있고, 몇 개의 이름이 등장하는지를 따져서 점수를 계산해 볼 수도 있다.
- 로봇과 인공지능을 주제로 한 책 :

『마음 대 로봇』

이현 지음, 김숙경 그림, 한겨레아이들, 2011

『로봇 : 인공지능 시대, 로봇과 친구가 되는 법』

나타샤 셰도어 지음, 세브린 아수 그림, 이충호 옮김, 길벗어린이, 2016

『아빠를 주문했다』

서진 지음, 박은미 그림, 창비, 2018

『도깨비폰을 개통하시겠습니까?』

박하익 지음, 손지희 그림, 창비, 2018

01. 책 탐험 미션

초·중·고 중고등

도서부를 이겨보지 말입니다

임가희 부산 만덕중 사서교사

프로그램 소개

아이들이 점심시간을 이용해 도서관 곳곳에 있는 도서부원과 대결하는 게임이다. 스티커를 모아 뽑기를 해서 상품을 받아가는 방식으로 진행한다. 책의 날, 독서의 달이 있는 시즌에 평소 도서관에 오지 않는 아이들이 도서관을 구경하고 친숙해질 수 있는 기회를 만들기 위해 기획했다. 도서부가 도서관 프로그램에 직접적으로 참여하므로 도서부원으로서의 소속감과 책임감을 기르는 기회가 되기도 한다.

준비물

스티커판, 상품, 상품 뽑기판, 책 표지 퍼즐, 잡지, 책의 날 퀴즈, 별점 서평지, 끝말잇기 종이, 윤독도서 딕싯카드, 끝말잇기판 등

진행 방법

1. 도서관 곳곳에 코너를 마련해 도서부원과 대결하도록 준비한다.

2. 아이들이 대결을 시작하면 스티커를 모을 수 있는 판을 주고, 스티커를 모으도록 유도한다.
3. 다음 코너에서 미션을 완수하면 스티커를 1개씩 준다. 대출 혹은 반납(2회 넣기), 책 제목 내 이름 찾기, 책 표지 퍼즐 맞추기, 책 제목으로 끝말잇기, 잡지를 펼쳐 사람이 더 많이 나온 쪽이 우승하기, 딕싯 카드로 도서위원의 마음 맞추기, 책의 날 퀴즈, 윤독도서 다행시 짓기, 별점 서평 쓰기, 십자말 책 제목 퍼즐, 책 제목 초성 맞추기, SNS 책 소개에 해시태그 달기 등
4. 스티커를 4개 모으면 뽑기 1회, 8개를 모두 모으면 뽑기 2회를 한다.
5. 아이들에게 뽑기에 걸린 상품을 준다. 뽑기는 두 번까지 할 수 있다.

사진으로 보는 책놀이

1. 별점 서평 쓰기

2. 딕싯 카드로 도서부원의 마음 맞추기

3. 책 제목으로 끝말잇기

4. 책 SNS에 해시태그 달기

5. 책 표지 퍼즐 맞추기

6. 책 표지 컬러링

7. 책 제목 초성 퀴즈

8. 스티커를 모아 뽑기하기

선생님을 위한 도움말

- 게임 참가자들에게 '꽝' 없이 사탕을 기본 상품으로 주면 좋다.
- 도서부원의 사전 교육이 꼭 필요하다. 도서부원에게는 별도로 뽑기를 할 수 있는 기회를 주는 것도 좋은 방법이다.
- 윤독도서 다행시, 별점 서평 쓰기는 잘한 학생을 뽑아 매점상품권을 주고, 작품을 도서관에 전시해 두는 것도 좋다.
- 상품으로 매점 상품권(2천 원권)이 가장 인기 있다. 예산에 맞춰 공용 폰 케이스(늘어나는 폰 케이스), 예쁜 비누, 캐릭터 필통, 이어폰 줄 감개, 독서대 등을 제공해도 좋다. 사탕, 젤리, 초콜릿, 초코파이는 언제나 인기 있다.
- 뽑기 기계(약 19만 원)를 구입하는 것이 부담스럽다면 상품 뽑기판(약 8천 원)을 활용하는 것도 좋다. 상품 뽑기판은 뽑기 개수가 100여

개 정도면 적당하다. 너무 많으면 긴장감이 떨어진다.
- 예산이 있다면 쿠폰 주문 사이트에서 스티커판(약 3만 원)을 주문하면 예쁘다. 책 표지 퍼즐(약 1만 원)도 사진퍼즐/액자 사이트에서 주문하면 예쁘고 오래 쓴다.

01. 책 탐험 미션

리딩맨

강은준 강릉중 사서교사

프로그램 소개
책과 관련한 미션을 선생님, 친구들과 함께 수행하게 해 책에 대한 관심과 흥미를 유발하는 활동이다. 너무 어려운 미션을 주면 학생들이 포기해 버릴 수 있으므로 난이도를 잘 조절해야 한다. 학생들의 독서 수준과 선생님의 특성에 맞는 미션지를 다양하게 준비해 게임에 참여하는 학생들이 고를 수 있게 한다.

준비물
미션지, 상품

사전 준비
교사는 학생의 특성과 수준에 맞는 다양한 미션지를 준비한다. 교내 전 교직원의 명단을 참고해 교과의 특성에 맞는 미션지를 작성한다.

미션 예시)

① 도서관에서 시집을 대출하여 교장 선생님께 어울리는 시 한 편을 외워서 암송해 드리기

② 체육 선생님과 다리씨름을 하여 이기기

③ 도서관에서 요리책 한 권을 대출해 가장 맛있어 보이는 음식 레시피를 골라 가정 선생님께 설명한 후 "맛있겠다"라는 말 듣기

④ 도서관에서 수학 관련 책을 대출해 수학 선생님에게 책 제목을 몸으로 말해서 (말하거나 입 모양을 보여서는 안 됨) 선생님이 제목을 맞추면 미션 통과!

진행 방법

1. 행사 당일 도서 대출을 하는 학생에게 미션지를 뽑을 수 있는 기회를 준다.
2. 참가자는 미션지에 적힌 선생님을 찾아가 내용을 공개하지 않고 미션을 수행한다.
3. 미션 수행 후 상대방에게 미션지를 보여주고 확인 도장을 받는다.
4. 미션을 수행하는 순서에 따라 다양한 상품을 차등으로 수여한다.

사진으로 보는 책놀이

1. 참가 학생에게 미션지를 나누어 준다.

2. 미션지에 적힌 대로 체육 선생님과 다리씨름을 하는 모습

선생님을 위한 도움말

- 미션을 먼저 수행하거나 늦게 수행하는 학생에게 상 혹은 벌칙을 받도록 하면 학생들이 좀 더 적극적으로 게임에 참여하게 된다.
- 책과 관련한 미션을 제시하는 것도 좋지만, 도서관을 이용했을 때 미션 수행의 기회를 주고, 이때 미션은 선생님, 친구들과 즐겁게 수행할 수 있는 것으로 제시하면 도서관 행사로 활용할 수 있다.

| 리딩맨 미션지 예시 |

2018년 ○월 ○일 점심시간~청소시간까지
미션 수행 후 선생님께 미션지를 보여주세요.
미션 수행 이전에 미션에 관한 내용을 말해선 안 됨.

5/26(목) 점심

선생님과 함께하는 Mission! 선생님과 다리씨름을 하여 이기고 돌아오기

김체육 (확인)

미션을 완료한 학생은 미션지를 선생님께 보여드리고 확인 도장을 받아
청소시간까지 도서관으로 오세요.
***선생님은 도서관 2층 진로상담부에 계십니다.

01. **책 탐험 미션**

필요 충분 조건

박동현 김해 주촌초 교사

프로그램 소개

도서관에서 색다른 조건에 따라 책을 빠르고 정확하게 고르고, 고른 책에서 모둠원의 이름을 찾거나, 책의 제목들을 더하고 빼고 곱하고 나누어서 큰 수를 만들어 보는 등 과제를 수행하면서 책과 친해질 수 있는 놀이이다.

준비물

도서관의 여러 책들, 조건 선택 제비뽑기, 필기구, 학습지

진행 방법

1. 도전 과제(특정 조건에 맞는 책 찾아오기)를 종이에 적어 내용이 보이지 않게 접은 다음 학생들이 뽑을 수 있도록 준비한다.
   예) 동물 이름이 들어간 책 다섯 권, 제목에 같은 글자가 있는 책 다섯 권 등
2. 교사는 학생들에게 조건에 맞는 책 다섯 권을 정확하고 빠르게 찾

고, 찾은 책을 통해 미션을 수행한다는 놀이 규칙을 설명한다.
3. 학생 한 명이 나와서 도전 과제를 뽑는다.
4. 교사가 '시작!' 신호를 외치면 학생들은 과제에 따라 책을 찾는다 (5~10분 정도).
5. 조건에 맞는 책을 빨리 찾아온 순서대로 점수를 준다.
6. 학생들은 5에서 찾아온 책들의 제목 글자 수를 더하기, 빼기, 곱하기, 나누기를 모두 한 번씩 사용해 연산의 결과값이 가장 크게 한다.
7. 6의 결과값을 비교해 가장 큰 숫자를 낸 순으로 점수를 준다.

사진으로 보는 책놀이

1. 참가자 중 한 명이 도전 과제를 뽑는다.

2. 도전 과제에서 제시한 조건에 맞는 책을 고른다.

선생님을 위한 도움말

- 시작과 끝남의 신호를 서로 잘 지키도록 약속한다.
- 정해진 권수를 지켜 책을 찾아오게 한다. 무조건 많은 책을 가져오게 해서는 안 된다.

01. **책 탐험 미션**   초·중·고   초등~중등

가족협동 미션게임

윤남미 역삼푸른솔도서관 관장(용인 초당중에 재직할 당시 운영했던 프로그램입니다.)

프로그램 소개

공동의 과제를 해결하면서 친밀감을 느끼고, 다른 가족들의 모습을 보면서 서로를 이해하는 시간을 가지며 색다른 추억의 시간을 만드는 활동이다. 3시간 반 정도 소요되며, 여러 개의 미션실이 필요하므로 교실, 도서실, 강당, 음악실, 기술실, 미술실을 이용한다.

준비물

문패를 만들 원목판, 아크릴 물감, 붓, 긴 줄넘기, 종이컵, 공깃돌, 스케치북

사전 준비

가정통신문과 학부모 단체 문자로

행사를 안내하고 방학 2주 전에 참가 가족 스무 팀 신청을 선착순으로 받는다.

진행 방법

1. 여섯 팀이 여섯 개의 미션실로 각자 나누어 입실하게 한다.
2. 각 미션은 30분씩. 25분간 활동하고 5분 동안 이동한다.
3. 미션을 안내한다.

   ① 착각 사진 찍기(교실) : 원근감을 이용한 사진 찍기.

   ② 단체줄넘기(강당) : 두 명이 줄넘기를 잡고 나머지 모둠원이 한 명씩 순서대로 8자 모양으로 두 번 뛰어넘고, 다 뛰면 전체 인원이 다 들어가서 20회 넘기.

   ③ 컵송(cup song) 부르기(음악실) : 컵송 동작과 함께 모둠원이 〈학교종이 땡땡땡〉을 완창하기. 컵과 손뼉을 이용해 리듬을 맞추며 노래 부르는 것으로 영화 〈피치 퍼펙트〉에서 주인공이 오디션에서 부른 바 있다.

   ④ 단체공기놀이(기술실) : 공깃돌을 다섯 개씩 준 후 1단부터 시작해서 꺾기까지 하기. 다섯 개를 꺾으면 5점, 모둠원의 합산 점수가 60점이 되어야 한다.

   ⑤ 몸으로 말해요(도서실) : 『걸리버 여행기』, 『백설 공주』, 『갈매기의 꿈』, 『노인과 바다』 등 학생들이 쉽게 알 수 있는 제목을 한 사람씩 돌아가며 몸짓으로 설명하면 나머지 모둠원이 맞춘다. 열 개의 제목을 맞춰야 한다(패스가 많을 것 같아 여유롭게 30개의 책 제목을 준비했다).

   ⑥ 문패 만들기(미술실) : 원목판을 개당 5천 원씩 주고 목공소에서

제작. 미리 OHP 필름지에 도안을 그린 후 스텐실 기법을 이용하여 문패를 만든다. 한 가족당 하나의 문패를 만들면 미션 완료.
4. 1등 팀에게는 책, 모든 참가자에게는 책갈피를 선물로 준다.

선생님을 위한 도움말

- 미션을 지시하는 사람은 시작 시간과 이동 시간을 엄수하여 관리한다. 25분 전에 미션을 완수했더라도 미리 이동하지 않는다.
- 미션 지시자들은 교사들로 구성하여 학부모, 학생들과 좀 더 친숙해질 수 있도록 한다.
- 활동한 내용을 UCC로 만들어 학생과 학부모, 교사에게 전달했더니 만족도가 아주 높았다.

02. 책 읽기 미션

초등~중등 | 초등

황금 문장을 찾아라!

박춘배 김해 덕정초 교사

프로그램 소개

책에서 좋아하는 문장(황금문장)과 쪽수로 하는 빙고게임이다. 게임을 통해 독후활동에 대한 부담감을 덜어주고, 책의 주요 내용을 알게 하는 효과가 있다. 또, 내가 고른 황금문장과 친구가 고른 황금문장이 일치할 때 즐거움을 느낄 수 있어 친구들끼리 친밀감을 높일 수 있다.

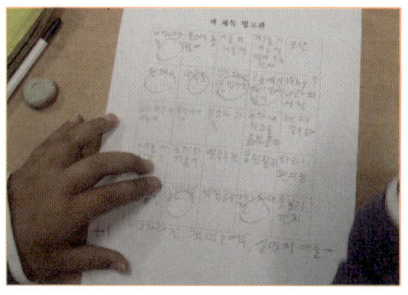

추천 대상

초등 전 학년

준비물

공책, 필기구

진행 방법

1. 짝과 같은 책을 읽는다. 쪽수가 많은 책은 빙고가 어려우므로 그림책이 좋다.
2. 5×5 빙고판을 만든다(공책에 가로로 여섯 줄을 긋고, 세로로 여섯 줄을 긋는다).
3. 나만의 황금문장과 그 문장이 들어있는 책의 쪽수를 적는다. 황금문장이란, 책에 있는 문장 중에 내 마음에 쏙 드는 문장이나 의미가 깊은 문장이다.
4. 먼저 시작하는 학생이 황금문장을 읽고 쪽수를 말하면 나머지 학생은 그 쪽에서 황금문장을 찾고 빙고판에 'X' 표시를 한다.
   ① 먼저 시작하는 짝과 동일한 쪽에 나의 황금문장이 있다면 나의 황금문장을 읽어 주고 'X' 표시한다.
   ② 황금문장이 달라도 같은 쪽에 있는 황금문장이라면 'X' 표시를 할 수 있다.
5. 이번에는 다른 짝이 황금문장을 읽고 해당 쪽을 말하고 위와 같이 한다.
6. 가로나 세로, 대각선에서 네 줄이 이어지면 '빙고'를 외치고 게임에서 이기게 된다.

선생님을 위한 도움말

- 황금문장은 학생마다 다르므로 반드시 황금문장을 적은 쪽을 같이 쓰도록 해야 한다.

02. 책 읽기 미션

위인 퀴즈 다트게임

박영옥 전 서울연지초 사서

프로그램 소개

퀴즈와 다트 놀이를 접목한 활동으로 다트판을 돌려 다트가 꽂힌 위인의 퀴즈를 맞히는 방식으로 진행한다. 학생들은 역사에 접근하는 것을 어려워하는 경우가 많아 위인에 대한 퀴즈 풀기만 한다면 그 부스에 접근하지 않으려 할 것이다. 그래서 다트게임을 접목하여 재미있게 퀴즈를 풀도록 했다.

준비물

다트판, 다트, 퀴즈함, 퀴즈 문제, 프로그램 소개 안내판

사전 준비

1. 학년별로 위인 서너 명을 정하고 퀴즈 문제를 준비한다. 학년을 저, 중, 고학년으로 구분해도 된다. 퀴즈 문제는 주관식과 객관식을 병행한다.

2. 다트판 크기에 맞게 종이를 원형으로 자르고, 여러 조각으로 나눠 위인 이름을 적는다. 이 종이를 다트판 위에 붙인다.
3. 행사 한 달 전부터 학년별로 읽을 책을 도서관 이용시간에 학생들에게 공지하고, 관련 책을 도서관에 게시한다.
4. 퀴즈함 겉에 위인 이름을 적어 붙이고, 해당 위인에 관한 퀴즈 문제를 넣어둔다. 퀴즈 문제지에는 문제를 낸 쪽수를 적어 둔다.
5. 학년별 부스 표시를 크게 만들어 학생들이 혼란을 겪지 않게 한다.
6. 부스에는 퀴즈 문제 출처가 되는 위인전을 비치한다.

진행 방법

1. 진행자가 다트판을 돌리면 학생들은 다트를 던져 위인을 선택한다.
2. 선택된 위인의 퀴즈함에서 문제지 한 장을 뽑는다.
3. 문제를 풀면 통과한다. 세 번까지 할 수 있다.
4. 세 번 다 문제를 풀지 못한 학생이 있다면, 교사나 명예사서는 풀지 못한 문제가 있는 위인전의 쪽을 펴고 소리 내어 읽도록 한다.

사진으로 보는 책놀이

1. 다트판 예시

2. 다트를 던져 위인을 선택한다.

3. 위인 퀴즈함에서 문제지 한 장을 뽑는다.   4. 미리 비치한 책을 보고 문제의 답을 찾는 모습

선생님을 위한 도움말

- 문제는 아주 쉽게 낸다.
- 사전에 위인전을 읽도록 하는 것이 중요하다.
- 사전 공지를 통해 여러 번 공지를 해도 책을 안 읽어 오는 학생이 있을 수 있다. 이런 상황에 대비해 학생이 답을 맞히지 못하면 해당 문제가 있는 쪽을 펴서 그 부분을 소리 내어 읽도록 한다.
- 정답을 모를 때는 부스에 비치된 책에서 답을 찾아도 된다.

02. **책 읽기 미션**

책 제목 끝말잇기

김강선 서울 용동초 사서교사

프로그램 소개

가족과 관련된 명칭이 들어간 책 제목으로 끝말을 이어서 다섯 개의 책 제목을 써오는 활동이다. 책 제목 끝말잇기를 하기 위해 도서관에 어떤 책이 있는지 찾아보게 하는 효과가 있다. 도서관을 자주 찾게 하려고 끝말잇기 행사 기간 동안 학교도서관에 와 30분 이상 책을 읽는 학생에게 하루에 한 장씩 독서행운권을 주는 이벤트도 함께 진행했더니 호응이 좋았다.

사전 준비

1. 책 이름 끝말잇기 행사를 알리는 포스터를 학교 게시판에 붙이고, 학교 홈페이지에도 공지한다.
2. 행사에 필요한 응모지와 응모함, 독서행운권을 준비해 도서관에 비치한다.

진행 방법

1. 교사는 학생들에게 학교도서관 서가를 직접 둘러보거나 도서관 홈페이지를 참고해 끝말잇기 할 책을 찾게 한다.
2. 학생들은 가족과 관련된 단어(엄마, 아빠, 형제, 할머니, 할아버지 등)이 들어간 책 제목으로 끝말잇기를 한다. 이때, 도서관에 소장된 책 제목만 활용해 응모지에 끝말잇기를 작성한 뒤 제출해야 한다.

   끝말잇기 예시)

   가족 나무 만들기 → 기관차 대여행 → 행복한 청소부 → 부루퉁한 스핑키 → 키다리 아저씨

3. 교사는 끝말잇기 행사 기간 동안 학교도서관을 방문해 30분 이상 책을 읽은 학생에게 하루에 한 장씩 독서행운권을 주고, 행운권 추첨에 응모할 수 있게 한다. 행사 기간이 끝나고 추첨을 통해 열 명에게 도서상품권을 준다.
4. 끝말잇기를 완성해 제출한 학생들에게 사탕과 학용품을 선물한다.

사진으로 보는 책놀이

1. 응모함과 응모지

2. 도서관에 있는 책으로 끝말잇기를 작성하는 모습

3. 끝말잇기를 완성해 제출한 학생에게 선물을 준다.

선생님을 위한 도움말

- 학생들이 제출한 끝말잇기가 도서관에 소장된 도서로만 했는지 정확하게 검사하기 힘든 문제가 있다.

02. 책 읽기 미션

중고등 중고등

책 읽고 보물찾기

김혜연 인천 강화여고 사서교사

프로그램 소개

복본이 많은 책을 중심으로 한 쪽 혹은 한 장을 지정해서 읽도록 한 후 해당 범위에서 세 문제 내지 다섯 문제를 출제한다. 3분 이내에 읽고 답할 수 있는 문제로 출제하되, 심오한 것부터 간단한 이름을 묻는 질문까지 다양한 문제를 준비한다. 네다섯 종의 책을 선택하고 각 책에서 네다섯 군데를 출제 부분으로 정한 후 각 부분마다 세 문제에서 다섯 문제를 출제한다.

준비물

해당 도서, 문제지 담을 작은 통(또는 종이컵) 약 20개, 추첨함 2개('책 읽고' & '보물찾기'), 상품추첨쪽지 등

진행 방법

1. '책 읽고' 코너에서는 제비뽑기를 통해 미션을 수행한다. 미션 쪽지

에는 "○○○ 책의 ○○쪽을 읽고 오세요!"라고 적혀 있다.

미션지 예시)

『유시민과 함께 읽는 러시아 문화 이야기』에서 6~7쪽 스위스식 신토불이를 읽으세요.

2. 2~3분 동안 해당 쪽을 읽은 학생들은 '보물찾기' 코너로 가서 책과 함께 쪽지를 반납하고, 문제를 제비뽑기하여 그 자리에서 답을 말한다. 정답을 맞히면 바로 상품을 추첨하여 받을 수 있고, 틀리면 다른 책 중에서 다시 시도할 수 있다.

보물찾기 예시)

스위스의 베른 지방 사람은 느려터졌고, 취리히 사람은 언제나 자신만만하지만 이들은 공통적으로 ○○ 사람을 깔보는 성격을 가진다. 여기서 ○○은 무엇인가?

정답) 바젤

3. 문제 뽑기에는 '꽝'도 있어야 더 재미있다. 또한 상품도 먼저 맞힌다고 좋은 상품을 주기보다 상품을 추첨하는 방식으로 구성하면 흥미를 더할 수 있다.

사진으로 보는 책놀이

1. 보물찾기에 이용할 책과 미션 수행지

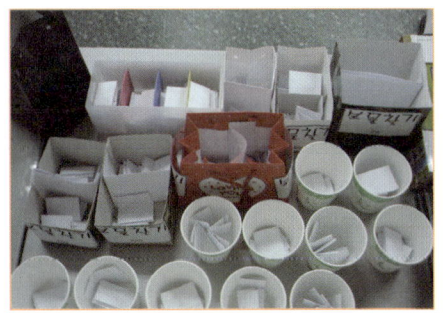

2. 제비뽑기를 통해 미션지를 고른다.

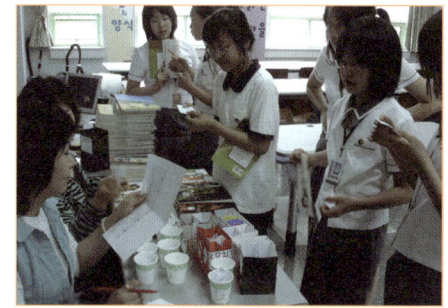

3. 미션지에 적힌 페이지를 읽는 아이들

4. 보물찾기 코너에서 문제지를 뽑아 그 자리에서 답을 말한다.

선생님을 위한 도움말

- 책을 읽고 문제가 최소한 세 가지 이상은 나올 만한 페이지를 정한다. 문학보다는 사회나 과학 분야의 책이 문제 내기 더 쉽다. 너무 자잘한 문제보다는 배경지식이나 상식을 쌓을 수 있는 문제를 뽑자.
- 상품은 도서상품권부터 휴지나 막대사탕까지 금액과 종류를 다양하게 준비하자.

02. 책 읽기 미션

독서 세계여행

김강선 서울 용동초 사서교사

프로그램 소개

세계 여러 나라의 작가들이 쓴 책을 읽음으로써 다양한 나라의 문화를 배우고, 미래의 꿈을 발견하는 계기가 되길 바라며 기획한 활동이다. 또한, 여름방학 동안 학생들의 도서관 이용을 유도하고 독서의욕을 고취시키기 위해 2012 런던올림픽 기간에 맞춰 3주간(7월 23일~8월 17일) 매일 오전 10시~오후 1시까지 학교도서관에서 프로그램을 진행했다.

준비물

투명 시트지, 포장지, 선물(문구류), 주제별 책 읽기 여행 팜플렛, 국기 스티커, '내가 좋아하는 국가예요' 활동지

사전 준비

1. 학교 홈페이지와 도서관 게시판을 통해 프로그램을 홍보한다.

2. 활동 중에 읽을 주제별 도서 목록을 만들어 대출대 앞에 게시한다.
3. 주제별 책 읽기 여행 팜플렛을 제작해 도서실에 비치한다.
4. 라벨지에 국기 스티커를 컬러로 제작하여 도서실에 비치한다.
5. 좋아하는 국기를 그리는 칸과 그 국가에 대해 조사해 쓸 칸이 있는 '내가 좋아하는 국가예요!' 활동지를 만들어 행사 기간 동안 도서실에 비치한다.

진행 방법

1. 참여 학생은 활동 기간 동안 매일 학교도서관에 와 주제별 도서를 30분 동안 읽고, 팜플렛에 책 제목과 지은이, 출판사, 읽기 시작한 시간을 써서 교사에게 제출한다.
2. 교사는 활동 기간 동안 매일 도서관에 와 주제별 도서를 30분 읽고, 팜플렛을 작성해 온 학생에게 주제별 스티커 한 장과 국기 스티커 두 장을 나눠준다.
3. 학생들은 '독서 세계여행'에 관한 주제별 독서를 한 뒤 받은 국기 스티커를 세계지도에 붙인다.
4. 학생들은 '내가 좋아하는 국가예요' 활동지에 좋아하는 나라의 국기를 그리고, 그 나라의 역사, 문화, 경제, 사회를 조사해 쓴다.
5. 활동 종료 후 주제별 독서 스티커를 가장 많이 모은 학생에게는 개학 후 시상과 함께 대출 권수를 한 권 늘려준다.
6. 활동 종료 후 '내가 좋아하는 국가예요' 활동지를 작성한 학생 중 자신이 좋아하는 나라의 국기와 정보를 가장 잘 표현한 학생에게 문구세트를 증정한다.

사진으로 보는 책놀이

1. 주제별 도서를 읽고 있는 학생들 모습

2. 주제별 독서를 한 뒤 받은 국기 스티커를 팜플렛에 붙인다.

3. 주제별 책 읽기 여행 안내문

4. 주제별 책 읽기 여행 팜플렛 예시

선생님을 위한 도움말

- 여러 권을 읽어도 주제별 스티커는 하루 한 장만 받을 수 있다.
- 30분 동안 짧은 동화 여러 권을 읽은 경우에는 첫 번째로 읽은 도서를 주제별 책 읽기 팜플렛에 적게 한다.
- 주제별 도서 대상에서 만화책은 제외시킨다. 단, 도서가 적은 000 총류, 100 철학, 200 종교, 700 언어 도서는 만화 도서를 읽을 수 있게 한다.
- '내가 좋아하는 국가예요' 활동지의 심사 기준은 다음과 같다.
    ① 국기를 사실적으로 잘 그렸는가? (20점)

② 국기 그림이 균형과 비례에 맞게 표현되었는가? (20점)

③ 국기 그림의 색채와 미적 요소가 조화를 잘 이루었는가? (20점)

④ 좋아하는 국가에 대해 자세히 잘 조사했는가? (20점)

⑤ 국기와 조사한 글의 표현이 조화를 잘 이루었는가? (20점)

02. 책 읽기 미션

독서 마라톤

최운 남양주 도농중 사서

프로그램 소개

독서마라톤을 진행하는 학교들이 꽤 있지만 한편으론 워낙 큰 행사로 여겨져 망설이시는 선생님들도 있다. 이럴 때 독서교육종합지원시스템을 활용해 진행하면 통계와 관리와 수월해진다.

준비물

독서마라톤 상품(학기별 1회)

진행 방법

1. 전교생이 독서교육종합시스템에 가입할 수 있도록 사전 준비 기간이 필요하다. 연간 프로그램으로 진행한다면, 3월에 가정통신문을 발송해 모든 학생들이 빠짐없이 가입할 수 있게 한 후 4월부터 진행한다.

2. 독서교육종합시스템에 독후감을 한 편 올릴 때마다 100미터를 달린 것으로 인정한다. 집계의 경우, 독서교육종합지원시스템 독후활동지도 관리 페이지에 개인별, 학급별 통계가 제공되므로 체크하면 된다. 한 달에 한 번 우수 학생과 학급별 기록을 공지·게시한다.

선생님을 위한 도움말

- 학급별 기록을 주기적으로 공지하고 연말에 시상을 하면 좀 더 열띤 프로그램이 될 수 있다.
- 연초에 시상 계획을 수립한다면 우수 학생에게 시상할 수 있다.
- 전교생을 대상으로 1년 내내 운영하는 프로그램이므로 학년 초에 사전 가입과 안내 과정이 매우 중요하다. 협조를 얻어야 하는 관리자와 학급 교사들을 대상으로 연수를 진행하는 것도 도움이 된다.

02. 책 읽기 미션

초·중·고 중고등

미르나래 CSI

김민정 서울 광남고 사서교사 (잠실고에 재직할 당시 운영했던 프로그램입니다.)

프로그램 소개

도서관과 독서에 대한 흥미를 유발하고자 책과 관련된 추리 문제를 매일 도서관에 제시하여 학생들이 마치 미국 드라마 〈CSI:〉에서 사건을 풀어나가는 것과 비슷한 느낌을 가질 수 있도록 고안한 활동이다. 전교생 중 희망 학생을 대상으로 한 주간 진행했다.

(※ 본 행사는 청학중학교와 백암중학교 선생님께서 전국학교도서관담당교사모임 카페에 올려주신 자료를 응용 및 재구성하여 실시하였음을 밝힌다.)

준비물

CSI 홍보 포스터, 추리문제 다섯 개, 정답지(응모용), 압핀 등

비용

문화상품권 1만 5천 원어치

사전 준비

책을 단서로 한 추리문제를 만들어 매일 게시한다. 응모용 정답지는 첫째 날 게시판 근처나 대출대 앞에서 제공한다.

활동지 예시

추리문제 예시)

범인은 사서 선생님을 습격하기 하루 전날 밤, 도서관의 구조를 파악하기 위해 이곳에 들렀었다. 그런데 도서관의 열쇠는 비밀번호로 잠겨 있었는데⋯ 범인은 비밀번호를 어떻게 알아냈을까? 도서관 열쇠의 네 자리 비밀번호를 맞추시오.

(※ 풀이 과정도 사서 선생님에게 보여주어야 합니다.)

힌트 예시)

813.6	331.54	813.6
이56사	토897ㅈ	정66ㅊ

답변 예시)

정답) 1937

풀이 ➜ 청구기호로 책을 찾아보면, 『19세』, 『제3의 물결』, 『7년의 밤』이 나온다. 숫자를 순서대로 조합하여 비밀번호를 구성하면 정답!

진행 방법

1. 행사 첫째 날부터 넷째 날까지 매일 아침 단서를 제시하고 문제를 맞힌 학생들에게 확인 도장을 찍어준다.
2. 가장 먼저 정답(범인)을 맞힌 학생에게는 문화상품권, 이후 정답자

에게는 문구류를 증정한다.

선생님을 위한 도움말

- 매일 같은 시간, 같은 장소에서 문제를 공개하는 것이 중요하다. 첫 날부터 4일째까지는 시간과 상관없이 정답을 맞히면 되지만, 상품권은 마지막 문제를 가장 빨리 해결한 세 명에게만 돌아가므로 학생들이 특히 예민하다. 이동수업 등의 이유로 도서관에 찾아오는 시간이 늦는 학생들은 문제 공개 시간에 불만을 가질 수 있으므로 최대한 공평한 시간으로 정하는 것이 좋다.
- 내용을 보고 문제를 풀어야 할 경우 복본이 많은 책이 좋다.

02. 책 읽기 미션

꼭꼭 숨어라

심정애 김해관동초 교사

프로그램 소개
책에 대해 흥미를 유발시키고 부담 없는 독후활동을 통해 책과 친해지는 활동이다.

추천 대상
초등 전 학년

준비물
도화지, 사이펜, 매직

진행 방법
1. 학생들은 도서관에서 책을 한 권씩 가져온다.
2. 도화지에 도서관에서 가져온 책의 제목, 지은이, 줄거리, 감명 깊은 구절을 순서대로 적는다.

3. 학생들은 각자 자신의 책을 친구들에게 소개한다.
4. 소개가 끝나면 소개한 학생이 속해 있는 모둠을 제외한 다른 모둠 학생들은 책상에 엎드리게 하고, 소개한 책을 숨긴다.
5. 책을 숨긴 모둠 학생들은 자신들의 자리로 와서 "다 숨겼다."라고 말한다. 숨길 때는 어느 분류번호, 어떤 종류, 몇 층, 몇째 칸 등을 알 수 있도록 미리 말해둔다.
6. 교사의 신호에 따라 다른 모둠 아이들이 찾으러 간다(1~2분간).
7. 바로 찾으면 그 모둠에게 100점을 준다. 못 찾으면 힌트를 주어서 찾도록 하고, 점수를 차등해서 준다.
8. 못 찾으면 책을 숨긴 모둠 학생들이 찾아오도록 하고, 숨긴 모둠에게 50점을 준다.

사진으로 보는 책놀이

1. 친구들에게 자신이 좋아하는 책을 소개한 뒤 책을 숨긴다.

2. 다른 모둠 아이들은 친구가 숨긴 책을 찾는다.

선생님을 위한 도움말

• 어디에 숨기는지 잘 보면 그 아이의 공간지각력을 측정할 수 있다.

02. 책 읽기 미션

좋은 책 나쁜 책 비석치기

박영옥 전 서울연지초 사서

프로그램 소개

학교도서관 책축제 프로그램 중 하나다. 비석치기는 편을 나누어 일정한 거리에서 손바닥만 한 혹은 그보다 더 작고 넓적한 돌을 발로 차거나 던져서 상대의 비석을 쓰러뜨리는 놀이다. 비석치기 놀이를 이용해 좋은 책과 나쁜 책을 분별해 보는 활동을 기획했다. 학생들은 일단 비석치기란 놀이를 한다는 것을 아주 좋아한다.

관련 도서

『어깨동무 내 동무』
남성훈 지음, 문학동네어린이, 2005

『전래놀이 101가지』
이상호 지음, 박향미 그림, 사계절, 2011

준비물

비석, 돌(망), 활동지, 비석치기 12단계 안내문

사전 준비

1. 책 곽으로 비석을 만든다. 좋은 책 나쁜 책의 내용을 포스트잇에 적어 비석 뒤편에 붙인다.
2. 비석을 쓰러뜨릴 때 사용할 돌을 준비한다. 안전을 위해 돌 대신 나무토막을 활용하는 것이 좋다.

| 비석 뒷면 쪽지에 붙은 좋은 책 나쁜 책 사례 |

좋은 책(3~6학년)

그 시대를 잘 나타낸 책 / 그림이 아름답고 색이 선명한 책 / 깊은 감동을 주는 책 / 꿈을 심어주는 책 / 내용과 그림이 일치되는 책 / 문장이 명확한 책 / 아름다운 문장의 책 / 정확한 지식을 알리는 책 / 재미있는 책 / 지은이를 정확히 소개한 책 / 책의 인쇄, 제본, 삽화 등이 좋은 책

나쁜 책(3~6학년)

그림과 글이 어울리지 않는 책 / 나쁜 말이 많은 책 / 너무 교훈만을 강조한 책 / 맞춤법이 틀린 책 / 유행어를 많이 사용한 책 / 이야기가 억지스러운 책 / 인쇄가 흐릿한 책 / 폭력이나 싸움을 강조한 책 / 내용이 허무맹랑한 책 / 자극적인 책

3. 다음과 같이 비석치기 활동지를 만든다.

| 좋은 책 나쁜 책 비석치기 활동지 예시 |

제7회 책잔치한마당 | 서울연지초등학교 도서실

좋은 책 나쁜 책 비석치기

학년 반 이름	
좋은 책은 이런 책~	나쁜 책은 이런 책~
1	
2	
3	

활동 방법

1. 비석치기 12단계 중 세 가지를 골라 비석치기를 한다.

2. 비석 뒤에 붙어있는 쪽지를 열어 내용을 확인한다.

3. 쪽지 내용이 좋은 책이면 '좋은 책' 란에, 나쁜 책이면 '나쁜 책' 란에 그 내용을 적는다.

4. 교사는 학생들에게 나누어줄 비석치기 12단계가 적힌 안내문을 다음과 같이 작성해 준비한다.

| 안내문 예시 |

여러 가지 비석치기 방법

1. 던지기 : 선 채로 그냥 던지기 / 한발걸이(한 발 뛰어 던지기) / 두발걸이(두 발 뛰어 던지기) / 세발걸이(세 발 뛰어 던지기)

2. 재기(세 발 뛰어 차기) : 망을 던져 놓고 세 발을 뛴 다음 네 발째 차서 쓰러뜨린다.

3. 도둑발(발등) : 망을 발등 위에 올려 놓고 비석 가까이 가서 망으로 쓰러뜨린다.

4. 토끼뜀(발목) : 망을 발목 사이에 끼워 놓고 깡충깡충 뛰어 비석 가까이 가서 망을 쓰러뜨린다.

5. 오줌싸개(무릎) : 망을 무릎 사이에 끼우고 어기적어기적 걸어 비석 가까이 가서 망을 비석 위에 떨어뜨려 쓰러뜨린다.

6. 똥꼬, 딸 낳고 아들 낳기(가랭이) : 망을 가랑이 사이에 끼워 비석 가까이 걸어가 뒤돌아서 망을 떨어뜨려 쓰러뜨린다.

7. 배사장(배) : 망을 배 위에 올려놓고 비석 가까이 가서 망을 떨어뜨려 쓰러뜨린다.

8. 신문팔이 : 망을 겨드랑이에 끼우고 가서 망을 떨어뜨려 쓰러뜨린다.

9. 훈장(어깨) : 망을 어깨 위에 올려놓고 가서 망을 떨어뜨려 쓰러뜨린다(오른 어깨, 왼 어깨 교대로~).

10. 목 : 어깨와 목 사이에 망을 끼워놓고 가서 망을 떨어뜨려 쓰러뜨린다.

11. 떡장수(머리) : 망을 머리 위에 올려놓고 가서 망을 떨어뜨려 쓰러뜨린다.

12. 장님(봉사) : 망을 던져놓고 눈을 감은 상태에서 걸어가 망을 찾아 눈을 감은 채 던져 쓰러뜨린다.

진행 방법

1. 교사는 운동장 한쪽에 4~5m 거리를 두고 길게 두 줄을 그어 출발선과 도착선을 표시한다.
2. 도착선에 일정한 간격으로 비석을 세운다.
3. 교사는 학생들에게 비석치기 12단계가 적힌 안내문을 나누어 주고, 그 내용을 설명한다.
4. 학생들은 비석치기 12단계 중 세 가지를 골라 비석치기 놀이를 한다.
5. 비석 뒤에 붙어 있는 쪽지를 열어 그 내용을 확인한다.
3. 쪽지의 내용이 좋은 책에 해당하면 활동지 '좋은 책' 란에, 나쁜 책이면 '나쁜 책' 란에 그 내용을 적는다.

사진으로 보는 책놀이

1. 토끼뜀 비석치기를 하는 모습

2. 떡장수 비석치기를 하는 모습

3. 활동지를 작성 중인 모습

4. 배사장 비석치기를 하는 모습

선생님을 위한 도움말

- 도서관 축제 때 학생들이 이 부스에만 있으려고 하는 경향이 있었다. 어느 정도 반복해서 놀고 난 후 다른 부스에 가서 체험을 이어가도록 지도한다.
- 비석을 쓰러뜨릴 때 사용하는 돌은 전통적으로 막자, 목자, 말, 망이라 불리며 비석처럼 넓적한 모양의 것이 적당하다.

4부 보드게임

보드게임이란, 두 명 이상의 게임자가 대면해 카드, 타일, 말(馬) 등의 물리적인 도구를 이용해서 일정한 규칙에 따라 진행하는 게임이다. 책과 도서관에 관련된 내용으로 게임을 구성하면 재미있게 놀면서 책의 내용을 상기하고, 도서관 이용 방법을 익힐 수 있게 해준다.

보드게임 초등 초등 3~4

단어를 정복하라!

이수아 서울 혜화초 사서

적정 인원 : 2명 | 소요시간 : 30분 | 난이도 ★★★☆☆

프로그램 소개

기존의 땅따먹기와 낱말퀴즈를 결합한 놀이라고 할 수 있다. 책을 읽고 단어를 기억하여 땅을 넓혀가는 방식이다. 단어를 기억하고 연결하다 보면 아이들은 어느새 줄거리까지 자연스레 떠올리게 된다. 땅따먹기 분위기를 물씬 풍기도록 복도 맨바닥에서 진행했다. 진행자는 아이들과 눈높이를 맞추느라 진땀을 빼야 했지만 아이들은 맨바닥

따위는 아랑곳하지 않고 손가락 튕기는 자세를 잡는 것부터 눈을 빛냈다. 두 명이서 짝을 지어 하기 적당한 게임이다.

준비물

- 두 권의 책 속에 나오는 단어를 뒤섞은 단어판
  (※단어판은 파워포인트로 만들고 A1(594×841mm) 크기로 인쇄한다.)
- 지우개, 병뚜껑, 공기알, 조약돌 등의 말
- 그림책 두 권

진행 방법

1. 가위바위보 등으로 이긴 사람부터 그림책을 선택한다.
2. 각자 책 읽는 시간을 10분 정도 준다.
3. 다시 가위바위보 등으로 이긴 사람부터 말을 선택하도록 한다.
4. 선택한 말을 단어판의 제목이 있는 곳에 올린다.
5. 손가락으로 말을 튕겨 자신이 읽은 책 속에 나오는 단어 칸으로 이동시켜 자기 땅으로 만든다.
6. 상대의 책 단어 칸에 말을 이동시키면 1회 쉰다.
7. 말이 단어와 단어 사이의 선에 닿으면 아웃시키거나 말이 더 가까이 쏠려 있는 단어로 판정한다.
8. 제한 시간 내 많은 단어를 정복한 사람이 승리한다!

선생님을 위한 도움말

- 학년이 높을수록 어려운 단어로 구성하거나 단어판의 단어 개수를 늘려 난이도를 조절할 수 있다.

보드게임 　　　　　　　　　　　　　　　　　초등 | 초등 3~4

북빙고를 외쳐라!

이수아 서울 혜화초 사서

적정 인원 : 4~5명 | 소요시간 : 30~40분 내외 | 난이도 ★★★★★

프로그램 소개

그림책 속의 장면을 순서대로 나열하고 줄거리를 기억해야 하는 놀이로, 내용뿐 아니라 그림체도 책별로 비교할 수 있게 된다. 단순하게 독후활동으로 줄거리를 쓰게 하는 것이 아닌 놀이를 통해서 줄거리를 떠올리게 할 수 있다. 높은 학년은 도둑 잡기 게임 형식으로  진행해도 되고, 장면 카드를 아무거나 몇 장 뽑게 하고선 이야기를 만들게 해도 좋다. 아이들은 이야기꾼들이라 어른들은 상상도 못할 이야기를 만들어 낸다.

준비물

- 그림책 네 권
- 장면 카드(A4용지 절반 크기, 한 권당 여덟 장이 필요하다. 그림책을 스캔한 다음 컬러 프린트 한 후, 두꺼운 도화지에 붙인다. 투명 시트지까지 붙여 마무리하면 튼튼한 장면 카드가 된다.)

진행 방법

1. 가위바위보 등 간단한 게임을 한 후, 이긴 순서대로 그림책을 선택하게 한다.
2. 각자 책 읽는 시간을 10분 정도 준다.
3. 다시 가위바위보 등 간단한 게임으로 순서를 정한다.
4. 학생들은 자신이 읽은 책의 장면 카드를 찾는다.
5. 자신이 찾은 카드를 이야기 순서대로 나열하고 "북빙고!"를 외친다.
6. 북빙고를 외친 사람은 줄거리를 간단히 말한다.
7. 줄거리까지 맞추어 가장 빨리 통과하는 사람이 승리한다!
8. 장면 나열을 틀리게 했거나 줄거리를 못 맞추면 그림책을 10초, 20초 등 짧은 시간 동안 다시 읽을 기회를 준다.

선생님을 위한 도움말

- 학년이 높을수록 글이 많은 그림책으로 진행하거나 장면 카드를 늘려 난이도를 조절할 수 있다.

보드게임 | 초등 | 초등 3~4

저작권 쥬만지

박은하 서울사대부초 사서교사

적정 인원 : 모둠별 | 소요시간 : 10~15분 | 난이도 ★★☆☆☆

프로그램 소개

저작권법은 미래를 살아갈 초등학생이 잘 지켜야 할 법이다. 그러나 초등학생에게 저작권법을 상세하게 다 가르치기는 어렵다. 그래서 학교도서관에서는 학생들이 저작권법에 대해 관심을 갖게 하는 수업을 한다. 한국저작권위원회 홈페이지를 살펴보다가 '저

작권 교실'에 있는 자료를 응용했다. 이 게임은 학생들 스스로가 저작권법을 잘 지키고 있는지 혹은 어기고 있는지 쉽게 알게 해 준다. 보드게임을 통해 어린이들이 저작권법에 대해 관심을 갖고 지켜야 한다고 인식하는 계기가 되었으면 해서 기획했다. 저작권위원회에서 흑백

으로 보급한 저작권법 보드게임에 색을 입히고 약간 각색하여 저작권법 수업 시간에 교구로 썼다.

준비물

주사위, 게임판, 말(2개 이상)

진행 방법

1. 게임판을 펼쳐 주사위를 던져 나온 숫자만큼 말을 움직여 전진한다.
2. 게임판에서 저작권법을 어기거나 잘 지키는 내용의 칸에 멈추게 되면 그 사연을 크게 읽어 같은 팀의 어린이들이 모두 알게 한다.
3. 잘 지키면 전진, 어기게 되면 후진을 한다.
4. 도착 지점에 먼저 닿은 팀이 이긴다.

선생님을 위한 도움말

- 소요 시간에 따라 게임 진행 방법을 팀 대결 방식으로 할 것인지 개인전으로 할 것인지 결정하고 말의 개수도 정하면 된다.
- 게임판 양식은 403쪽 부록7 참고.

보드게임　　　　　　　　　　　　　　　　　　　초등　초등 3~4

우리는 도서관 탐정, 미션을 해결하라!

유승희 서울 숭곡초 사서교사

적정 인원 : 학급별(대략 25명) | 난이도 ★★★★☆

프로그램 소개

웅성웅성, 후다닥, "찾았다! 여기야, 여기." 도서관 수업 시간 미션을 해결하려는 아이들은 탐정이 되어 청구기호에 맞는 책을 찾으려 분주하다. 여기저기서 외치는 환호성으로 도서관은 시끌벅적하다. 놀이라는 형식으로부터 오는 자유로움은 아이를 움직이게 하고 적극적으로 탐색하게끔 한다. 학생들은 모둠원과 함께 미션을 해결하며 성취감을 맛본다. 즐거운 미션을 해결하는 도서관 수업은 아이들에게 놀이이자 공부가 된다. 책놀이 수업으로 도서관은 아이들과 책으로 가득 찬 살아있는 유기체가 된다.

준비물

도서관 지도, 청구기호가 붙은 미션카드, 병풍 책, 비타민 등

진행 방법

1. 한 반을 네다섯 명씩 여섯 모둠으로 나누고 청구기호에 대해 설명한 후 도서관 지도를 나눠준다.
2. 각 모둠이 함께 조사할 나라를 선택한다.
   - Mission 1 : 나라별 청구기호가 붙은 개인 미션카드를 주고 해당 자료를 찾게 한다.
   - Mission 2 : 찾은 자료에서 미션을 해결하고 조사한 내용 중 하나를 퀴즈로 낸다. (예 : 1모둠 – 일본의 국기/음식/수도/명절 조사하기)
   - Mission 3 : 완성된 미션지는 모둠 병풍 책에 끼우고 발표한다.
3. 발표 후 발표한 내용을 바탕으로 준비한 퀴즈를 내고 정답을 맞힌 학생에게 비타민을 준다.

사진으로 보는 책놀이

1. 미션카드 앞면

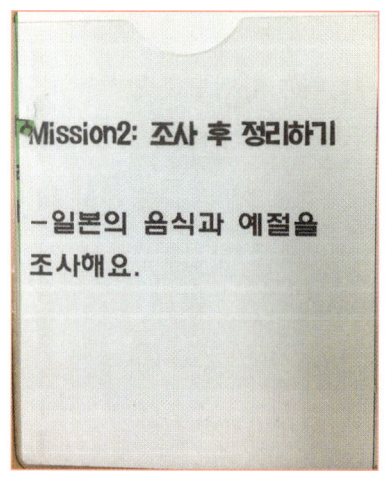

2. 미션카드 뒷면

보드게임

쓰레기 소탕 대작전

초등 초등

박영혜 서울 청계초 사서교사

적정 인원 : 2명 이상 | 소요 시간 : 15~20분 | 난이도 ★★☆☆☆

프로그램 소개

이 게임은 도서실 축제 때 활용한 대형 보드게임으로, 아이들에게 쓰레기 분리수거를 익히게 할 수 있다. 쓰레기들을 먼저 분리수거하여 끝내는 팀이 승자! 게임을 통해 아이들이 분리수거 방법과 의미를 자연스럽게 알 수 있으며 어떤 경우에 쓰레기가 생기는지, 어떻게 하면 쓰레기를 줄일 수 있는지 알 수 있다. 한 학급부터 소규모 그룹까지 다양하게 팀을 나누어 게임할 수 있다.

관련 도서

『쓰레기가 쌓이고 쌓이면』

박기영 지음, 이경국 그림, 웅진주니어, 2010

준비물

그림책, 다양한 재활용 쓰레기(캔, 플라스틱, 종이 등), 대형 주사위, 분리수거용 쓰레기통(캔, 플라스틱, 종이 종류로 나누어진 쓰레기통), 팀별 쓰레기통 한 개씩

진행 방법

1. 모든 참가자는 그림책 『쓰레기가 쌓이고 쌓이면』을 읽는다.
2. 참가자들을 두 팀에서 네 팀으로 모둠을 나눈다.
3. 팀별로 기본 쓰레기를 갖는다. 이때 쓰레기는 종류별로 같은 개수로 모둠에 나눠 준다.
4. 각 팀마다 한 사람씩 나와 주사위를 던져 나가면서 해당하는 칸의 미션을 수행한다.

    미션 예시) 쇼핑 후 종이봉지에 담아와서 종이 쓰레기가 한 개 생겼습니다.

5. 쓰레기 분리수거가 먼저 완료된 팀이 이긴다.

사진으로 보는 책놀이

1. 게임 방법에 대한 설명을 듣는다.

2. 주사위를 던져 해당하는 칸의 미션을 수행한다.

3. 쓰레기 분리수거가 먼저 완료된 팀이 이긴다.

선생님을 위한 도움말

- 쓰레기의 올바른 재활용법을 배우기 위한 게임이므로 교사는 학생들이 정확한 재활용 규칙을 알 수 있도록 설명한다.
- 물건 구입 등과 같이 쓰레기를 얻어오는 경우가 있으므로 진행하는 선생님은 쓰레기 아이템을 종류별로 넉넉하게 준비해 놓도록 한다.
- 쓰레기가 생기는 다양한 경우, 쓰레기를 재활용할 수 있는 다양한 경우를 보드판에 녹여내도록 설계한다.
- 분리수거가 끝난 팀이 없는 경우, 쓰레기가 더 적은 팀이 이긴다.

보드게임   초등   초등 3~6

국제기구 바로 알기
젠가

박영혜 서울 청계초 사서교사

적정 인원 : 2명 이상 | 소요 시간 : 15~20분 | 난이도 ★★★☆☆

프로그램 소개

세계 여러 나라의 국제기구에 대해 알아보는 게임이다. 『세계를 움직이는 국제기구』라는 책을 읽고 게임을 할 수 있다. 이 책에는 세계 국제기구를 평화와 협력을 위한 국제기구, 경제 발전을 위한 국제기구, 스포츠와 건강을 위한 국제기구, 인권 보호를 위한 국제기구, 환경과 문화를 위한 국제기구 등 다섯 가지로 분류하여 소개한다. 젠가 게임 규칙을 그대로 따르며, 게임을 하면서 다양한 국제기구의 이름과 활동 내용을 알 수 있다.

관련 도서

『세계를 움직이는 국제기구』
박동석 지음, 전지은 그림, 봄볕, 2015

준비물

대형 젠가, 국제기구 카드

진행 방법

1. 학생들은 『세계를 움직이는 국제기구』를 읽는다.
2. 두 팀으로 나눈 뒤 팀별로 한 사람씩 돌아가며 카드를 뒤집어 나온 국제기구 카드의 이름을 읽는다.
3. 자신이 뒤집은 카드의 국제기구가 어떤 종류의 국제기구인지 이야기한다.
4. 자신이 고른 국제기구의 종류에 해당하는 젠가 나무토막을 뺀다.
5. 뺀 나무토막은 위로 올린다.
6. 돌아가면서 같은 방식으로 계속 진행하다가 젠가를 쓰러트린 팀이 진다.

| 젠가 색깔별 국제기구 종류 |

인권 보호를 위한 국제기구 (파랑)	국경없는의사회/유엔아동기금/국제노동기구
평화와 협력을 위한 국제기구 (빨강)	유엔/유럽연합/유엔교육과학문화기구/국제원자력기구
경제 발전을 위한 국제기구 (노랑)	국제통화기금/경제협력개발기구/세계무역기구/세계은행
스포츠와 건강을 위한 국제기구 (초록)	국제올림픽위원회/국제축구연맹/세계보건기구
환경과 문화를 위한 국제기구 (주황)	그린피스/녹색기후기금/국제커피기구

사진으로 보는 책놀이

1. 낮은 학년용 게임 카드

2. 높은 학년용 게임 카드

3. 자신이 뽑은 국제기구카드에 해당하는 나무토막을 뺀다.

선생님을 위한 도움말

- 국제기구의 역할과 기능을 이해할 수 있도록 사전에 책 읽기 활동이나 교사가 설명해 주는 활동이 필요하다.
- 국제기구 카드는 낮은 학년용과 높은 학년용으로 나누어 제작한다. 낮은 학년용은 카드 바탕에 국제기구 종류의 색깔을 넣어 힌트를 주고 높은 학년용은 글자 색에 색깔을 넣어 힌트를 준다.
- 교사는 학생들이 자기가 뒤집은 카드에 적힌 국제기구의 이름과 종류를 꼭 읽어서 국제기구에 대해 이해할 수 있도록 지도한다.

보드게임 | 초등 | 초등 3~4

알쏭달쏭 한식 퀴즈 놀이

박영혜 서울 청계초 사서교사

적정 인원 : 2명 이상 | 소요 시간 : 15~20분 | 난이도 ★☆☆☆☆

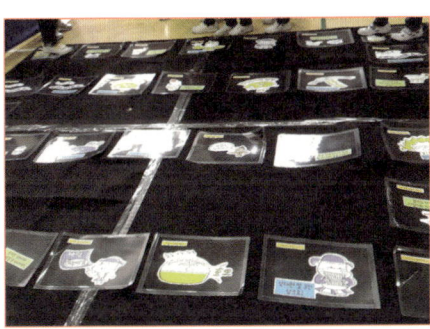

프로그램 소개

도서실 축제 때 활용한 대형 보드게임으로, 아이들과 『얼쑤 우리 명절, 별별 세계 명절』 책 가운데서 한식 부분을 읽고 하는 놀이다. 한식에 대한 갖가지 퀴즈를 담은 보드게임판을 넓게 펼치고 퀴즈를 풀면서 자연스럽게 한식에 대한 지식을 습득할 수 있다.

관련 도서

『얼쑤 우리 명절, 별별 세계 명절』

차태란 지음, 홍수진 그림, 해와나무, 2011

준비물

보드게임판, 주사위

진행 방법

1. 『얼쑤 우리 명절, 별별 세계 명절』 책을 읽는다.
2. 두 명에서 네 명을 한 팀으로 모둠을 나눈다.
3. 팀별로 한 사람씩 나와 주사위를 던진다.
4. 주사위를 던져 나온 수만큼 이동하며 도착하는 칸의 문제를 푼다.
5. 문제는 ○×문제로 답을 맞히면 우리 팀 말이 앞으로 한 칸, 못 맞히면 상대 팀 말이 앞으로 한 칸 이동한다.

    문제 예시)
    - 한식은 우리나라 4대 명절 중 하나다. (O, X)
    - 한식으로 쑥 요리, 메밀국수 등을 먹었다. (O, X)

6. 먼저 도착점에 닿는 팀이 이긴다.

선생님을 위한 도움말

- 한식의 의미와 유래를 알 수 있도록 사전 독서를 실시한다.
- 책을 읽고 누구든지 풀 수 있는 문제를 출제하여 게임을 진행한다.

보드게임   초등   초등 2~3

그래프 놀이

박영혜 서울 청계초 사서교사

적정 인원 : 5~6명씩 모둠으로 나누어 한 학급도 가능함
소요 시간 : 10~20분 | **난이도** ★★★☆☆

프로그램 소개

그래프의 개념을 배울 수 있는 놀이이다. 그래프는 초등 2, 3학년 과정에서 간단히 다루고 있어서 교과와 연계하여 할 수 있는 책놀이다. 단순한 연산과 달리 자료를 분석하고 알기 쉽게 표현하는 등 복합적인 사고력이 필요하기 때문에 학생들이 어렵게 느끼는 경우가 많다. 학습하기보다 단순한 놀이를 통해 친구들과 놀 듯이 그래프를 만들어 본다면 훨씬 더 쉽고 재미있게 그래프의 개념을 이해하게 될 것이다.

관련 도서

『그래프 놀이』

로렌 리디 지음, 천정애 옮김, 미래아이, 2006

준비물
그래프 놀이 책, 주사위, 그래프판, 색깔칩, 숫자칩

진행 방법
1. 그래프 놀이 책을 읽는다.
2. 모둠원들은 숫자칩(주사위를 던져서 나올 수 있는 숫자 1~6)을 하나씩 고른 후 그래프판에 붙인다.
3. 색깔칩을 한 묶음씩 갖는다.
4. 주사위를 던져 자신이 선택한 숫자가 나오면 자신의 색깔칩 하나를 그래프판에 붙인다.
5. 다른 사람이 주사위를 던졌을 때 자신이 선택한 숫자가 나오면 자신의 색깔칩 하나를 그래프판에 붙일 수 있다.
6. 제한 시간 동안 가장 높이 색깔칩을 올린 사람이 이긴다.
7. 그래프 놀이 후 우리가 만든 그래프가 어떤 그래프가 되었는지 이야기해 본다.
8. 그래프는 무엇인지, 그래프를 만들면 어떤 점이 좋은지 등을 함께 이야기 나눈다.

사진으로 보는 책놀이

1. 주사위를 던진다.

2. 주사위를 던져 자신이 선택한 숫자가 나오면 색깔칩을 그래프판에 붙인다.

3. 그래프 놀이 도구

4. 완성된 그래프의 모습

선생님을 위한 도움말

- 게임을 하다 보면 자연스럽게 그래프가 만들어지고 그래프의 의미를 이해할 수 있다.
- 초등 2, 3학년에게 적합한 활동이다.
- 그래프판은 판자석에 A4용지를 프린트해서 붙여 제작하고, 색깔칩이나 숫자칩도 판자석을 이용하여 만들어 그래프판에 칩이 붙을

수 있도록 한다.
- 그래프 놀이 후 학생들이 직접 반 친구들을 대상으로 설문조사를 실시하고 그래프를 만들어 보는 것도 좋은 활동이다.

    설문조사 주제 예시)
    우리 반 친구들이 가장 좋아하는 계절은 무엇일까? / 우리 반 친구들이 가장 좋아하는 과목은 무엇일까?

보드게임 　　　　　　　　　　　　　　　　초등　초등

무지개를 만들어라

박영혜 서울 청계초 사서교사

적정 인원 : 24~30명(6~7모둠) | 소요 시간 : 10~20분

난이도 ★★★☆☆

프로그램 소개

학생들이 차이와 다름, 다양성을 이해하게 해 주려고 만들었다. 각 모둠별로 나누어 준 카드를 이용해서 무지개를 만드는 게임이다. 무지개는 일곱 가지 색깔이 모두 있어야 무지개라고 말할 수 있듯 우리 지구도 다양한 사람들이 다양한 모습으로 조화를 이룰 때 아름다운 지구가 될 수 있음을 알려준다.

관련 도서

『무지개 아줌마』

닐 그리피스 지음, 주디스 블레이크 그림, 김진선 옮김, 이숲, 2013

준비물

무지개 카드(빨주노초파남보 카드)

진행 방법

1. 『무지개 아줌마』 책을 읽는다.
2. 일곱 모둠으로 나눈다.
3. 모둠별로 한 가지 색깔의 무지개 카드를 나눠준다.
4. 한 사람이 여섯 장 정도 나눠 갖게 한다. 예를 들면 1모둠에게 빨간색 카드를 주었다면 모둠원들은 빨간색 카드를 여섯 장씩 갖는다.
5. 5분 동안 돌아다니며 만나는 사람들과 가위바위보를 한다.
6. 가위바위보에서 진 사람이 이긴 사람에게 주고 싶은 카드를 준다.
7. 제한 시간 동안 다양한 색깔의 카드를 모으도록 노력한다.
8. 시간이 종료되기 전에 카드가 다 없어지면 자리에 가서 앉는다.
9. 시간이 모두 종료된 후 모둠끼리 모여 무지개를 만들어 본다.
10. 무지개를 더 많이 만든 모둠이 이긴다.
11. 게임 종료 후 교사는 게임의 의미에 대해 설명한다.

선생님을 위한 도움말

- 무지개 카드는 색종이를 이용하여 만든다.
- 학급당 인원수에 따라 적절하게 무지개 카드를 나눠주되, 색깔은 한두 가지에 한정해서 배부하도록 한다.
- 무지개 카드 게임의 진행 상황을 보고 아이들이 다양한 색깔을 가지고 있지 못할 때는 교사가 적절히 조절하여 게임을 유도할 수 있다. 예를 들어 "지금부터 10초간 빨간색 카드 세 장을 가지고 오면

보라색 카드로 바꿔 살 수 있어요" 등과 같이 제안할 수 있다.
- 『무지개 아줌마』외에도『지구가 100명의 마을이라면』(데이빗 J. 스미스 지음, 셸라 암스트롱 그림, 노경실 옮김, 푸른숲주니어, 2011)과 같은 세계 시민, 다름, 다양성을 주제로 한 책의 독후활동으로 이 게임을 활용할 수 있다.
- 가위바위보를 할 때는 소란스러워질 염려가 있으므로 침묵의 가위바위보를 하도록 한다.

보드게임 | 초·중·고 **중고등**

책벌레 스머프 사다리게임

김혜연 인천 강화여고 사서교사

적정 인원 : 2~6인 | 소요 시간 : 20분 | 난이도 ★☆☆☆☆

프로그램 소개

기존의 스머프 사다리게임을 변형해 독서활동과 연계할 수 있는 내용으로 재구성해서 만든 프로그램이다. 지시어나 질문의 내용을 책이나 도서관 관련 내용으로 변경하여 사용할 수 있다.

준비물

게임판
컬러프린트, 코팅지, 게임 방법 안내문, 게임용 말 출력을 위한 머메이드지, 게임에서 우승한 학생에게 주는 선물(기본 사탕부터 문구류, 생활용품 등 다양하게 구성)

진행 방법

1. 2~6명이 동시에 참여할 수 있다.
2. 주사위를 던져서 나온 수만큼 이동하되, 사다리 또는 미끄럼틀을 만나면 올라가거나 내려가야 한다.
3. 가가멜 얼굴 칸에 도착하면 〈책 읽는 가가멜〉 카드를 뒤집어서 퀴즈에 대한 답을 맞힌 후 미션대로 이동한다.

'책 읽는 가가멜 카드 앞면'

'책 읽는 가가멜 카드 뒷면'

※ 기존의 가가멜 카드의 질문을 책과 도서관 관련 질문으로 수정했다.

4. 파파 스머프 얼굴 칸에 도착하면 이동한 수만큼 똑같이 이동한다.
5. 아지라엘(고양이) 칸에 도착하면 한 번 쉬어야 한다.
6. 가장 먼저 책벌레 스머프에게 도착하면 승리!

선생님을 위한 도움말

- '게임용 스머프 말'은 머메이드지(약간 두꺼운 종이)에 출력한 후 잘라서 점선을 따라 접어 뒤쪽을 테이프로 고정하면 게임에 활용할 수 있다.
- '가가멜 카드'의 질문을 책이나 도서관과 관련된 질문으로 수정해서 활용한다.

보드게임 중고등 고등

당신의 책을 가져오세요!

류지명 소명중고 교사

적정 인원 : 3~8인(5~6인 추천) | 소요 시간 : 30~40분 | 난이도 ★☆☆☆☆

프로그램 소개

'당신의 책을 가져오세요!'는 책을 통해 상대방의 성향과 생각을 알아가는 소통 게임이다. 이 게임에 참여하는 모든 사람은 책을 한 권씩 가져와야 한다. 어떤 종류의 책이어도 상관없지만, 게임을 재미있게 하기 위해서는 글밥이 많은 소설책을 추천한다. 책 속에서 상대방이 원하는 대답을 가장 많이 찾는 사람이 승리하는 게임이다.

준비물

한 사람당 책 한 권, 질문카드, 초시계

진행 방법

1. 게임 참가자들은 각자 자신의 책을 한 권 가져온다.

2. '당신의 책을 가져오세요!' 질문카드를 잘 섞은 뒤 뒷면이 보이게 테이블 가운데에 카드 더미를 쌓아놓는다.

3. 가장 최근에 장편소설을 읽은 사람이 문제 출제자가 되어 게임을 시작한다. 문제 출제자는 초시계를 준비한다.

4. 테이블 가운데에 있는 카드 더미에서 질문카드 한 장을 가져온다. 질문카드에 있는 두 가지 질문 중 마음에 드는 질문을 나머지 사람들에게 말한다. 만약 질문카드의 질문이 마음에 들지 않는다면, 가져온 카드를 카드 더미 맨 아래에 넣고, 다시 위에서 질문카드를 가져온다.

5. 문제 출제자가 질문을 말하면, 나머지 사람들은 자신의 책 속에서 질문의 정답이라고 생각되는 '단어' 또는 '짧은 문장'을 찾는다.

6. 가장 먼저 단어 또는 짧은 문장을 찾은 사람은 '찾았다!'라고 외친다. 문제 출제자는 초시계로 1분의 시간을 잰다.

7. 나머지 사람들은 1분 동안만 질문의 답을 찾을 수 있다. 1분이 지난 후에도 찾지 못했다면, 책의 페이지를 무작위로 펼친 후 아무 단어 또는 짧은 문장을 선택한다.

8. 문제 출제자의 왼쪽에 있는 사람부터 자신이 찾은 정답을 간단한 설명과 함께 말한다.

9. 문제 출제자는 모든 답을 들은 후 가장 마음에 드는 답을 말한 사람에게 질문카드를 준다.

10. 문제 출제자의 왼쪽에 있는 사람이 새로운 문제 출제자가 되어 4~9번의 과정을 반복한다.

11. 누군가 질문카드 두 장을 받았다면, 모든 사람은 자신의 책을 왼편으로 넘긴다.

12. 네 장의 질문카드(6~8인이 게임할 경우)나 다섯 장의 질문카드(3~5인이 게임할 경우)를 받은 사람이 승리한다.

사진으로 보는 책놀이

1. 질문카드 앞면

2. 질문카드 뒷면

3. 카드에 있는 두 질문 중 하나를 나머지 사람들에게 말한다.

선생님을 위한 도움말

- 질문카드는 직접 제작할 수 있다. 간단하게 A4용지를 카드 사이즈로 잘라서 사용하거나 보드게임 제작용 카드 보강재 백지(https://goo.gl/eCQHYy)를 구입하는 방법이 있다.
- 질문카드 한 장에 두 개의 질문을 넣는다. 카드 앞면에는 두 질문의 위치가 반대가 되게 넣고, 뒷면에는 간단한 그림을 넣거나 게임 이름인 '당신의 책을 가져오세요(bring your own book)'라는 문구를 넣는다.
- 질문카드를 아이들과 함께 만들어 보자. 아이들이 직접 만든 다양한 질문카드를 가지고 게임을 즐겨도 좋다.
- 책뿐만 아니라 신문이나 잡지로 게임을 할 수도 있다.
- 좀 더 민주적인 규칙으로 게임을 해보는 것도 좋다. 참가자들이 출제자가 낸 문제에 대한 답을 말하는 것까지는 같다. 단, 1분의 시간

이 지난 뒤 문제 출제자가 "3, 2, 1, 투표하세요!"라고 말하면, 문제 출제자를 포함한 모든 사람이 가장 적절하다고 생각하는 단어 또는 문장을 말한 사람을 선택한다. 가장 선택을 많이 받은 사람이 카드를 받는다. 비겼다면, 문제 출제자가 적합한 사람을 정한다.

보드게임 　　　초·중·고　초등~중등

너도? 나도!

류지명 소명중고 교사

적정 인원 : 3~12인 (6~8인 추천) | 소요 시간 : 15~20분 | 난이도 ★☆☆☆☆

프로그램 소개

'너도? 나도!'라는 시판 보드게임을 응용한 게임으로, 한 가지 제시어와 관련해 서로의 생각과 관심사를 알아볼 수 있다. 예를 들어, '동화책'이라는 주제카드가 공개되면, 모든 참가자는 '동화책' 하면 떠오르는 단어 여덟 가지를 종이에 적는다. 그런 다음 순번을 정해 한 명씩 단어를 큰 소리로 외친 뒤 같은 단어를 쓴 사람은 손을 든다. 손을 든 인원수에 따라 점수를 얻는 방식으로 게임한다. 총 3라운드로 진행하며, 각 라운드당 점수를 합산해 총점이 가장 높은 사람이 승리한다. 이 게임에서 주제카드를 책 제목, 도서관 이용 규칙 등으로 바꾸면 독서활동 및 독서이용교육용 보드게임으로 활용할 수 있다.

준비물

필기도구, 주제카드, 단어를 쓸 종이

| 단어를 쓸 종이 예시 |

이름 : 박○○   총점 : 34

1라운드 제시어 : 주머니

1	동전	1
2	머리핀	1
3	핸드폰	3
4	명함	0
5	립스틱	2
6	사탕	3
7	껌	0
8	메모지	1

1라운드 합계	11

2라운드 제시어 : 도서관

1	책	4
2	사서	3
3	분류기호	0
4	책상	0
5	의자	0
6	게시판	0
7	검색대	0
8	서가	2

2라운드 합계	9

3라운드 제시어 : 디저트

1	케이크	4
2	과자	1
3	커피	2
4	아이스크림	2
5	과일	3
6	떡	2
7	젤리	0
8	사탕	0

3라운드 합계	14

진행 방법

1. 종이에 가로 두 칸, 세로 여덟 칸짜리 표를 세 개 그린다. 가로 두 칸 중 한 칸은 단어나 짧은 문장을 적을 수 있을 만큼 넓게 그리고, 나머지 한 칸은 점수를 적을 수 있는 정도의 크기면 된다.
2. 주제카드 한 장을 공개한다.
3. 모든 참가자는 주제카드에 적힌 제시어를 보고 연상되는 단어 여덟 가지를 표에 적는다.

4. 모두가 작성을 마쳤다면, 순서를 정한 뒤 첫 번째 사람부터 여덟 개를 하나씩 읽는다.
5. 첫 번째 사람이 단어를 말했을 때, 표에 같은 단어가 적힌 사람은 모두 손을 들어 표시한다. 손을 든 사람들은 모두 손을 든 사람 수만큼의 점수를 얻는다. 만약 첫 번째 사람이 말한 단어를 아무도 적지 않았다면, 해당 점수는 0점이다.
6. 첫 번째 사람이 여덟 개의 단어 발표를 모두 끝내면, 다음 사람이 발표한다.
7. 모든 사람의 발표가 끝나면 이번 라운드가 종료되고, 자신이 받은 점수를 합산한다.
8. 2~7번의 순서로 모두 3라운드의 게임을 진행하고, 총점이 가장 높은 사람이 승리한다.

선생님을 위한 도움말

- 아이들이 주제를 정하기 어려울 때는 미리 쉬운 주제를 준비한다.
- 한 사람당 여덟 개의 단어를 모두 발표하는 것이 지루하다면, 각자 하나씩 돌아가면서 자신이 적은 것을 발표하게 해보자. 기다리는 시간을 줄일 수 있다.
- 이 게임을 통해 자신이 알고 있는 것, 경험한 것을 다른 사람들과 나누는 경험을 할 수 있다. 하지만, 책놀이를 위해 주제와 관련된 단어를 책 속에서 찾는 활동으로 바꿀 수 있다.
- 이 게임은 적힌 단어가 정확히 같아야 점수를 받을 수 있다. 단, 복수형의 표현은 정답으로 인정한다.

   예) '책상'과 '책상들'은 같은 단어로 봄.

보드게임 | 초·중·고 | 초등 3~4

책 폭탄!

이해정 강원 양구초 사서교사

적정 인원 : 5~6명 | 소요 시간 : 15~20분 | 난이도 ★★☆☆☆

프로그램 소개

책 제목을 활용한 놀이. 머리로는 내가 알고 있는 책 제목을 어떻게 사용할까 생각하고, 몸은 활발히 움직이는 게임이다. 학생들에게 독후활동에 대한 기존의 정적인 이미지 대신 즐겁고 활기찬 이미지를 심어줄 수 있으며, 책에 대한 흥미와 관심을 높일 수 있다. 5~6명이서 하기 좋은 놀이이다.

준비물

책 표지 1장(발 한쪽이 들어갈 수 있는 크기로 준비)

사전 준비

1. 교사는 아이들을 5~6명 내외의 모둠으로 나눈다.

2. 모둠별로 책 표지 한 장을 나눠준다.

3. 책 표지를 테이프로 바닥에 고정시킨다.

진행 방법

1. 모둠원들은 간단한 게임을 통해 순서를 정한다(가위바위보, 제비뽑기, 복불복 등에서 선택).

2. 처음으로 뛰는 사람은 책 표지(발판)를 밟는 순간 책 제목의 첫 글자를 외치고 책 표지를 벗어나 다른 한 발을 움직일 때 다음 글자를 외친다. 이렇게 책 제목의 글자 수만큼 발을 움직이면서 발이 땅에 닿을 때마다 한 글자씩 외친다.

3. 두 번째에서 여섯 번째로 뛰는 사람도 같은 방법으로 움직이되, 처음으로 뛴 사람을 피해서 뛰는 것이 유리하다.

4. 처음 뛴 사람부터 술래가 되어 자기가 멈춘 자리에서 자신이 알고 있는 책 제목을 한 글자씩 외치며 한 발씩 움직인다. 발을 움직이면서 다른 사람을 공격할 수 있다(이때 공격은 다른 사람의 발을 밟는 것이 아니라 옆에서 미는 것이다).

5. 공격은 책 제목을 다 외칠 때까지 가능하다.

6. 처음 뛴 사람이 한 글자씩 외치며 한 발씩 이동할 때마다 다른 모둠원도 한 발씩 공격을 피해 이동할 수 있다.

7. 상대가 처음 뛴 사람의 공격을 받아서 발을 부딪치면 아웃이고, 피해서 부딪치지 않으면 살아남는다.

8. 다음은 두 번째로 뛴 사람이 공격을 시작하고, 차례로 여섯 번째로 뛴 사람까지 공격을 하는데 이미 공격을 받아 아웃된 사람은 제외하고 게임을 진행한다.

9. 마지막까지 살아남는 사람이 이기며, 다음 게임은 마지막까지 살아남은 순서대로 진행한다.

사진으로 보는 책놀이

1. 책 표지로 발판 준비
2. 처음 뛰는 사람이 발판에서 한 발씩 움직이며 책 제목을 한 글자씩 외친다.
3. 모둠원들이 뛰었던 순서대로 돌아가며 한 발씩 공격할 수 있다.
4. 한 명씩 공격할 때마다 나머지 모둠원들도 한 발씩 피할 수 있다.

선생님을 위한 도움말

- 책 표지는 학생들이 밟았을 때 찢어지지 않도록 코팅해서 쓴다.
- 책 표지를 밟을 때 테두리를 밟지 않으며, 시작할 때만 밟고 다시 밟지 않는다.
- 운동장이나 체육관 등 장애물이 없는 곳에서 하는 것이 안전하다.
- 술래는 한 글자로 된 책 제목을 짧고 강하게 외치며 기습 공격을 할 수 있다.
- 공격할 때 과격하게 서로의 발을 밟지 않도록 주의를 준다.
- 책 제목이 긴 걸 외치게 되면 더 많은 공격을 할 수 있고 글자를 외치는 시간 간격을 조정하여 공격의 재미를 더할 수 있다.

보드게임   `초등~중등` `중등`

위인 스무고개

심재천 속초중 사서교사

적정 인원 : 학급 전체(모둠별로 4~5명) | 소요 시간 : 15분

난이도 ★★☆☆☆

프로그램 소개
자신의 등 뒤에 붙은 위인의 이름을 친구들의 도움으로 맞히는 게임으로 게임을 하는 과정에서 친구들끼리 친밀감을 높이고, 위인에 대한 새로운 생각과 지식을 쌓을 수 있다.

준비물
펜, 투명테이프, 수준별 위인 이름 카드

사전 준비
1. 교사는 학생들에게 게임 규칙 및 게임에 적합한 질문과 대답에 대해 설명한다. 예시 스무고개를 함께 해 봐도 좋다.

2. 게임을 할 때 일부 학생들에게 질문이 집중되거나 소외되는 학생이 없도록 교육한다.
3. 친분에 따라 정답 또는 오답을 말해주거나 성의 없이 답하지 않도록 지도한다.

진행 방법

1. 역사적인 인물의 이름 카드를 학생 수대로 준비한다.
2. 교사는 학생들이 본인 등 뒤의 위인 이름을 보지 못하게 이름 카드를 부착한다.
3. 학생들은 각자 친구에게 정답을 유추할 수 있는 질문을 한다.
4. 상대 친구는 '예/아니오'로만 대답할 수 있다.
5. 정답을 모를 경우 'Pass'라고 대답한다.
6. 친구를 바꿔가며 질문과 답을 주고받는다.
7. 정답에 확신이 선 학생은 교사에게 와서 정답을 말한다. 정답인 경우에는 통과, 정답이 아닌 경우에는 다시 시도한다.

사진으로 보는 책놀이

1. 위인들의 이름 카드

2. 등 뒤에 이름 카드를 붙인다.

3. 학생들은 각자 친구에게 정답을 유추할 수 있는 질문을 한다.

선생님을 위한 도움말

- 과목별, 시대별, 대륙별 혹은 수준별로 위인 이름과 수준을 달리하여 위인 이름 카드를 작성해 활용할 수 있다.
- 정답을 정하지 못한 상황에서 수시로 교사에게 답을 확인하는 학생이 종종 있으므로 정답 확인 횟수에 따라 패널티를 부여하는 방법이 필요하다.
- 학생 수준에 따라 낱말카드를 사용하거나 빈 종이에 학생들이 낱말을 직접 적게 하는 방법 등을 활용할 수 있다.
- 위인뿐만 아니라 과목별로 단원 마무리 평가 시 핵심 낱말을 활용할 수도 있다.
- 카드를 바꿔 붙여가며 두세 번 같은 게임을 진행할 수 있다.

보드게임

띠빙고

오정연 횡성성북초 사서교사

적정 인원 : 학급 전체(모둠별로 4~5명) | 소요 시간 : 10~15분

난이도 ★★★☆☆

프로그램 소개

흔히 알고 있는 빙고 게임의 변형이다. 4×4, 5×5칸의 정사각형 빈칸을 지워가는 게임이 아니라, 6×1, 8×1 등 띠 모양으로 한 줄로 된 빈칸을 채우고, 끝에서부터 호명된 칸을 찢어나가는 학습용 빙고 게임이다. 책을 원작으로 한 영화(또는 애니메이션) 제목'을 주제로 게임을 진행하여 원작이 된 책에 대한 관심을 유발하고, 책과 영화를 비교하여 살펴보게 할 목적으로 기획했다. 학생들이 알아서 빈 칸을 채우게 하면 빙고 칸을 작성할 때 범위가 너무 넓어지므로 게임 진행이 힘들 수 있으니, 칠판에 예시 몇 개를 적어서 그중 마음에 드는 것을 적게 하거나 교사가 미리 작성해 배부하면 좋다.

준비물

띠빙고 활동지(종이), 필기도구

사전 준비

책을 원작으로 한 영화 제목 여덟 개가 적힌 띠빙고 활동지를 학생 한 명당 하나씩 준비한다.

진행 방법

1. 학생 한 명당 하나의 띠빙고 활동지를 나눠준다.
2. 기존의 빙고게임처럼 교사(출제자)가 책 제목을 부른다.
3. 호명한 책 제목이 좌우, 양 끝에 해당한다면 찢어낸다. 이때 가운데에 있는 책 제목은 절대 찢을 수 없으며, 반드시 양옆 제일 끝에 있는 책 제목만 찢을 수 있다.
4. 양옆의 책 제목을 다 찢고, 마지막 한 개의 책 제목만 남은 사람이 빙고를 외치며 게임이 끝난다.

사진으로 보는 책놀이

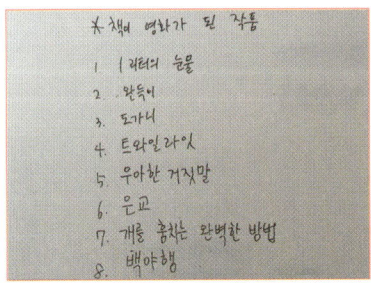

1. 책을 원작으로 한 영화 제목을 함께 이야기하고 칠판이나 A4용지에 적는다.

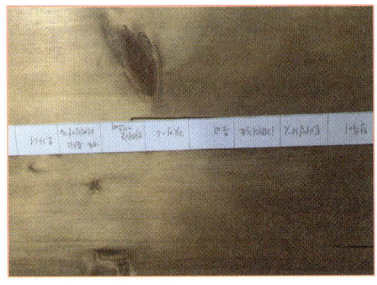

2. 학생 1인당 한 줄의 띠빙고 종이를 받고 책을 원작으로 한 책 제목으로 빈 칸을 채운다.

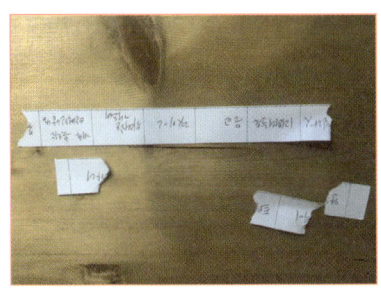
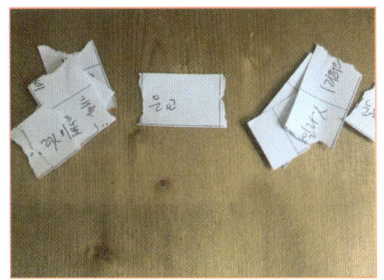

3. 호명되는 좌우 양옆의 책 제목을 찢는다. 반드시 양옆 제일 끝에 있는 칸(책 제목)만 찢을 수 있다.

4. 마지막 한 개의 책 제목만 남은 사람이 빙고를 외치며 게임이 끝난다.

선생님을 위한 도움말

- 활동 주제 및 목적에 따라 빙고 칸의 개수(6~8칸 등)를 자유롭게 조절할 수 있다.
- 활동지의 빙고 칸 내용은 학생 스스로 작성해도 좋다.
- 책 제목 호명은 꼭 교사가 하지 않고, 모둠의 대표나 번호를 정해 돌아가면서 학생들이 직접 해도 된다.
- 양 끝의 제목만 뜯어낼 수 있는 특성 때문에 게임이 자칫 지루하게 흘러갈 수도 있다. 상황에 따라 게임 시간을 줄이고자 할 때는, 학생들이 자신의 빙고 칸에 같은 책 제목을 겹치게(중복되게) 적는다. 이때 교사는 이를 염두에 두고, 책 제목을 호명할 때 같은 제목을 딱 한 번만 부르지 않고, 가끔 중복해서 부른다. 예를 들어 '완득이'를 교사가 호명할 때 학생이 가진 활동지의 가운데에는 '완득이'가 있어도 찢을 수 없고 양 끝에 있을 때만 찢어낼 수 있는데, 이러다 보면 많은 시간이 소비된다. 학생들도 자신의 활동지에 '완득이'를 중복해서 적을 수 있고, 교사도 중복해서 부른다면 게임을 빠르게 진행할 수 있다.

- '영화의 원작인 책 제목' 대신 '수업시간에 함께 읽은 책 내용의 키워드', 도서관 이용수업 시 '도서관 물품' 또는 '십진분류표' 등 교사의 수업 및 활동 주제에 따라 변형하여 활용할 수 있다.

보드게임 　　　　　　　　　초·중·고　초등 5~6

도서관 브루마블

김동하 배화여고 사서교사

적정 인원 : 최대 4명 | 소요 시간 : 30분 | 난이도 ★★★☆☆

프로그램 소개

도서관을 건설하는 브루마블 게임을 통해 도서관과 책에 대한 친밀감을 높일 수 있다. 게임을 하면서 서가 분류 등 도서관 이용법에 대해 알게 되며, 읽었던 책을 다시 상기해 볼 수 있다. 또한, 다양한 책을 활용함으로써 독서에 대한 흥미와 동기 유발이 가능하다. 이 게임의 목적은 관련 책을 다 읽는 것이 아니라 게임을 통해 그 책을 잠깐이라도 궁금하게 여기는 것이다. 학생들이 책을 읽거나 문제를 푸는 것에 대한 부담을 느끼지 않도록 정답을 찍어도 되고, 틀려도 된다는 것을 미리 알리고 게임을 진행한다. 2~4명에서 하기 좋은 게임이다.

준비물

도서관 브루마블판, 도서관건설카드, 정답카드, 말, 주사위

(※출력하여 쓸 수 있는 브루마블판, 도서관건설카드, 정답카드, 말 예시 별첨 404쪽 부록8 참고)

진행 방법

1. 말들(4인 기준)을 출발 지점에 올려놓는다.
2. 주사위를 굴려 나온 숫자만큼 말을 이동한다.
3. 도착한 칸에 있는 문제를 지시에 따라 해결한다.
4. 칸에서 지시한 대결에서 이기거나 문제를 맞혔을 경우, 도서관건설카드를 칸 위에 놓아 도서관을 건설한다.
5. 문제의 정답은 정답카드를 뒤집어 확인한다.
6. 대결에서 졌거나 문제를 맞히지 못했을 경우, 도서관건설카드를 놓을 수 없다.
7. 도서관이 이미 건설된 칸에는 도서관을 다시 지을 수 없다. 이 경우 다음 사람이 바로 주사위를 던지면 된다.
8. 모든 칸에 도서관이 놓일 때까지 게임을 계속한다.
9. 도서관을 제일 많이 건설한 사람이 게임에서 이긴다.

사진으로 보는 책놀이

  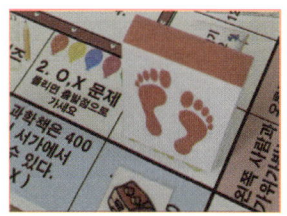

1. 브루마블판, 도서관건설카드, 정답카드를 준비한다.
2. 주사위를 굴려 나온 숫자만큼 이동해, 도착한 칸에 있는 문제를 해결한다.
3. 문제를 맞히면 도서관건설카드를 칸 위에 놓아 도서관을 건설한다.

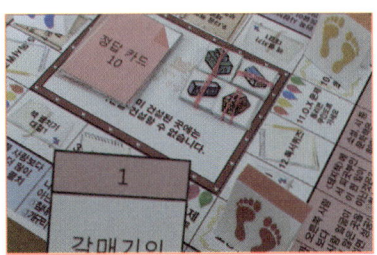
4. 정답은 정답카드를 뒤집어 확인한다.

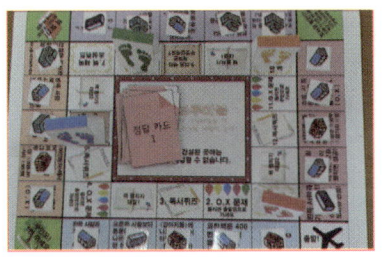
5. 모든 칸이 다 찰 때까지 게임해 도서관을 제일 많이 지은 사람이 이긴다.

선생님을 위한 도움말

- 도서관건설카드와 말을 인원수대로 만들면 더욱 많은 학생이 함께 게임할 수 있다.
- 브루마블 모서리 칸(4개)과 '건설한 도서관 중 하나가 문을 닫았습니다' 칸은 도서관이미지카드를 놓지 못하는 칸이므로, 승리 여부는 그 칸을 빼고 결정한다.
- 책 펼치기 대결에서 사용할 책은 꼭 비슷한 주제의 책이 아니어도 된다. 예를 들어 글이 전부인 책과 그림책으로 대결을 하게 되면, 동물이 많이 나온 면을 펼쳐야 할 때 그림책을 펼치는 학생이 이길 확률이 높으니, 글밥이나 그림의 양이 서로 비슷한 책으로 대결하도록 한다.
- 브루마블에 나오는 책을 미리 준비해 두면, 어려운 문제의 힌트로 사용하거나 학생들이 직접 문제를 내는 활동을 해 볼 수 있다.
- 브루마블 칸의 내용을 변경하여 다양하게 진행할 수 있다.
- 게임의 변형으로, 도서관이 이미 건설된 칸에 도착해 미션을 성공하면, 기존의 도서관을 없애고 자신의 도서관을 건설할 수 있는 방법으로 게임을 진행할 수 있다.

보드게임 　　　　　　　　　　　　　　　　　초·중·고 중고등

두근두근 최고의 도서관

한지희 가정중 사서교사

적정 인원 : 학급 전체(모둠별로 4~5명) | 소요 시간 : 30분

난이도 ★★★★☆

프로그램 소개

책놀이를 통하여 자연스럽게 KDC 분류를 배우고, 다양한 책 표지와 책 소개를 통해 독서에 대한 흥미를 고취한다. 한 팀당 4~6명이서 하기 좋은 게임이다.

준비물

책 카드 100장(분류기호 000~900까지 각 열 장씩), 여분의 책 카드 두 장 (여섯 모둠으로 게임 시 사용)

(※카드 예시는 408쪽 부록9 참고)

사전 준비

1. 학생들을 모둠별로 나눈다.
2. 모둠명(도서관 이름)을 짓게 한다.
3. 책 카드를 모둠별로 나눠준다. 모둠별 인원수와 관계없이 모둠 수로 카드를 나눈다.

   예) 4모둠일 때 한 모둠당 25장씩, 5모둠일 때 한 모둠당 20장씩, 6모둠일 때 한 모둠에 17장씩 카드를 가지고 게임을 진행한다.
4. 모둠별 카드는 모둠원끼리 상의해서 전략적으로 나눠 갖는다.

진행 방법

1. 학생들은 음악에 맞춰 각자 자유롭게 돌아다니며 다른 친구를 만나 가위바위보를 한다.
2. 가위바위보에서 진 사람은 자신의 책 카드를 이긴 친구에게 보여준다.
3. 가위바위보에서 이긴 사람은 그중 자신의 도서관에 필요한 책을 고르고, 진 친구에게는 자기에게 필요 없는 책 카드를 한 장 준다.
4. 음악이 끝나면 다시 모둠별로 모여 책 카드가 분류별로 잘 모아졌는지 확인한다.
5. 모둠별로 획득한 책 카드를 발표하며 중간 점수를 계산한다. 한 분류번호에 10점, 모든 분류번호가 있는 모둠은 보너스 점수 50점을 추가로 받는다(총 150점).
6. 카드 뒷면에 점수 표시가 있는 책 카드를 가진 모둠은 보너스 점수를 계산한다. +(플러스)는 더하고, -(마이너스)는 뺀다. 이때 보너스 점수가 있는 책 카드가 어떤 카드인지 밝히지 않는다.

7. 책 카드에 적힌 기능 아이템을 사용한다.
   - 책 대출 : 아무 모둠의 책 카드 한 장을 교환 없이 가져온다.
   - 참고도서 : 책 대출 카드를 막을 수 있다.
   - 연체도서 : 아무 모둠의 플러스 점수카드를 무효화시킬 수 있다. 단 + 점수가 적힌 카드를 뽑았을 경우에만 효력을 발휘한다.
   - 책 반납 : 자기 모둠의 카드 중 마이너스 점수가 있는 카드가 있으면 다른 모둠에 줄 수 있다.
   - 상호대차 : 우리 모둠을 제외한 두 모둠의 카드 다섯 장을 서로 교환하게 할 수 있다.
8. 모둠별 책 맞추기 게임을 한다. 모둠별로 자신들이 가진 책 카드 중 하나를 선택해 "우리 도서관 이달의 도서입니다"라는 말로 책을 설명한다. 나머지 모둠에서는 그 책이 무슨 책인지 맞힌다. 맞히면 한 책당 20점씩 추가 점수를 얻는다.
9. 최종 점수를 계산해 최고의 도서관을 선정한다. 최고의 도서관에게는 선물과 칭찬의 박수를 보낸다.

사진으로 보는 책놀이

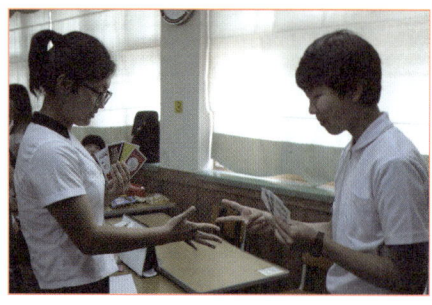

1. 가위바위보를 해 이기면 우리 도서관에 필요한 책을 가져온다.

2. 점수를 계산한다.

3. 책 카드에 적힌 기능 아이템을 사용한다.　　4. 최종 점수를 계산해 최고의 도서관을 선정한다.

선생님을 위한 도움말

- 게임할 때 점수 계산에 필요한 점수표와 'KDC 분류번호표'를 학생들 눈에 띄는 곳에 게시해 두면 게임을 더 원활하게 진행할 수 있다.
- 점수가 적은 모둠에게 교사(진행자)가 임의로 책 퀴즈를 내 추가 점수를 받을 수 있는 기회를 준다. '100개의 카드 중 가장 짧거나 긴 제목', '특정 저자의 책 제목', '특정 등장인물이 나오는 책 제목', '표지에 동물이 나오는 책 제목' 등 다양한 문제를 낼 수 있다.
- 게임을 약간 변형해 긴장감을 높일 수 있는 방법을 소개한다. 교사(진행자)는 게임 시작 시 100장의 책 카드 중 임의로 한 장을 고른다. 그 카드를 가진 모둠은 점수 계산 시 100점의 추가 점수를 받는다. 이렇게 하면 학생들은 개인별 가위바위보에서 그 카드를 얻으려고 더욱더 열중할 것이다. 해당 카드의 추가 점수는 진행자가 임의로 가감할 수 있다.

보드게임

가려진 너의 뒤에서

초·중·고 중고등

이현애 횡성여고 사서교사

적정 인원 : 학급 전체(모둠별로 4~5명) | 소요 시간 : 10~15분

난이도 ★★★☆☆

프로그램 소개

단계별로 하나씩 책에 대한 힌트를 보면서 책을 알아맞히는 과정을 통해 책 표지에 담겨 있는 서지사항을 좀 더 자세히 살펴보고, 책에 관심을 갖도록 한다. 가려진 책 표지를 뒤집을 수 있는 힌트를 먼저 가지는 팀이 유리하므로 사전 퀴즈의 역할이 중요하다. 모둠별 대표끼리 팔씨름 대회 등 다른 게임으로 대체해 진행할 수 있다. 한 팀당 4~5명에서 하기 좋은 게임이다.

준비물

책 표지가 숨겨진 PPT 10개 정도, 점수판('선생님을 위한 도움말' 참고)

사전 준비

1. 책 표지가 가려진 PPT를 준비한다.
2. 책 표지 위로 스무 조각의 퍼즐을 준비해 번호를 매겨 놓는다.

진행 방법

1. 책이나 도서관에 관한 기초 상식을 묻거나 미션을 준다.
   사전퀴즈 예시) 한국십진분류법, 도서관 용어, 긴 책 제목 맞추기, 시 암송 등
2. 가장 먼저 정답을 맞힌 모둠에게 책 표지가 숨겨진 PPT에서 번호판을 벗겨낼 기회를 준다.
3. 책 제목을 맞히면 다음 PPT를 가지고 게임을 하고, 정답을 맞히지 못했을 경우 1, 2번 과정을 반복한다.
4. 책 표지를 보고 정답을 맞힌 팀에게 해당하는 점수를 준다.
5. 다른 책 표지가 가려진 PPT를 가지고 2단계와 같은 방법으로 게임을 진행한다.
6. 책 표지를 가장 많이 맞힌 모둠이 게임에서 승리한다.

사진으로 보는 책놀이

1. PPT에 쓸 책 표지 이미지를 준비한다.

2. 책 표지를 덮은 번호판

3. 가장 먼저 정답을 맞힌 모둠에게 번호판을 벗겨낼 기회를 준다.

선생님을 위한 도움말

- 책 표지를 고를 때 제목이 가운데 있지 않고 다양한 위치에 있는 책을 고르면 아이들이 가려진 번호를 부를 때 좀 더 긴장감이 생길 수 있다.
- 교사가 아이들에게 읽히고 싶은 책과 너무 많이 알려진 책을 적절히 섞어 넣으면 교육적 효과를 높일 수 있다.
- 책을 읽은 아이가 있을 경우에는 짤막하게 책 소개를 부탁하고, 읽은 아이가 없을 경우에는 교사가 책 소개를 하면서 아이들에게 책에 대한 흥미를 유발한다.
- 점수판은 책 제목을 찾기 쉬운 것부터 어려운 것 순으로 최소 5점부터 최대 20점까지 5점 단위로 배정한다.

| 점수판 예시 |

문제 번호	책 제목	점수
1		5
2		10
3		15
4		20
5		20
6		10
7		20
8		15
9		10
10		5
점수 합계		130

보드게임 | 초등 | 초등 4~6

별난 주사위

정현정 홍천중 사서교사

적정 인원 : 5~6명 | 소요 시간 : 15분 | 난이도 ★☆☆☆☆

프로그램 소개

평소 즐겨 보지 않은 책과 가까이할 수 있고, 책과 관련된 용어를 익힐 수 있는 활동이다.

준비물

보드판(410쪽 부록10 참고), 미션을 부착한 주사위, 보드판에서 옮기는 말

진행 방법

1. 학생들에게 서가에서 책을 한 권씩 골라 오게 한다. 같은 주제의 책을 골라오게 해야 게임을 공평하게 할 수 있다.
2. 게임 순서를 정한다.

3. 첫 번째 사람이 주사위를 던져, 주사위 윗면에 나온 미션을 읽는다.

   주사위 미션 예)
   - 출판사의 글자 수만큼 이동하세요.
   - 10쪽 그림에 나와 있는 사람 수만큼 이동하세요.
   - 지은이의 글자 수만큼 이동하세요.
   - 제목의 글자 수만큼 이동하세요.
   - 차례에 나온 소제목의 수만큼 이동하세요.
   - 처음 등장하는 소제목의 글자 수만큼 이동하세요.
   - 책 표지에 있는 동물의 수만큼 이동하세요.
   - 20쪽을 펼쳐 물음표 수만큼 이동하세요.
   - 30쪽 마지막 줄에서 띄어쓰기 수만큼 이동하세요.

4. 학생들은 각자가 가진 책에서 해당하는 숫자를 확인한다.
5. 해당하는 숫자만큼 보드판에서 말을 이동한다. 주사위의 숫자가 10을 넘을 경우 한 자리 숫자로 한다. 예를 들어 13이 나오면 세 칸만 이동한다.

사진으로 보는 책놀이

1. 순번을 정해 주사위를 던진다.

2. 미션 주사위 윗면에 나온 미션을 읽는다.

3. 자신이 가진 책에서 해당하는 숫자를 확인한다.　　4. 해당하는 숫자만큼 보드판에서 말을 이동한다.

선생님을 위한 도움말

- 모둠별 주사위 미션을 다르게 하여 진행한 후 주사위를 바꾸어 해 볼 수도 있다.
- 매번 새로운 책을 가져와서 진행해도 된다.

보드게임

초·중·고 초등 4~6

같은 그림! 같은 마음!

이해정 양구초 사서교사

적정 인원 : 학급 전체(모둠별로 4~6명) | 소요 시간 : 15~20분

난이도 ★★☆☆☆

프로그램 소개

모둠에서 두 명씩 짝을 지어 하는 카드게임이다. 책에 있는 삽화 혹은 책 내용과 관련된 그림카드를 엎어놓고 순서를 정해 한 사람이 카드 한 장을 뒤집으면, 다른 한 사람이 나머지 카드 중에 한 장을 뒤집는다. 친구와 같은 그림카드를 찾으면 카드를 펼쳐놓고, 다른 카드를 고르면 뒤집어 놓는다. 게임을 통해 책에 있는 그림을 더 관심 있게 보게 되며, 책의 내용을 미리 파악해 볼 수 있다.

준비물

모둠별로 책 내용과 관련된 각기 다른 그림카드 12장씩 두 세트(예를 들어 다섯 모둠이면 총 120장의 카드)

진행 방법

1. 그림카드를 뒤집어 놓는다.
2. 두 명씩 짝을 지어 순서를 정하고 돌아가면서 카드를 뒤집는다. 그림카드가 다 뒤집어질 동안 어떤 말과 손짓도 하지 않는다.
3. 각 모둠에서 두 명씩 자기 순서가 되었을 때 한 명이 먼저 카드를 뒤집으면 다른 한 명이 같은 카드를 찾아 뒤집는다.
4. 두 장 모두 같은 카드면 그림이 보이게 뒤집어놓고, 다른 카드를 고르면 다시 원상태로 카드를 둔다.
5. 같은 방식으로 반복해서 게임을 진행한다.
6. 모든 그림이 보이게 먼저 뒤집은 모둠이 이긴다.

사진으로 보는 책놀이

1. 카드를 모둠별로 2세트(1세트당 12장씩) 준비한다.

2. 두 명씩 짝을 지어 한 명이 카드를 뒤집는다.

3. 다른 한 명이 같은 그림카드를 찾아 뒤집는다.

4. 가장 먼저 그림카드를 모두 뒤집는 모둠이 이긴다.

선생님을 위한 도움말

- 학생들이 그림을 직접 그려 만든 카드를 게임에 활용해도 된다.
- 학생들이 읽지 않은 새로운 책으로 게임을 할 경우 더 흥미롭게 진행할 수 있다.
- 카드 뒤집기를 반복하면서 카드 위치가 바뀌지 않도록 주의한다.
- 난이도에 맞게 카드 숫자와 책을 변형해도 된다. 예를 들면 10장씩 2세트, 15장씩 2세트로 조정할 수 있다. 단, 반드시 같은 카드가 한 세트 더 있어야 한다.
- 선생님이 박수나 종소리로 다음 순서를 알려준다.

보드게임 | 초·중·고 | 초등5~중등

책 카드 모으기

오은미 인천남고 사서교사

적정 인원 : 학급 전체(모둠별로 4~5명) | 소요 시간 : 15~20분

난이도 ★★☆☆☆

프로그램 소개
게임을 통해 책의 중요 내용을 알게 함으로써 책에 대한 관심과 흥미를 유발하고, 학생들의 도서 선택을 도울 수 있다. 한 학급 학생 혹은 12명 이상의 학생이 모여 하기 좋은 게임이다.

준비물
A4용지(이면지 활용 가능), 필기도구, 간단한 선물(사탕 등)

사전 준비
1. A4용지를 학생 수만큼 준비한다. A4용지 반 크기로도 가능하다.
2. 소개하고자 하는 책 목록을 준비한다.

3. 게임을 오래 진행하길 원하면 책 목록을 많이 준비하고, 짧은 시간 동안 진행하길 원하면 조금만 제시한다. 단, 책 제목이 카드의 수보다 많아야 한다.

예시) 카드 6장, 책 제목 10개를 제시하였고 10분 내외로 게임을 진행했다.

진행 방법

1. 종이를 6등분으로 접어 자른다. 게임을 오래 진행하려면 8등분 혹은 그 이상도 가능하다.
2. 자른 카드 여섯 장에 학생들 각자가 읽고 싶은 책 혹은 좋아하는 책 여섯 권을 쓴다.
3. 돌아다니며 가위바위보를 하여 이긴 사람이 진 사람의 책 카드 중 원하는 카드를 가져오고, 진 사람에게는 자신이 주고 싶은 카드를 하나 준다. 이때 진 사람이나 이긴 사람이나 카드의 수는 항상 여섯 장이다.
4. 같은 책 이름 카드 여섯 장을 모으면 승리한다.

사진으로 보는 책놀이

1. 종이에 자신이 읽고 싶은 책이나 좋아하는 책 여섯 권을 쓴다.

2. 돌아다니며 가위바위보를 한다.

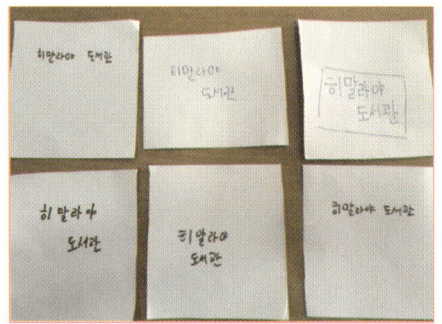

3. 가위바위보에서 이긴 사람은 진 사람의 카드 중 원하는 카드를 가져온다.

4. 같은 책 이름 카드 여섯 장을 모은 사람이 이긴다.

선생님을 위한 도움말

- 책 목록을 제시할 때 책에 대한 설명을 간략하게 해주면 책 카드에 적을 책을 쉽게 정할 수 있다.
- 책 제목 말고 등장인물의 이름으로 바꾸어 게임할 수 있다.

보드게임

책차차

이신애 북평여고 사서교사

적정 인원 : **4~5명** | 소요 시간 : **15~20분** | 난이도 ★★★☆☆

프로그램 소개
책을 읽은 후 인상 깊은 장면이나 글귀를 단순하게 표현하는 활동으로, 보드게임 규칙을 활용해 친구들과 즐겁게 어울릴 수 있는 게임이다. 책놀이와 독후활동을 동시에 할 수 있다는 장점이 있으며, 특히 책 읽기를 싫어하는 학생들이 책과 친해지게 하는 효과가 있다.

준비물
조금 두꺼운 종이, 색연필, 보드게임 활동지(양식은 411쪽 부록11 참고)

사전 준비
1. 책을 즐겁게 읽는다.
2. 책에서 가장 인상 깊은 장면과 글귀를 활동지에 작성한다. 한 명이

네 장의 활동지를 작성한다.
3. 말카드와 미니카드(만드는 법은 '선생님을 위한 도움말' 참고)를 만들어 자신의 말로 삼는다. 말카드는 책 사진이나 책 겉표지로 활용할 수 있다.
4. 활동지를 잘라 그림카드를 만든다.

진행 방법

1. 중앙 16장의 책 카드를 뒷면이 보이게 놓고, 나머지 똑같은 그림 카드 16장은 그림이 보이도록 둥글게 배치한다.
2. 자신의 말카드와 미니카드를 일정한 간격을 두고 둥글게 배치한 카드 위에 올려놓는다. 말카드 위에 미니카드를 붙인다.
3. 앞에 있는 카드와 같은 책 카드를 중앙의 카드에서 기억해 찾는다.
4. 틀리면 다음 차례로 넘어가고, 맞으면 틀릴 때까지 앞으로 계속 이동한다.
5. 앞에 다른 게임자의 말이 있을 경우 다른 게임자의 앞 카드와 같은 그림을 찾아 미니카드를 뺏은 후 뛰어넘을 수 있다.
6. 모든 게임자의 미니카드를 다 차지한 사람이 우승한다.

사진으로 보는 책놀이

1. 활동지 작성 모습

2. 활동지를 잘라 만든 그림카드들

3. 말카드(잡혔을 경우 일부분 즉 미니카드를 떼어서 줘야 한다)

4. 책차차 놀이 모습

선생님을 위한 도움말

- 한 시간에 네 장의 활동지를 작성하게 하면 지루할 수도 있으므로 평소 자투리 시간에 한 장씩 작성하게 해도 좋다.
- 조금 두꺼운 종이에 활동지를 작성해야 뒷면이 비치지 않는다.
- 말카드와 미니카드 만드는 법 :
  ① 책 표지 이미지(엽서 크기)를 $\frac{1}{4}$ 크기로 잘라 코팅하고, 벨크로(찍찍이)를 붙인다.
  ② 만약 다른 친구가 나를 따라 잡으면 말카드에서 미니카드($\frac{1}{4}$)를 떼어서 준다.
- 말카드와 미니카드는 전산 등록 후 버려지는 책 겉표지 자료를 활용해도 좋다.

보드게임

명탐정 포와로 따라잡기

박혜미 수원 천천고 사서

중고등 중고등

적정 인원 : 모둠별 4~6명 | 소요 시간 : 30~40분 | 난이도 ★★★☆☆

프로그램 소개

추리소설의 독후활동으로 보드게임 '클루'를 응용했다. 이 게임은 백만장자 사무엘 블랙이 저택에서 살해당한 이야기로 시작한다. 모든 참가자는 저택에 초대되었던 손님이자 저택 주인 살인사건의 용의자가 된다. 진행자(교사)가 범인의 정보가 담긴 세 장의 카드(범인, 범행 도구, 범행 장소)를 비밀 봉투에 넣어두면, 참가자들은 자신의 카드를 철저히 숨긴 채 상대방의 카드를 추측하는 질문을 던진다. 가장 먼저 비밀 봉투 속 세 가지 카드를 맞히는 사람이 이기는 게임이다. 두 차례로 나누어 진행하는데, 1차시에는 애거서 크리스티의 소설을 읽고 명탐정 포와로가 살인사건의 실마리를 풀어가는 과정을 살펴본다. 2차시에는 게임을 통해 해결사 포와로처럼 저택 살인사건의 실마리를 추리해 본다. 추리소설을 읽으면서 범인을 추측했던 것과 같은 짜릿한

승부를 맛볼 수 있다.

관련 도서

『오리엔트 특급 살인』

애거사 크리스티 지음, 유명우 옮김, 해문출판사, 2002

준비물

클루, 필기구

사전 준비

용의자 카드 여섯 장을 『오리엔트 특급 살인』의 등장인물(하드맨 씨, 드래고미로프 공작부인, 안드레니 백작, 아르버스넛 대령 등) 이름으로 바꾼다. 이름을 하나씩 포스트잇에 적어서 카드에 인쇄된 용의자 이름 위에 붙여 사용하면 된다.

진행 방법

[1차시]

1. 추리소설 『오리엔트 특급 살인』을 읽고, 열차 안에서 벌어진 살인 사건의 용의자 열두 명의 관계를 도식으로 정리해 본다.
2. 소설 속에서 탐정 포와로가 추리의 단서로 제시한 의문점이 무엇인지 이야기 나눈다.

[2차시]

학생들은 게임 방식에 대한 설명을 듣고, 클루 게임을 시작한다.

게임 방법

1. 진행자(교사)는 무작위로 장소카드, 용의자카드, 도구카드를 각 한 장씩 골라 참가자들이 보지 못하게 노란 비밀 봉투에 넣어둔다. 이 봉투 안에 든 정보가 범인의 것이다.
2. 비밀 봉투에 넣어둔 카드를 제외한 나머지 카드는 종류 구분 없이 잘 섞어서 참가자들에게 같은 수로 나눠준다. 이때 딱 떨어지게 나눠지지 않는다면 남는 카드는 공개하여 다 같이 정보를 공유한다.
3. 참가자들은 각자 자신이 사용할 말(馬)을 정하고 추리노트를 한 장씩 나눠 갖는다. 노트에 자신이 받은 카드의 정보를 먼저 체크하고 자신의 정보가 노출되지 않도록 주의한다.
4. 순서를 정한 뒤 첫 번째 사람이 주사위 두 개를 동시에 굴린다. 나온 주사위 눈의 수만큼 게임판의 네모 칸에서 인물 말을 옮겨다니거나 비밀 통로를 이용하여 이동한다. 추리는 각자의 말이 도착한 방에서만 가능하며 굴린 주사위의 숫자가 부족하여 방에 들어가지 못했다면 바둑판의 물음표 칸에서 보너스카드 한 장을 가져와 거기에 적힌 지시에 따라 행동한다.
5. 특정한 방에 들어갔다면 "누가, 이 방에서, 어떤 도구로 살인을 했다"라고 말하며 그 인물의 말과 도구를 자기가 있는 방으로 옮겨온다. 옮겨진 말의 임자는 다음 자신의 차례가 되었을 때 옮겨진 방에서부터 주사위를 던져 출발한다.
6. 추리한 사람이 말한 카드를 가지고 있는 다른 사람들은 추리한 사람에게만 한 장을 보여준다. 두 장 이상 가지고 있더라도 한 장만 보여준다. 만약 가지고 있지 않다면 "증명할 수 없습니다"라고 말하여 다른 사람들이 추리할 수 있도록 단서를 제공한다.

7. 모든 참가자는 자신의 추리노트에 추리한 내용을 기록하면서 수사망을 좁혀간다.
8. 추리 과정에서 범인을 알게 되었다면 '클루'를 외친 후 자신이 추리한 범인과 장소, 도구를 말한다. 그다음 비밀 봉투에 담아두었던 범인카드를 자신만 확인하여 맞으면 모두에게 공개하고 게임에서 이기게 된다. 만약 틀렸다면 범인카드를 공개하지 않은 채 다시 봉투 안에 넣고 추리를 계속 진행한다.
9. '클루'를 외쳤다가 틀린 사람은 더이상 추리를 할 수 없지만, 자신의 차례가 되었을 때 다른 사람들의 추리 과정에서 언급된 자신의 카드는 보여주어야 한다.

사진으로 보는 책놀이

1. 주사위를 굴려 나온 눈의 수만큼 이동하여 추리 방으로 들어가기

2. 그 방에서 누가, 어떤 도구로 범행을 저질렀는지 추리하기

3. 추리한 사람이 말한 카드를 가진 사람은 그에게만 자신에게 있는 카드 한 장을 보여주기

4. 추리노트에 추리 상황을 적으며 수사망 좁히기

선생님을 위한 도움말

- 보드게임 제작에 얽힌 뒷이야기를 들려주어 흥미를 유발해 보자. 클루 보드게임을 원작으로 한 영화 〈클루(Clue)〉가 1985년에 미국에서 제작되었다. 보드게임의 미스터리한 용의자들과 설정을 따 와서 제작했지만 미스터리 장르라기보다는 황당하고 엽기적인 장면들이나 쓸데없는 말장난이 가득한 슬랩스틱 코미디에 가깝다는 평을 받았다.
- 영화 〈오리엔트 특급 살인〉은 2018년에 리메이크되어 DVD로 출시되었으니 영화 감상 후 보드게임으로 후속 활동을 해도 좋다.
- 추리노트는 별도로 구입할 수 없으니 다 사용했다면 양식을 따로 만들어 출력해서 사용하면 된다. 또는 처음부터 추리노트를 코팅하여 그 위에 펜으로 쓰고 지우면서 반영구적으로 사용하는 방법도 있다.

보드게임 　　　　　　　　　　　　　　　　　　　　중고등　중고등

게임으로 배우는 부동산 경제

박혜미 수원 천천고 사서

적정 인원 : 모둠별 2~4명 | 소요 시간 : 40~60분 | 난이도 ★★★☆☆

프로그램 소개

부동산과 관련된 경제 도서를 읽고 모노폴리(Monopoly) 보드게임으로 독후활동을 해 보자. 부동산을 활용한 경제 활동, 경매 방법, 은행의 역할, 전자 결제 등에 관한 사항을 게임을 통해 느낄 수 있다. 게다가 부동산 소유에 대한 고민과 소득에 따른 세금 납부 그리고 일정 기간이 지난 후에 벌어들이는 월급, 사회사업기금에 대한 개념도 자연스럽게 이해하는 효과가 있다. 보드게임을 연계한 독후활동은 두 차례로 나누어 진행한다. 1차시에서는 관련 도서를 읽어 부동산 투자에 관한 지식을 정리하고, 2차시에서는 습득한 지식을 바탕으로 모노폴리 게임을 진행한다.

관련 도서

『10대와 통하는 땅과 집 이야기』

손낙구 지음, 김용민 그림, 철수와영희, 2013

준비물

모노폴리

진행 방법

【 1차시 】

1. 관련 도서를 읽고, 집의 조건을 따질 때 고려해야 할 '최소한의 인권'은 무엇이며, 그 이유를 말해본다. 또한, 우리나라의 부동산 가격이 폭등함에 따라 나타나는 문제점에 대해 이야기 나눈다.
2. 책에서 소개하는 독일, 싱가포르, 네덜란드의 주거 생활의 특징을 모둠별로 표를 만들어 정리하고, 우리나라에서 접목할 만한 것은 무엇인지에 대해 발표한다.
3. 왕정시대를 살았던 정약용이 주장한 '토지공개념'의 의미와 내용에 대해 정리해 보고, 내가 만약 부동산 정책을 제정하는 사람이라면 제시할 만한 정책 세 가지를 만들어 본다.

【 2차시 】

1. 게임 방식에 대한 설명을 듣는다. 브루마블과 동일하게 가능한 많은 부지와 건물을 소유하여 수입을 늘리는 방식이며, 다른 참가자들이 파산하고 마지막으로 남은 사람이 승리한다.
2. 게임상의 모든 거래는 전자결제기를 통해 이루어진다. 게임이 끝난

후에는 모든 참가자가 차례대로 각자의 카드를 카드결제기에 꽂고 정산한다.

3. 책으로 배운 땅과 집 이야기를 바탕으로 모노폴리 게임을 한다.

게임 방법

1. 게임을 위해 기본 세팅을 한다. 사회사업기금카드와 찬스카드는 각각 섞어서 뒷면이 보이도록 게임판의 각자 자리에 놓는다. 참가자들은 자신의 전자카드를 선택하고 같은 색깔의 말을 고른다.
2. 은행가 역할을 맡을 사람을 정한다. 은행가는 카드결제기를 관리하며 참가자들의 전자카드 입출금을 정리한다.
3. 주사위 두 개를 굴려 가장 높은 수가 나온 사람이 먼저 시작한다. 참가자들은 자신의 차례에 주사위를 굴려 나온 눈의 수만큼 자신의 말을 이동시킨다.
4. 참가자의 말이 주인 없는 땅에 도착했다면 그 땅에 적혀 있는 가격을 내고 부지를 구입한다. 만약 구입하고 싶지 않다면 은행가는 그 부지를 경매에 부친다. 주인이 있는 땅에 도착했다면 권리증에 적힌 금액을 주인에게 지불해야 한다.
5. 같은 색깔의 권리증을 다섯 장 모으면 건물을 지을 수 있다. 해당 권리증에 적힌 주택 가격을 지불하고 주택을 짓는다.
6. 건물이 있는 부지에 도착했다면 권리증에 적힌 건물의 임대료를 주인에게 지불한다.
7. 게임판을 한 바퀴 돌고 나면 은행장에게서 월급을 받는다.
8. 과도한 임대료 지출이나 무리한 투자로 파산한 참가자는 게임에서 제외하면서 진행하여 마지막으로 남은 사람이 이긴다.

사진으로 보는 책놀이

1. 게임판 위에 각 카드를 배치하고 개인 말과 전자 카드 고르기

2. 주사위 둘을 동시에 던져 나온 수만큼 이동하기

3. 해당 부지의 권리증이나 건물 구입하기

4. 은행장의 카드결제기로 구입 가격 결제하기

선생님을 위한 도움말

- 프로그램을 시작하면서 부동산 구입과 임대료를 테마로 한 보드게임을 만들게 된 이론적 배경에 대한 이야기를 들려주자. 이 게임은 부동산에만 세금을 부과해야 한다는 미국의 정치 경제학자 헨리 조지(Henry George)의 이론을 근거하여 부동산을 소유한 사람들이 임대료를 통해서 어떻게 이익을 내는지를 보여주기 위해 리지 매기(Lizzie Magie)가 만들었다. 게임 종료 후에는 임대 수익에 대한 참가자들의 생각을 들어보자.
- 게임을 하는 동안 정확한 경제 용어를 사용할 수 있도록 지도한다. 게임에 자주 사용하는 경제 용어에는 부지, 임대, 저당, 경매, 파산,

이익, 독점, 권리증, 매도 등이 있다.
- 관련 도서를 읽고 토론한 내용과 보드게임으로 부동산을 구입하고 임대하면서 보여준 행동에는 차이가 있을 수 있다. 책을 읽으면서 폭등하는 땅값과 부동산 문제에 목소리를 높였던 아이들이 게임을 하면서는 더 많은 부지를 사고 남들보다 더 빨리 건물을 세워 임대 수익을 올리려고 애쓴다. 게임 종료 후에 왜 그러한 차이가 생기게 되는지에 대해 자연스럽게 토론하면 좋다.
- 이 게임의 가장 큰 특징은 거래 수단이 지폐가 아니라 전자카드라는 점이다. 신용카드가 더 많이 사용되고 있는 현재의 경제 세태를 투영하고 있어 실감 나는 경제교육을 할 수 있다.

보드게임

페이션트 제로를 찾아라!

박혜미 수원 천천고 사서

적정 인원 : 모둠별 4명 | 소요 시간 : 40~60분 | 난이도 ★★★★★

프로그램 소개

'페이션트 제로'는 최초 감염자를 뜻하며, 전염병을 푸는 중요한 열쇠가 된다. 팬데믹 보드게임을 하며 페이션트 제로를 추적해 전염병을 통제하는 역할을 수행해 보자. 이 게임은 치료제를 개발하거나 전염병을 근절하면 성공하고, 치료제 개발 전에 전염병이 전 세계에 퍼지면 실패한다. 치료제를 개발하느라 전염병이 확산되는 것을 방관해서는 안 되고, 전염병을 막느라 치료제 개발을 더디게 해서도 안 된다. 이를 위해서 게임 참가자들은 각자 맡은 역할을 다하고 서로에게 도움이 되도록 협의해야 한다. 참가자들끼리 경쟁하여 승패를 가르는 대부분의 보드게임과 달리 모든 참가자가 협력하여 문제를 해결하는 것이 특징이다. 과학기술 분야의 도서와 보드게임을 연계해 독후활동해 보길 원한다면 실제 질병 통제팀의 역할을 체험할 수 있는 팬데믹

의 매력에 빠져보자.

관련 도서

『탐정이 된 과학자들』

마릴리 피터스 지음, 지여울 옮김, 이현숙 감수, 다른, 2015

준비물

팬데믹

사전 준비

팬데믹 보드게임에 등장하는 전염병은 네 가지 색깔로 구분되어 있지만 질병의 이름은 따로 명시되어 있지 않다. 그래서 책을 읽고 알게 된 전염병 중 발병 지역이 비슷한 네 가지를 골라 색깔별로 이름을 붙여서 게임에 사용하였다.

| 게임에 등장하는 전염병 종류 |

세계 대륙	게임판에 표현된 색깔	책에 소개된 전염병 이름	우리가 선정한 전염병
유럽	파란색	페스트, 콜레라, 스페인 독감	페스트
남아메리카, 아프리카	노란색	에이즈, 황열병, 에볼라	에볼라
중동	검정색	메르스	메르스
아시아	빨간색	장티푸스(염병), 수두	장티푸스

진행 방법

【 1차시 】

책에 소개된 일곱 개의 전염병에 관한 내용 정리에 마인드맵을 활용해 보자. 발병 원인, 전염병의 진행 과정, 전염병의 결과, 현 사회에서 적용할 점, 새로 알게 된 점과 느낀 점 등으로 다음 그림과 같이 정리할 수 있다.

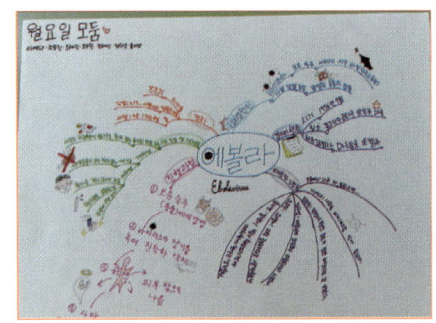

【 2차시 】

게임 방식에 대한 설명을 듣고, 보드게임을 통해 질병 통제원의 역할 수행한다.

게임 방법

1. 기본 세팅을 한 후 역할카드를 한 장 골라 카드 색깔과 동일한 말을 고른다. 도시카드 두 장씩을 나눠 갖고 팀원들이 볼 수 있도록 놓는다. 함께 협력해야 하므로 서로의 카드 정보를 공유한다.
2. 게임의 첫 출발지를 '서울'로 설정한다. 모든 참가자의 말을 서울에 배치하고 연구소 한 개를 기본으로 지어둔다.
3. 나눠 받은 도시카드 중에서 인구수가 가장 많은 참가자가 먼저 시작한다. 인구가 많을수록 전염병이 발생할 확률이 높다는 것을 의미한다. 1인 기준 플레이는 다음과 같이 4단계 순서로 실행한다.

1	2	3	4
자신의 역할에 맞는 네 가지 행동을 수행	→ 도시카드를 두 장 가져가기 (전염카드를 가져 왔다면 즉시 수행)	→ 전염 트랙의 숫자만큼 전염 확산카드를 뒤집어 그 도시 위에 질병 큐브를 한 개씩 놓기	→ 전염 트랙의 숫자를 오른쪽으로 한 칸 이동하기

4. 참가자들은 다음 중에서 네 가지를 선택하여 행동을 수행해야 한다. 한 가지씩 선택하여 네 번을 해도 되고 한 가지를 선택하여 네 번 연속으로 행동해도 된다.

   ① 이동: 현재 도시에서 다른 도시로 자동차, 전세기, 직항기 등으로 이동할 수 있다.

   ② 연구소 건설: 치료제를 개발하거나 연구소끼리 정기 항공편으로 이동할 수 있다.

   ③ 전염병 제거: 행동 한 번에 질병 큐브를 하나씩 제거할 수 있다.

   ④ 정보 공유: 참가자들이 한 도시에 모여 서로의 도시카드를 주고받을 수 있다.

   ⑤ 치료제 개발: 같은 색깔의 도시카드 다섯 장을 모아서 치료제를 개발할 수 있다.

5. 다음 차례의 사람도 같은 순서로 행동을 수행하고 팀원들은 서로의 카드를 살펴보며 전염병 퇴치를 위한 협력 작전을 짠다. 다른 참가자의 행동 수행에 대해서 서로 협의할 수 있지만 말(馬)을 옮길 때는 당사자의 동의를 구해야 한다.

6. 게임에서 성공하려면 네 가지 치료제를 모두 개발하거나 전염병을

근절시키면 된다. 그러나 다음의 세 가지의 경우가 되면 게임에서 실패하게 된다.

① 전염병 큐브가 다 소진된 경우: 전염병이 너무 많이 퍼져서 더 이상 손을 쓸 수 없다.

② 도시카드가 다 소진된 경우: 시간이 너무 지체되었다.

③ 전염병 확산이 8단계까지 진행된 경우: 전 세계적으로 전염병이 확산되어 혼란이 일어났다.

7. 게임을 마친 후 각 모둠별로 성공 또는 실패를 밝히고, 그러한 결과가 나온 이유에 대해 발표한다.

사진으로 보는 책놀이

1. 게임판 위에 기본 세팅하기

2. 순서에 따라 네 번의 행동 수행하기

3. 도시카드 두 장 가져가기

4. 전염카드의 도시에 질병 큐브 놓기

선생님을 위한 도움말

- 책 속에 등장하는 전염병의 발생지를 게임의 출발지로 선정하거나 게임의 질병 큐브에 책 속의 전염병 이름을 붙이면 더 실감나는 게임을 즐길 수 있으며, 질병에 대한 경각심을 키울 수 있다.
- 치료제가 개발되었다고 전염병이 사라지는 것은 아니다. 게임을 할 때 아이들은 치료제 개발과 동시에 질병 큐브를 게임판에서 모두 제거하는 실수를 했다. 진행자는 치료제가 개발되었다는 건 치료가 가능하다는 의미이지 전염병이 근절된 것은 아니라는 사실을 주지시켜야 한다. 아울러 게임하는 동안 치료제 개발과 전염병 확산 방지에 대한 행동을 적절히 안배해야 함을 강조한다.
- 게임을 마친 아이들은 자신이 질병 퇴치의 중대한 임무를 지닌 과학자 같았다는 소감을 남겼다.

보드게임 　　　　　　　　　　　　　　　　　　초·중·고　중고등

픽미? 픽미!

김길순 수원 율현중 사서

적정 인원 : 모둠별 3~6명 | 소요 시간 : 10~40분 | 난이도 ★★☆☆☆

프로그램 소개

딕싯 보드게임을 독후활동에 적용해 보자. 카드를 나눠 가지고 차례대로 이야기꾼이 되어 이야기와 어울리는 그림카드를 내고, 다른 사람들은 이야기꾼의 카드를 맞히는 방식으로 진행한다. 모든 이야기는 책에 초점을 두어야 한다. 독서 후 감상을 이야기하거나 토론을 할 때 자기 의견을 말하기 주저하는 친구들이 있는데, 이 게임을 활용하면 표현하는 데 따르는 부담을 줄여주고 누구나 재밌게 책 이야기에 참여하도록 도와준다. 모두가 공평하게 발언 기회를 갖고, 점수를 획득하려면 공감을 끌어내야 하므로 상대의 말에 경청하는 태도를 배울 수 있다. 등장인물의 입장과 어울리는 그림카드를 찾고, 그림카드에 어울리는 이야기를 만들어내면서 창의력을 키우고 책 이야기를 확장해 보자.

관련 도서

『시간을 파는 상점』

김선영 지음, 자음과모음, 2012

준비물

딕싯 카드

사전 준비

1. 학생들은 『시간을 파는 상점』을 미리 읽어 온다.
2. 딕싯 카드를 모두 펼쳐놓고 책 내용과 어울리는 카드를 골라 책을 읽은 감상과 연관 지어 이야기해 본다.
3. 등장인물의 역할을 나누고 그림카드를 골라 해당 인물의 입장에서만 이야기해 본다.
4. 작품의 주제 단어를 선정한 뒤 딕싯 카드 전체에서 어울리는 카드를 골라 이야기 나누어 본다.

   주제 단어 예) 위로, 관심, 사랑, 삶의 의미, 가치 등

진행 방법

1. 모든 이야기는 책과 연관 지어야 한다는 점을 밝혀둔다.
2. 가위바위보로 책 속 등장인물(온조, 네곁에, 난주, 정이현, 강토 등)을 선택하고 각자 이야기꾼이 되었을 때 해당 인물의 입장에서만 이야기하기로 규칙을 정한다.
3. 토끼 모양 말을 하나씩 골라 점수판의 ()에 놓고, 말과 같은 색깔의 숫자 토큰을 가진다.

4. 카드를 섞고 여섯 장씩 그림이 보이지 않게 나눈다. 남은 카드는 뒷면이 보이도록 더미를 만들어 둔다.

5. 첫 번째 이야기꾼을 정하고, 여섯 장의 카드 중 해당 인물의 이야기와 가장 어울릴 만한 카드를 선택해 뒷면으로 내려놓는다. 예를 들어, 책 속 등장인물 '온조'를 맡은 이야기꾼이 "온조에게 시간은 어떤 의미였을까?"라는 이야기를 하고 카드를 내려놓았다면 다른 사람들도 자신이 가진 카드 중에서 온조와 시간의 의미를 생각하면서 이와 가장 어울릴 만한 카드를 내려놓는다.

6. 모두 한 장씩 카드를 내려놓고 나면 이야기꾼은 자신이 낸 카드와 다른 사람이 낸 카드를 잘 섞은 뒤 그림이 보이도록 나란히 펼쳐놓는다. 그리고 각 카드 위에 숫자토큰을 하나씩 놓아 카드에 번호를 매겨준다.

7. 다른 사람들은 이야기꾼이 낸 카드를 맞히기 위해 이야기꾼이 냈다고 생각되는 카드와 일치하는 숫자토큰을 골라 그림카드 위에 놓는다.

8. 이야기꾼이 낸 카드를 모두 맞힌 경우, 이야기꾼은 점수를 얻지 못하고 다른 사람들은 모두 2점을 얻는다. 이야기꾼이 낸 카드를 맞힌 사람과 이야기꾼은 각 3점을 얻는다. 이야기꾼이 아닌 사람의 카드에 토큰이 놓였다면 그 카드를 낸 사람은 카드에 놓인 토큰 개수만큼 점수를 얻는다.

9. 이야기꾼은 자신이 낸 카드를 밝히고 서로 획득한 점수만큼 점수판의 말을 이동한다. 이야기꾼은 왜 그 카드를 온조가 가진 시간의 의미라고 생각했는지 말한다. 다른 사람들도 자신의 카드를 밝히고 온조에게 시간의 의미가 어떤 것이었을지 그림카드와 연관 지어 이

야기한다. 그리고 각자 이야기꾼의 카드일 것이라고 선택한 카드와 선택 이유까지 온조와 시간의 의미로 연관 지어 말한다.

10. 점수를 합산해 가장 높은 점수를 얻은 사람이 승리한다. 게임의 우승자는 '공감왕'이 되어 다음 게임에서 인물이나 이야기 주제에 대한 선택권을 획득한다.
11. 냈던 카드는 버리고 다시 더미에서 카드를 한 장씩 가져와 여섯 장을 쥔다. 돌아가며 이야기꾼이 되어 게임을 진행하며 토론을 이어간다.

사진으로 보는 책놀이

1. 카드 나누기

2. 이야기꾼이 먼저 카드 내기

3. 이야기꾼의 카드 선택하기

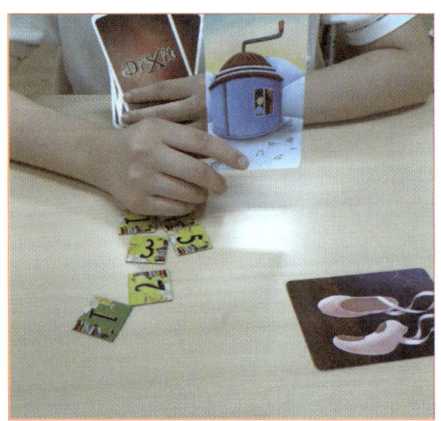

4. 카드를 선택한 이유 말하기

선생님을 위한 도움말

- 딕싯으로 책 이야기를 나누게 하면 선생님이 진행하지 않아도 아이들 스스로 게임을 즐기며 책을 읽고, 책으로 이야기하는 즐거움이 배가된다. 책에 대한 친밀감이나 독후만족도도 향상된다.
- 같은 그림카드가 지겹게 느껴진다면 딕싯 확장판으로 새 그림을 추가하거나 변경할 수도 있다.
- 한 이야기를 마치고 카드를 한 장씩 추가하여 게임을 진행해도 되고 매번 새로운 그림카드로 시작하고 싶다면 여섯 장의 카드를 모두 바꾸어도 된다. 나눠 가지는 카드 수를 변경하거나 점수 계산을 달리하거나 함께하는 아이들과 게임 룰을 바꾸는 것도 새로운 재미를 줄 수 있는 요소이다.
- 말을 이동하고 점수 계산을 하느라 자칫 산만할 수도 있으므로 게임으로 진행하지 않고 그림카드만으로 책 이야기를 하는 것도 좋다. 프로그램 구성 시간에 따라 책을 읽고 난 느낌, 인상 깊었던 장면, 기억나는 인물 등 몇 개의 논제를 제시해 놓고 간단하게 토론할 수도 있다.
- 이 외에도 자기소개, 음악·명화 감상 말하기 등 다양한 교과 수업에 사용할 수 있다.

보드게임

초·중·고　중고등

뒷이야기 이어 만들기

김길순 수원 율현중 사서

적정 인원 : 모둠별 3~6명 | 소요 시간 : 10~30분 | 난이도 ★☆☆☆☆

프로그램 소개

이야기톡 카드로 뒷이야기 이어 만들기 놀이를 해보자. 이야기를 이어 만들 책으로는 명작 그림책이나 고전 등 누구나 내용을 알고 있는 것이 좋다. 모둠별로 결말카드를 한 장 선택해 모두가 볼 수 있게 펼쳐 둔 다음 이야기 그림카드를 나눠 가지고, 순서를 정해 한 명씩 자신의 그림카드를 내려놓으며 책의 뒷이야기를 지어내는 방식으로 전개한다. 다른 사람의 이야기를 듣고 다음 이야기를 이어야 하므로 친구의 말을 잘 듣는 것이 중요하다. 이야기를 만드는 동안 쉬지 않고 웃음이 터져 나와 학기 초나 독서동아리를 처음 시작할 때 활용하면 서로 친해지는 데 도움을 준다. 독서에 대한 흥미를 유발하고 명작·고전 패러디에 적용할 수 있는 게임이다.

관련 도서

『백설공주는 왜 자꾸 문을 열어줄까』

박현희 지음, 뜨인돌, 2011

준비물

이야기톡 카드

사전 준비

1. '고전에 대한 새로운 해석'이라는 주제로 이야기할 수 있는 책을 정하고, 학생들은 해당 책을 미리 읽어온다.
2. 책 내용을 바탕으로 뒷이야기를 만들 주제를 자유롭게 이야기해 본다.

   이야기 주제 예)

   ① 양치기 소년에게 판결을 내리기 위한 모의재판

   ② 사람이 된 피노키오는 행복했을까?

   ③ 왕자가 신데렐라를 찾을 수 있는 새로운 방법

진행 방법

1. 결말카드를 한 장 골라 모두가 볼 수 있게 펼쳐 둔다.
2. 그림카드를 여섯 장씩 나눠 가지고 나머지 카드는 더미를 만들어 둔다.
3. 순서를 정한 뒤, 첫 번째 이야기꾼은 뒷이야기를 이어 만들 책의 맨 뒷장에 이야기를 새로 시작할 카드를 한 장 내리면서 이야기를 지어내 말한다. 가지고 있는 그림카드는 최대 두 장까지 내려놓을 수

있으며, 이때 단어가 아닌 문장으로 말해야 한다.

4. 뒤이어 다른 사람들도 돌아가며 그림카드를 내리고 이야기를 이어 간다.
5. 적절하게 이야기를 이어 만들 카드가 없을 때는 더미에서 한 장 가져와 추가하고 다음 자기 차례에서 다시 이야기를 이을 수 있다.
6. 가지고 있는 카드를 다 내리고 결말카드와 어울리는 이야기로 끝내는 사람이 우승자가 된다. 이야기의 흐름과 맞지 않는 엉뚱한 이야기는 제지할 수 있으며, 이야기의 결말은 모두가 동의할 수 있는 내용이어야 한다.

사진으로 보는 책놀이

1. 이야깃거리로 삼을 책 선택

2. 결말카드를 한 장 고른다.

3. 책 마지막 장에서 뒷이야기 이어 만들기

4. 결말카드에 어울리는 이야기로 끝내면 승!

선생님을 위한 도움말

- 결말을 직접 지어내거나 중간에 끼어들 수 있는 찬스카드를 사용하여 게임의 난이도를 조절할 수 있다.
- 참여 인원에 따라 나눠 가지는 카드 수를 변경해도 된다.
- 그림카드의 사람이나 사물에 대해 구체적으로 표현하고 완전한 문장으로 이야기하도록 지도한다.
- '다르게 생각하기'의 방법으로 독서프로그램이나 교과에서 활용할 수 있다.

보드게임 　　　　　　　　　　　　　　　　　초·중·고　중고등

서(書)로 소통

김길순 수원 율현중 사서

적정 인원 : 모둠별 4~6명 | 소요 시간 : 20~40분 | 난이도 ★★☆☆☆

프로그램 소개

키워드를 그림 아이콘에 표시하고 상대 팀이 알아맞히는 소통 게임이다. 스무고개와 비슷하지만 말로 묻는 대신 콘셉트 보드게임을 응용한다. 교사는 책 내용으로 문제를 내 게임을 할 수 있도록 문제지를 준비하고, 난이도를 구분해 점수 배분을 달리한다. 색깔 말을 달리하여 추가 힌트를 줄 수 있으며 문제를 맞히는 팀은 계속해서 생각나는 답을 외친다. 답을 맞힌 경우에만 서로 점수를 얻을 수 있기 때문에 공감 포인트를 찾는 것이 중요하다. 점수 계산 후에는 해당 아이콘에 대한 설명을 책 내용과 연관 지어 이야기하고 다음 팀 차례로 넘어간다. 공격과 수비처럼 팀을 번갈아가며 문제를 제시하고 맞힌다. 알쏭달쏭한 재미와 함께 책의 내용을 키워드로 정리하는 효과가 있다.

관련 도서

『시크릿 박스』

김혜정 지음, 자음과모음, 2015

준비물

콘셉트, 주사위, 모래시계, 문제지

사전 준비

1. 교사는 '진로'를 주제로 창업과 직업에 대한 이야기를 나눌 수 있는 도서를 선택한다.
2. 학생들은 관련 도서를 미리 읽어 온다.
3. 교사는 책 내용을 바탕으로 이야기를 나눌 수 있는 것으로 여섯 개의 문제를 만들고, 문제가 적힌 종이(문제지)를 학생들에게 나누어 준다.

진행 방법

1. 2인 1조로 팀을 구성하고, 먼저 문제 낼 팀을 정한다.
2. 문제를 낼 팀은 문제지에 있는 1~6번까지의 문제 중에서 주사위를 굴려 나온 번호에 해당하는 문제의 답(단어)을 문제지에 쓴다. 그리고 그 단어를 상대팀에게 게임 문제로 낸다. 계속 같은 주사위 번호가 나올 때는 새로운 문제지를 선택할 수 있도록 다시 굴린다.
3. 게임판의 그림 아이콘에 색깔별 말과 육면체를 놓아 문제 단어를 설명한다. 초록색은 1번 힌트, 빨간색은 2번 힌트, 노란색은 3번 힌트로 색깔의 순서를 정해 상대팀이 원할 때 힌트를 추가한다. 문제

를 맞히는 팀은 정답을 맞힐 때까지 생각나는 대로 말할 수 있지만 문제를 낸 팀은 어떤 말도 해서는 안 된다. 모래시계가 다 떨어지면 그 타임의 게임은 끝난다.

4. 한 세트의 게임이 종료되고 나면 왜 정답 단어를 그렇게 설명했는지 책과 연관 지어 말한다.

5. 문제를 맞힌 경우 해당 점수를 얻는다. 문제를 낸 팀은 맞힌 팀보다 1점을 적게 가지지만 1점짜리 문제는 보너스로 같이 1점(전구 1개)을 갖는다. 문제를 맞히지 못하면 누구도 점수를 얻을 수 없다.

6. 점수(전구) 배분이 끝날 때까지 문제 내기와 맞히기를 반복하며, 많은 점수(전구)를 가진 팀이 승리한다. 점수(전구)가 딱 맞게 떨어지지 않은 경우에는 추가 문제를 만들 수 있다.

사진으로 보는 책놀이

1. 토론 논제 준비

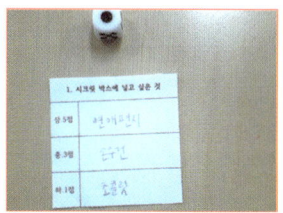
2. 단어로 답하기

3. 아이콘에 단어 설명하기

선생님을 위한 도움말

- 책 속에서 이야깃거리를 찾아 단어로 정리할 수 있는 물음으로 문제지를 준비한다.
- 아이들은 예상치 못한 결과에서 얻는 재미를 좋아하므로 문제지를 선택할 때 주사위를 굴리면 더 재미있다. 양 팀이 같은 주사위 숫자

가 나왔을 때 같은 문제에 다른 답을 하는 것은 독서토론에서 서로 다른 생각과 느낌을 표현하는 것과 마찬가지이다.

- 더 재미있고 유익한 프로그램으로 만들고 싶다면 다양한 보드게임을 변형하여 프로그램 구성에 자연스럽게 포함하는 것이 좋다. 개인의 학습 수준과 상관없는 게임은 아이들을 적극적으로 만든다. 실제로 진행하다 보면 같은 게임이라도 모둠별로 규칙이 다른 경우가 있다. 정해진 틀만 가지고 세부사항은 아이들 스스로 정하도록 둔다. 준비과정만 거치면 선생님의 역할은 줄어들고 놀면서 배우는 게임의 교육적 효과가 발휘된다.

보드게임   초·중·고 중고등

공감! 우봉고

김윤진 수원농생명과학고 사서

적정 인원 : 2~4명 | 소요 시간 : 30~40분 | 난이도 ★★☆☆☆

프로그램 소개

우봉고 보드게임을 응용한 것으로 책 속 키워드를 정리해서 퍼즐 조각에 적고 테트리스처럼 퍼즐을 맞추는 게임이다. 여기에 퍼즐을 맞춘 키워드로 발문을 만들어 이야기를 나누면 생각의 폭을 넓혀주는 독서토론이 가능하다. 참가자들은 서로 의견을 나누고 공감지수에 따라 보석을 차등 지급하여 우승자를 가린다. 발문을 많이 만들수록, 다른 사람에게 공감을 많이 받을수록 우승할 확률이 높다.

이 게임은 어떤 책이든 활용할 수 있고, 발문으로 서로 다른 생각을 나눌 수 있어 깊이 있는 독서를 하게 해 준다. 무엇보다 평가받고 공부하는 학습이 아니라 편안하고 자유롭게 책 수다를 즐기게 해준다는 장점이 있다.

관련 도서

『423킬로미터의 용기』

댄 거마인하트 지음, 천미나 옮김, 주니어RHK, 2015

준비물

우봉고, 네임펜, 포스트잇

사전 준비

1. 관련 도서를 미리 읽어온 뒤 책에서 중요하다고 생각하는 단어를 각자 12개씩 뽑고, 이유를 말한다.
2. 자신이 뽑은 단어를 조합해 발문을 만들어 본다.

   발문 예시)

   ① 마크는 왜 레이니어 산에 가는 걸 제시한테만 이야기했나요?

   ② 만약 여러분이 레이니어 산으로 가는 마크를 만났다면 어떻게 할 건가요?

   ③ 마크와 제시는 왜 하이쿠로 이야기를 할까요?

   ④ 마크가 만났던 사람 중에서 누가 가장 기억에 남나요?

   ⑤ 마크는 왜 부모님에게 아프다고 이야기하지 않을까요?

진행 방법

1. 모든 참가자는 12개의 퍼즐 조각 세트와 포스트잇, 네임펜을 나누어 가진다.
2. 각 참가자는 사전 준비 단계에서 뽑은 단어 12개를 포스트잇에 나눠 적은 다음, 퍼즐 조각에 하나씩 붙인다.
3. 제일 먼저 플레이할 사람을 정하고, 모든 참가자는 무작위로 퍼즐

판을 하나씩 가져간다.

4. 첫 번째 사람이 주사위를 굴리고 동시에 모래시계를 뒤집으면 게임이 시작된다.

5. 주사위를 굴려 나온 그림과 같은 그림을 퍼즐판에서 찾고, 그림에 해당하는 퍼즐 조각만 골라 퍼즐판을 맞춘다.

6. 모래시계가 멈추기 전까지 퍼즐판을 맞출 수 있고, 퍼즐을 완성한 사람은 '우봉고'를 외친다.

(※우봉고는 스와힐리어로 '두뇌, 알았다'라는 뜻이다.)

7. 제일 먼저 우봉고를 외친 사람은 퍼즐 조각에 적혀 있는 키워드를 두 개 이상 조합해 발문을 만든다. 발문은 앞사람의 것과 달라야 인정된다. 만약 발문을 만들지 못했다면 두 번째 우봉고를 외친 사람에게 기회를 준다.

8. 발문한 사람은 모든 참가자가 차례로 답변을 마치면 가장 공감되는 답을 말한 사람에게 보석을 준다. 공감의 정도에 따라 초록색(3점), 노란색(2점), 갈색(1점)을 준다. 발문했던 사람은 빨간색(5점)을 받는다.

9. 게임은 퍼즐판이 없어질 때까지 진행하고, 게임이 끝나면 수집한 보석의 점수를 합산하여 우승자를 가린다.

사진으로 보는 책놀이

1. 퍼즐 조각에 키워드 붙이기

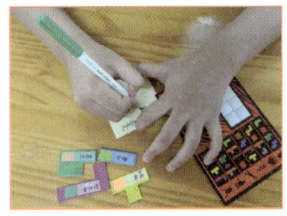
2. 퍼즐로 발문 만들기

3. 보석으로 공감지수 표시

선생님을 위한 도움말

- 퍼즐판 개수를 변경해 난이도를 조절할 수 있다. 각 퍼즐판은 한쪽 면에 3개의 조각을, 다른 면에 4개의 조각을 사용해 맞출 수 있는데, 퍼즐 푸는 시간을 줄이고 싶으면 3개짜리 퍼즐판을 사용한다. 만약 아이들 사이에 수준 차이가 있다면 퍼즐 조각 3개와 4개를 섞어서 사용해도 된다.
- 퍼즐판 형식을 변형한 다양한 종류의 우봉고를 활용해 게임을 진행해도 좋다. 우봉고를 간소화시킨 미니와 삼각형과 육각형 도형, 입체블록 쌓기 등 다양한 버전이 있다.

보드게임 　　　　　　　　　　　　　　　　　　　　　　　　　초·중·고　중고등

앙코르!

김윤진 수원농생명과학고 사서

적정 인원 : 2~4명 | 소요 시간 : 20~30분 | 난이도 ★☆☆☆☆

프로그램 소개

보드게임 치킨차차를 응용한 앙코르는 모양이 다른 두 타일에서 같은 사진을 찾아 트랙을 돌며 상대방을 잡는 게임이다. 프랑스어로 '또 다시'라는 말뜻처럼 같은 사진을 찾을 때까지 타일을 반복적으로 뒤집고 확인한다. 같은 사진을 찾고, 그 사진의 이름까지 맞추면 앞으로 나갈 수 있다. 상대방의 말을 모두 잡는 사람이 승리한다.

둥근 타일과 네모 타일은 사진 또는 키워드로 자유롭게 구성할 수 있어 다양한 책을 활용해 독서 활동과 연계된 게임을 만들 수 있다. 청소년 소설 『내 이름은 망고』에 나오는 등장인물과 유적지로 타일을 만들어 게임하는 동안 자연스럽게 캄보디아의 역사와 문화를 접하게 된다.

관련 도서

『내 이름은 망고』

추정경 지음, 창비, 2011

준비물

치킨차차, 둥근 타일(와패 사용), 네모 타일(전통문양 사각팬시 제품)

사전 준비

1. 게임 참가자들은 서로 상의해 『내 이름은 망고』에서 중요하다고 생각되는 12개의 키워드를 뽑는다.
2. 각각의 키워드를 포스트잇에 적어 네모 타일에 붙인다. 둥근 타일에는 한 개 건너 한 개씩 붙이고, 두 타일에서 같은 단어를 찾으면 12개를 제외한 키워드를 비어 있는 둥근 타일에 쓰고 책의 내용으로 키워드를 설명한다. 앙코르 게임과 같은 방식으로 진행하며, 빈칸이 남지 않을 때까지 키워드를 적고 설명하면서 책의 내용을 되짚어 본다.

게임 방법

1. 둥근 타일 24개를 사진이 보이게 운동장 트랙처럼 동그랗게 원을 그리며 놓는다. 이때 같은 사진이 인접해 있다면 위치를 바꾸어 준다. 원 안에 네모 타일 12개는 사진이 보이지 않게 뒤집어 놓는다.
2. 말은 동일한 간격을 두고 둥근 타일 위에 올려 둔다. 참가자가 네 명인 경우 말과 말 사이에 둥근 타일이 다섯 개, 세 명인 경우 일곱 개

가 된다.

3. 말은 둥근 타일을 밟으면서 시계 방향으로 전진한다.
4. 순서를 정해 첫 번째 사람부터 전진하는 방향의 타일 사진과 같은 사진을 트랙 안에 있는 네모 타일에서 고른다. 일치하면 전진하고 연속으로 타일을 고를 수 있는 기회가 주어진다. 일치하지 않으면 다음 사람에게 차례가 넘어간다.
5. 같은 사진을 골랐더라도 사진 속 유적지의 이름을 맞혀야 전진할 수 있다. 만약 이름을 맞히지 못하면 다른 사람에게 이름을 맞힐 수 있는 기회를 준다. 이름을 맞힌 사람에게 네모 타일 중 하나를 확인할 기회를 준다.
6. 이와 같은 방식으로 한 칸씩 이동해 앞에 있는 말을 잡는다. 잡힌 말은 탈락하고, 다른 말을 모두 잡으면 게임에서 승리한다.
7. 게임을 마친 후 각자 캄보디아에서 가장 인상 깊은 곳을 고르고, 이유를 말한 뒤 마무리한다.

사진으로 보는 책놀이

1. 키워드로 치킨차차 2. 한 칸 이동하기 3. 잡힌 말은 탈락한다.

선생님을 위한 도움말

- 뒤집는 네모 타일을 어떻게 놓느냐에 따라 난이도가 달라진다. 12

개의 타일을 3×4, 6×2 등 규칙적으로 놓으면 위치와 그림을 연관 지어 기억하기가 쉽다. 하지만 타일을 규칙 없이 늘어놓으면 사진의 위치를 기억하는 게 쉽지 않다.
- 게임 시간을 단축하거나 늘리고 싶다면 뒤집는 타일을 놓는 방법을 달리하면 된다. 시간을 정해 놓고 게임을 시작해 다른 사람의 캐릭터를 가장 많이 탈락시킨 사람이 이기도록 규칙을 정해도 된다.
- 타일을 만들기 위한 재료 : 네모 타일은 뒤집기 쉽게 두께감이 있고 딱딱한 재질을 사용하는 게 좋다. 우드락 등 무른 재질로 타일을 만든 경우, 손톱자국이나 특정 표시가 될 만한 자국이 남아 공정한 게임을 할 수가 없다. 딱딱한 재질의 타일을 사용하면 사진을 붙였다 떼다를 반복하여 재사용이 가능하다.
- 『내 이름은 망고』에는 캄보디아 유적지와 역사에 대한 내용이 수록되어 있다. 책을 읽으면서 상상했던 곳을 게임을 통해 사진으로 본 학생들은 '캄보디아로 여행을 다녀온 것 같다'라는 소감을 남겼다.
- 앙코르 게임을 과학(원소기호), 영어(단어 및 문법), 역사(인물, 문화재, 사건) 등 특정 내용에 대한 암기가 필요한 교과에 활용해도 좋다.

부록

부록 1

43쪽 아코디언책 모형 만드는 법

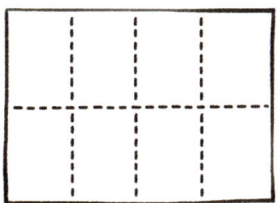

1. 종이를 위 그림처럼 여덟 칸이 생기도록 접은 다음 펼친다.

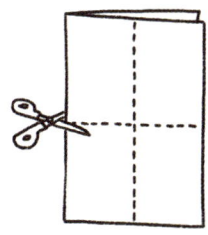

2. 1을 세로로 반 접은 뒤 접힌 면에서 중심선을 따라 한 면만 오린다.

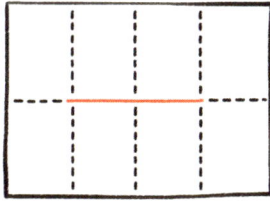

3. 종이를 다시 펼치면 한가운데에 오린 선이 나타난다.

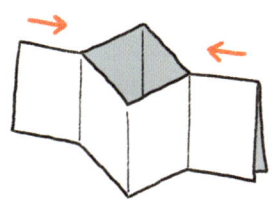

4. 손으로 양쪽 끝을 잡은 채 안으로 밀어 넣으면 한가운데에 공간이 생긴다.

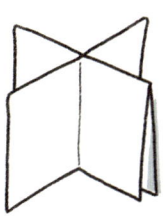

5. 4에서 종이 전체가 십자 모양이 될 때까지 중심점을 향해 밀어 준다.

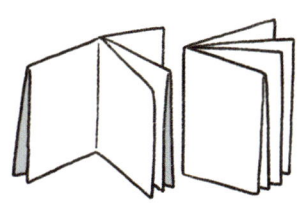

6. 나머지 종이를 한 방향으로 몰아서 책 모양이 되도록 접는다.

43쪽 지그재그책 모형 만드는 법

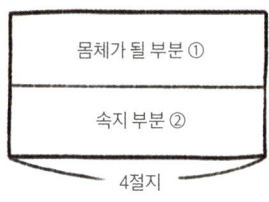

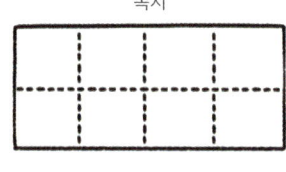

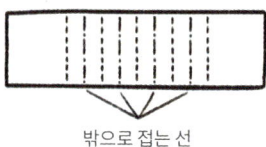

1. 4절지를 가로로 잘라 몸체가 될 부분과 속지가 될 부분으로 나눈다.

2. 1에서 속지 부분 종이를 여덟 칸이 생기도록 접는다.

3. 1에서 몸체가 될 부분을 가로로 4등분 하여 접은 뒤 가운데 있는 두 면을 8등분 하여 접는다.

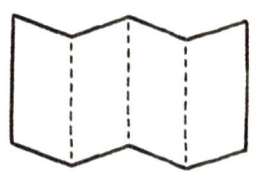

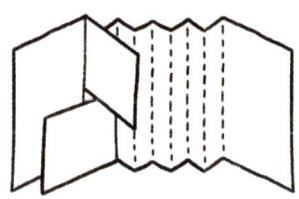

4. 표지로 쓸 종이를 10cm 간격으로 네 면 접기 한다.

5. 4에서 두 번째, 세 번째 면은 다시 2.5cm 간격으로 지그재그로 접는다.

6. 5의 지그재그로 접은 면에 내지를 붙이는데, 위쪽은 내지를 'V' 형태의 왼쪽 면에, 아래쪽은 오른쪽 면에 붙인다.

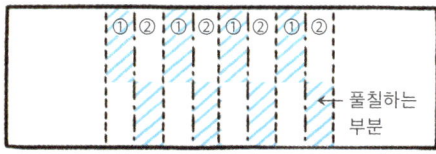

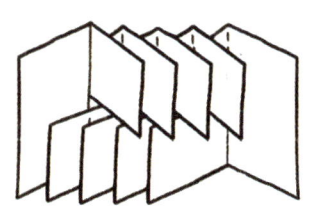

7. 위쪽은 오른쪽으로, 아래쪽은 왼쪽으로 붙이는 위치와 방향이 같아야 한다.

8. 위쪽과 아래쪽은 방향이 서로 반대여야 한다. 남은 내지를 모두 붙여 그림과 같이 완성한다.

출처 : 『메이킹북 : 한 장의 종이로 만드는 팝업북 31가지』, 폴 존슨 지음, 김현숙 옮김, 아이북, 2001

부록 2

53쪽 두루마리책 속지 양식

요 너머 뒷산 늙은 호랑이
살찐 강아지 물어다 놓고
이빨이 빠져 먹지는 못하고
올라가며 침 바르고
내려가며 침 바르고
침만 훔척훔척 훌리네
침만 꼴깍꼴깍 삼키네

둥무 둥무 씨둥무

狗구 走주 梅매 花화 落락
눈 위에 개가 달리니 발자국이
매화가 떨어지는 것 같고.
눈 위에 닭이 걸으니
그 발자국이 댓잎 같구나.
해와 달은 하늘과 땅의 눈이오,
좋은 글에는 성인의 마음이 담겨 있다

이문원

	첫째 개가 짖어대자	둘째 개가 짖어대네	셋째 개도 덩달아 짖어오니	사람일까 범일까 바람 소릴까	산 달은 촛불처럼 환히 밝고요	빈 뜰에는 오동 잎새 소리뿐예요	이겸전

매화 가지 끝의 밝은 달	매화는 본래부터 환히 밝은데	달빛이 비치니 물결 같구나	서리 눈에 핀 살결이 더욱 어여뻐	맑고 찬 기운이 뼈에 스민다.	매화꽃 마주 보며 마음 썼으니	오늘 밤엔 한 점의 찌끼가 없네.		이이

부록 3

133쪽 옛날 옛적에 이야기 시간 도서 목록

번호	책제목	지은이	출판사
1	깜박깜박 도깨비	권문희	사계절
2	똥벼락	김회경	사계절
3	방귀쟁이 며느리	신세정	사계절
4	줄줄이 꿴 호랑이	권문희	사계절
5	호랑이 뱃속 잔치	신동근	사계절
6	여우 누이	김성민	사계절
7	허허 할아버지	전지은	사계절
8	그림 그리는 새	김미혜	보림
9	저승에 있는 곳간	서정오	한림
10	주먹밥이 데굴데굴	고바야시 데루코	비룡소
11	거울 속에 누구요	조경숙	국민서관
12	돌멩이 국	존 무스	달리
13	새똥과 전쟁	에릭 바튀	교학사
14	수호의 하얀말	오츠카 유우조	한림

부록 4

136쪽 책 읽어주는 할머니 선정도서 목록

번호	책 제목	지은이	출판사
1	판다 목욕탕	투페라 투페라	노란우산
2	에드몽은 왜 채소만 먹게 되었을까?	크리스틴 나우만 빌맹	한솔수북
3	밍로는 어떻게 산을 옮겼을까?	아놀드 로벨	길벗어린이
4	슈퍼 거북	유설화	책읽는곰
5	도서관에 간 사자	미셸 누드슨	웅진주니어
6	위대한 돌사자, 도서관을 지키다	마거릿 와일드	비룡소
7	책 먹는 여우	프란치스카 비어만	주니어김영사
8	프레드릭	레오 리오니	시공주니어
9	북극곰 코다호	이루리	북극곰
10	지하 정원	조선경 지음	보림
11	사자는 내 친구	다루이시 마코	키움
12	쿠키 한입의 인생 수업	에이미 크루즈 로젠탈	책읽는곰
13	내 귀는 짝짝이	히도 반 헤네흐텐	웅진주니어
14	점	피터 레이놀즈	문학동네어린이
15	돌멩이 수프	마샤 브라운	시공주니어
16	난 황금알을 낳을 거야	한나 요한센	문학동네 어린이
17	도서관	사라 스튜어트	시공주니어
18	구름빵	백희나	한솔수복
19	똥벼락	김회경	사계절
20	달님을 빨아버린 우리 엄마	사토 와키코	한림출판사
21	탁탁 톡톡 음메~ 젖소가 편지를 쓴대요	도린 크로닌	주니어RHK
22	고맙습니다 선생님	패트리샤 폴라코	아이세움

번호	책 제목	지은이	출판사
23	치과의사 드소토 선생님	윌리엄 스타이그	비룡소
24	무지개 물고기	마르쿠스 피스터	시공주니어
25	사윗감 찾아 나선 두더지	김향금	보림
26	빈 화분	데미	사계절
27	바보 같은 닭	차오원쉬엔	미래아이
28	아주아주 많은 달	제임스 서버	시공주니어
29	종이 봉지 공주	로버트 먼치	비룡소
30	행복한 청소부	모니카 페트	풀빛
31	그건 내 조끼야	나카에 요시오	비룡소
32	샌지와 빵집주인	로빈 자네스	비룡소
33	악어 오리 구지구지	천즈위엔	예림당
34	아기 오리들한테 길을 비켜주세요	로버트 맥클로스키	시공주니어
35	꼬마 다람쥐 얼	돈 프리먼	논장
36	장수탕 선녀님	백희나	책읽는곰
37	안돼!	마르타 알테스	북극곰
38	왜?	니콜라이 포포프	현암사
39	가방 안에 든 게 뭐야	김상근	한림출판사
40	팥죽 할머니와 호랑이	조대인	보림
41	괜찮아 아저씨	김경희	비룡소
42	장갑	에우게니 M. 라쵸프	다산기획
43	리디아의 정원	사라 스튜어트	한솔수북
44	벗지 말걸 그랬어	요시타케 신스케	스콜라
45	감기 걸린 물고기	박정섭	사계절
46	빼떼기	권정생	창비
47	위를 봐요!	정진호	은나팔(현암사)
48	엄마 마중	이태준	보림
49	11마리 고양이	바바 노보루	꿈소담이
50	고양이가 찍찍	미야니시 다쓰야	나무생각

부록 5

140쪽 황순원 문학촌 탐방 활동지 양식

사진 찰칵! 상품 받고!

❖ 황순원 문학촌에서 **기념 스탬프 도장**을 찍은 후 핸드폰으로 사진을 찍어서 사서선생님께 보내세요. **선착순 5명**에게 집으로 가는 버스에서 문구를 드리겠습니다.
(사서선생님 ☎ 010-XXXX-XXXX)

*기념 스탬프 도장 찍는 곳

❖ 황순원 문학촌 소나기 광장에서 친구들과 **소설 속 한 장면**을 연출해서 사진을 찍은 후 찍은 사진을 사서선생님 핸드폰으로 **사진 제목**을 쓰고 **학년 반 이름**을 쓴 후 보내세요! 멋지게 찍은 친구들에게 **푸짐한 선물**을 드리겠습니다.

'소나기' 독서퍼즐에서 낱말을 찾아라!

❖ 눈을 크게 뜨고 아래 퍼즐에서 다음에 주어진 낱말을 찾아서 표시하고 **빙고**라고 소리 쳐보세요!

☞ 힌트 : 정답 표시 방향 : (→, ←, ↑, ↓, ↗, ↙, ↖, ↘)

❖ 독서퍼즐에서 찾아야 할 낱말
개울가, 조약돌, 소녀, 소년, 징검다리, 비단조개, 악상, 원두막, 마타리꽃, 겹저고리, 코뚜레, 송아지, 허수아비, 소나기, 떡갈나무, 수숫단, 호두알, 보조개, 양평, 도랑, 단발머리, 대추, 스웨터, 망태기, 갈밭, 꽃묶음, 칡덩굴

비	안	개	울	스	식	추	오	큰	길	단	풍	잎	수	수	밭
이	개	세	수	커	칡	석	갈	라	양	평	원	분	기	점	들
수	울	야	어	트	덩	밭	겹	저	고	리	버	두	소	년	국
박	가	머	도	랑	굴	당	갈	림	길	징	단	니	막	혼	화
기	니	바	느	질	감	초	바	람	소	녀	검	풍	물	장	난
햇	살	송	대	추	얼	가	옷	나	윤	초	시	다	잎	이	스
신	아	무	책	보	굴	집	기	태	망	오	코	월	리	웨	랑
지	디	명	잠	방	이	고	기	등	나	무	뚜	꽃	터	반	기
부	딤	호	송	자	떡	보	조	개	허	리	레	동	묶	응	가
주	돌	두	이	마	갈	어	깨	할	아	버	지	무	주	음	지
머	주	알	기	타	나	흙	닭	수	숫	단	우	창	진	들	모
니	단	발	머	리	무	탕	사	우	생	밭	악	외	면	송	개
쪽	뒷	돌	먹	꽃	양	물	구	호	두	송	이	상	결	대	조
빛	약	걸	분	홍	종	산	허	수	아	비	몸	서	울	강	단
조	실	례	음	이	그	림	자	아	싸	리	꽃	기	운	이	비

가로 세로 독서퀴즈 정답을 찾아라!

❖ 황순원 선생님 작품 〈소나기〉 가로 세로 독서 퀴즈를 풀어보세요! 정확하게 **정답을 풀어오는 학생에게** 선물을 드립니다.

가로 퀴즈	세로 퀴즈
① 소년과 소녀가 비를 피한 장소 ② 개울가에서 소녀가 소년에게 던진 돌 ③ 어떤 단체의 새로운 소식을 알리는 유인물 ④ 소년이 덕쇠 할아버지네 호두밭에서 서리한 것 ⑤ 소년과 소녀가 처음 만난 징소 ⑥ 소나기 마을이 있는 지역은? 경기도 ○○ ⑦ 싸이 〈젠틀맨〉 뮤비의 그녀. 조권과 〈우리 결혼 했어요〉를 했던 가수	❶ 화요일 - (　　) - 목요일 ❷ 아플 때 약 짓는 곳 ❸ ○○○꽃이 이렇게 예쁜 줄 몰랐네 인삼이랑 비슷하게 생긴 나물 종류. ❹ 경망스럽고 야단스러운 말이나 행동 ❺ 〈소나기〉, 〈학〉을 지은 작가는? ❻ 과소○○, 과대○○, 사물의 가치나 수준 따위를 평함. 또는 그 가치나 수준. ❼ 소설 〈소나기〉의 배경 계절은?

400 부록

부록 6

200쪽 세계 성장소설 전시 도서목록

번호	책 제목	지은이	국가	분류번호
1	19세	이순원	한국	813.6
2	가시고백	김려령		813.6
3	개밥바라기별	황석영		813.6
4	그 많던 싱아는 누가 다 먹었을까	박완서		813.6
5	나는 아름답다	박상률		813.6
6	나의 아름다운 정원	심윤경		813.6
7	내 인생의 스프링 캠프	정유정		813.6
8	목요일, 사이프러스에서	박채란		813.6
9	몽구스 크루	신여랑		813.6
10	어느 날 내가 죽었습니다	이경혜		813.6
11	완득이	김려령		813.6
12	위저드 베이커리	구병모		813.6
13	유진과 유진	이금이		813.6
14	즐거운 나의 집	공지영		813.6
15	내 이름은 망고	추정경		813.7
16	불량청춘목록	박상률		813.7
17	열여덟 너의 존재감	박수현		813.7
18	열일곱 살의 털	김해원		813.7
19	푸른 사다리	이옥수		813.7
20	빨간 기와. 1, 2	차오원쉬엔	중국	823.7
21	사춘기	차오원쉬엔		823.7
22	안녕, 싱싱	차오원쉬엔		823.7
23	열아홉, 마오쩌둥	황희		823.7

번호	책제목	지은이	국가	분류번호
24	남쪽으로 튀어. 1,2	오쿠다 히데오	일본	833.6
25	도쿄 타워	릴리 프랭키		833.6
26	세상의 중심에서 사랑을 외치다	카타야마 쿄이치		833.6
27	시간의 선물	아오키 가즈오		833.6
28	여름이 준 선물	유모토 카즈미		833.6
29	인스톨	와타야 리사		833.6
30	GO	가네시로 카즈키		833.6
31	구덩이	루이스 새커	영미	843.5
32	그리운 메이 아줌마	신시아 라일런트		843.5
33	길들지 않는 나를 찾습니다	캐테 코자		843.5
34	내 영혼이 따뜻했던 날들	포리스트 카터		843.5
35	두 개의 달 위를 걷다	샤론 크리치		843.5
36	리버 보이	팀 보울러		843.5
37	망고가 있던 자리	웬디 매스		843.5
38	바람을 만드는 소년	폴 플라이쉬만		843.5
39	아웃사이더	S.E. 힌튼		843.5
40	연을 쫓는 아이	할레드 호세이니		843.5
41	이름 없는 너에게	벌리 도허티		843.5
42	프란시스코의 나비	프란시스코 지메네즈		843.5
43	호밀밭의 파수꾼	J.D. 샐린저		843.5
44	그냥 떠나는 거야	구드룬 파우제방	독일	853
45	데미안	헤르만 헤세		853
46	못된 장난	브리기테 블로벨		853
47	수레바퀴 아래서	헤르만 헤세		853
48	두 친구 이야기	안케 드브리스	네덜란드	859.3
49	그들의 세계는 얼마나 부서지기 쉬운가	실비 플로리앙 푸유	프랑스	863
50	꼬마 철학자 1,2	알퐁스 도데		863
51	딸들이 자라서 엄마가 된다	수지 모건스턴		863
52	열여섯 더하기 하나	실비 플로리앙 푸유		863
53	자기 앞의 생	에밀 아자르		863
54	홍당무	쥘 르나르		863
55	나의 라임오렌지 나무	J.M. 데 바스콘셀로스	포르투갈	879
56	첫사랑	이반 S. 뚜르게네프	러시아	892.8

부록 7

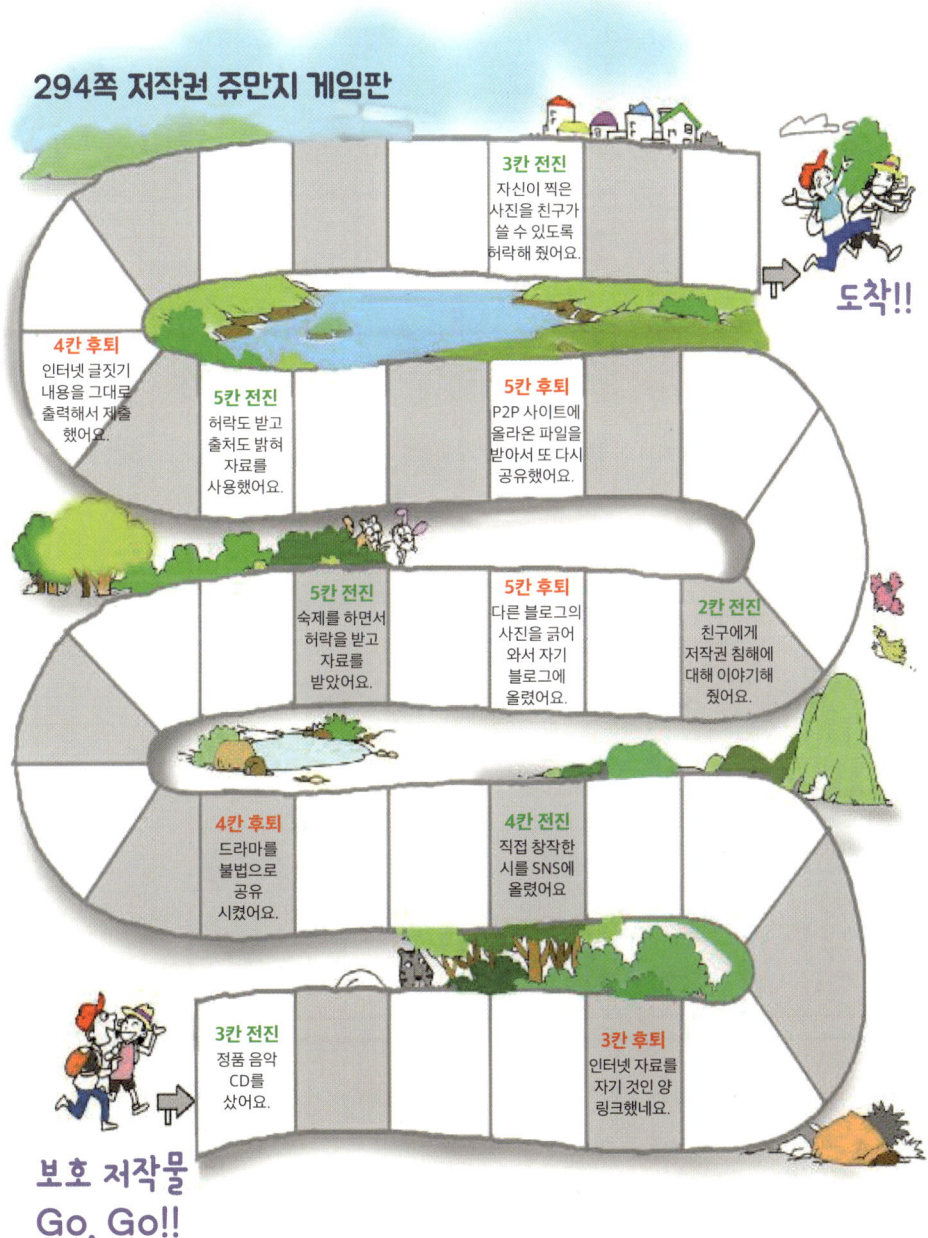

부록 8

332쪽 도서관 브루마블

도서관 건설카드(유형1~4, 4종류)

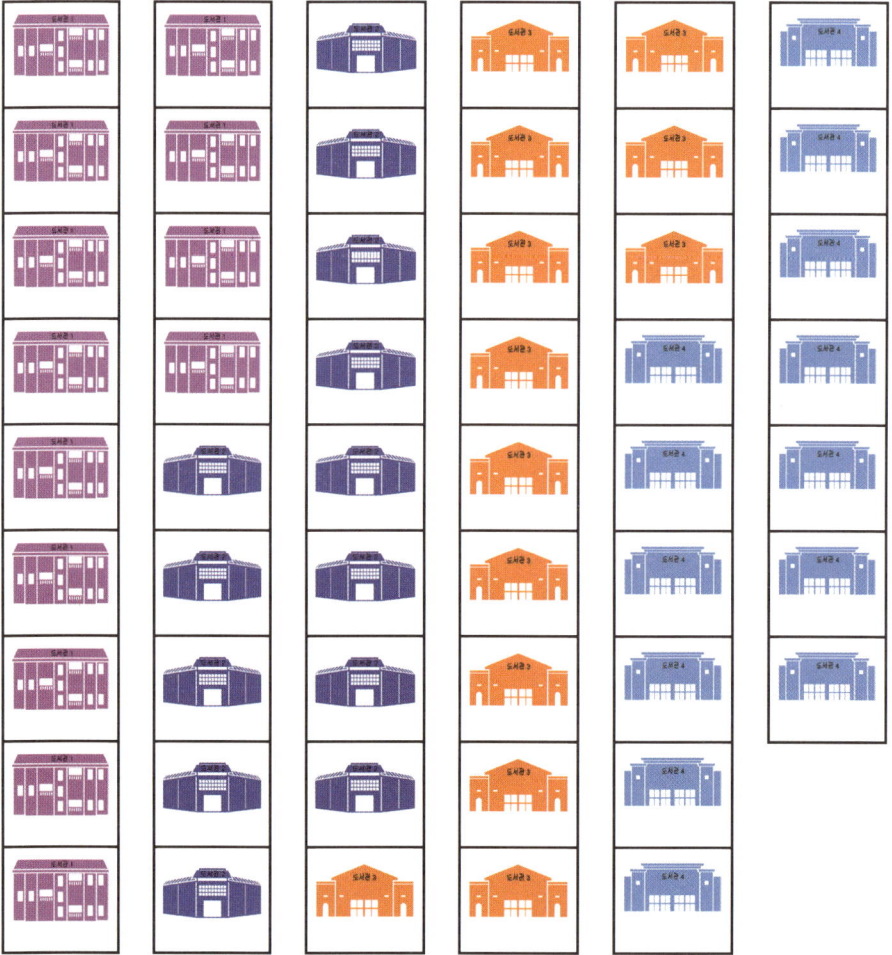

도서관 너구리마을

모든 곳에 도서관이 건설되었을 때,
제일 많은 도서관을 건설한 사람이 승리

다른 도서관이 이미 건설된 곳에는
다른 도서관을 건설할 수 없습니다.

게임 시작!

- 상사 병원 300원 이내에서 사용할 수 있다. (O, X)
- <아인슈타인에서 차일드팡까지> 아인슈타인이 차일드팡으로 만든 것은? ① 우유팩 ② 솔방울 ③ 그림 ④ 낙서
- 다음 중 사랑이 아닌 것은? ① 표현 ② 유머러스하기 ③ 사랑 ④ 용서하기
- 진짜 사랑 낮은 사랑점수 더 많은 균형점이 되는 사랑공간
- 공식적인 도서관 운영을 잘 하려면 어떻게 해야 할까요?

잠깐 쉬기!
좋은 책을 골라 읽어보세요.

5. 독서골

4. O, X문제 곰 세 마리를 부르면 춤을 추세요.

6. 가장 좋은 방법은? 한글 뒤집기로 이동하세요~~

2. 책 뒤집기 대결 2

7. 책 제목 초성퀴즈

왼쪽 사람과 가위바위보! 이긴 사람이 도서관 건설!

책 뒤집기 대결 1

오른쪽 사람보다 동물이 더 많이 나온 곳을 펼치면 성공!

ㄷㅅㄱ

"오래전 남의 책방에 주인공은?"

3. 독서퀴즈

<강아지똥>에 나오는 인물이 아닌 것은? ① 참새 ② 흙덩이 ③ 개구리 ④ 민들레

"여우아저씨는 숙순과 악수한 후, 영감을 한 후, 책을 먹었어요."

9. 다음 책의 제목은 무엇일까요?

2. O, X문제 과학책은 400번 서가에서 볼 수 있다. (O, X)

틀리면 출발점으로 가세요

책 뒤집기 대결 1

왼쪽 사람보다 동물이 더 많이 나온 곳을 펼치면 성공!

출발

왼쪽 사람과 가위바위보! 이긴 사람이 도서관 건설!

오른쪽 사람 보다 사람 얼굴이 더 많은 곳을 펼치면 성공!

<돼지책>에서 피곳부인이 한 일이 아닌것은? ① 청소 ② 공부 ③ 설거지 ④ 일

소설, 시 등 문학책은 800번 서가에서 볼 수 있다. (X, O)

ㅁㅇㅇ

도서관 기증!
도서관 수가 가장 적은 사람이의 자리에 도서관을 건설합니다.

10. 책 제목 초성퀴즈

11. O, X 문제
틀리면 무인도로 가세요

12. 독서퀴즈

1. 책 제목 초성퀴즈

책 펼치기 대결 2

ㄱㄱㅇㄱ

도서관 발전!
다른 도서관 하나를 뺏고 그 자리에 나의 도서관을 건설하세요

부록 8 405

말 정답카드_앞

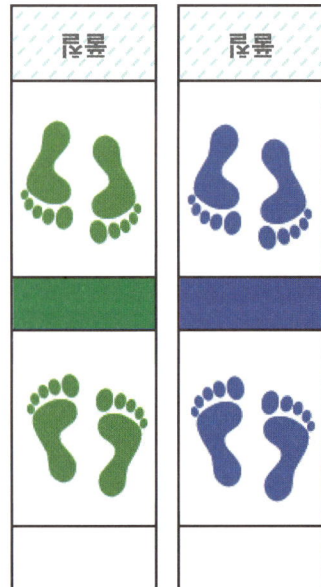

정답카드 1	정답카드 2	정답카드 3
정답카드 4	정답카드 5	정답카드 6
정답카드 7	정답카드 8	정답카드 9
정답카드 10	정답카드 11	

정답카드_뒤

1	2	3
갈매기의 꿈	○	③

4	5	6
X	④	④

1	1	1
가방 들어주는 아이	제제	책 먹는 여우

1	1
마당을 나온 암탉	○

부록 9

334쪽 두근두근 최고의 도서관 책카드

앞면

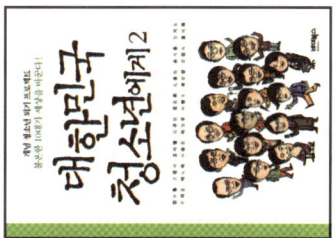

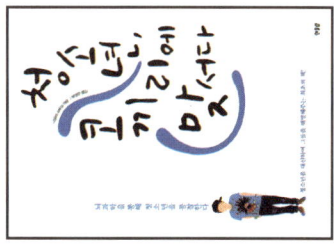

뒷면

100
아름다운 가치사전
채인선 / 한울림어린이

막 사회생활을 시작하는 아이들이 꼭 알아야 할 아름다운 가치 24가지를 선정해, 그 사례들을 사전 형식으로 수록한 책

100 연계도서
행복단어 사전
이츨호 / 하담

행복을 위한 인생 키워드 용기, 희망, 인내, 노력, 기회, 의지, 끈기, 독서, 개성, 지혜 등 43가지에 대한 이야기를 모았다.

100
동서양 철학 콘서트
성태용 외 / 이숲

한국철학회(인문주간)에서 방영한 〈인문학 열전〉 중에서 동서양 철학에 관련된 15편을 골라 두 권으로 엮은 책

100 +20
대한민국 청소년에게
강신주 외 / 바이북스

무한경쟁과 입시지옥, 신자유주의라는 괴물에 대항해 촛불을 든 청소년들에게 15인의 지성인이 들려주는 세상 사는 이야기

000 +30
리딩으로 리드하라
이지성 / 문학동네

아인슈타인, 뉴턴, 에디슨 이 시골뜨기에서 위대한 천재로 탈바꿈한 비결은? 그 비밀은 바로 인문고전 독서!

100
니코마코스 윤리학
아리스토텔레스 / 풀빛

철학사에서 처음으로 다화의 내용을 체계적으로 정리한 아리스토텔레스의 《니코마코스 윤리학》

000
인디고서원에서 정의로운 책 읽기
인디고서원 / 궁리

'청소년을 위한 인문학서점 인디고서원'에서 아이들이 다양한 책을 읽으며 기록했던 좋은 책들의 목록을 모아 엮은 책

100
청소년, 코끼리에 맞서다
나탈리 트베리 / 한울림

청소년들의 몸과 마음에 나타나는 변화에 대해 여러 연구 사례를 통해 이해하기 쉽게 설명하고 있다.

부록 10

341쪽 별난 주사위 보드판

앞으로 두 칸					처음으로		도착!

① 마음에 드는 책을 한 권 가져오세요.
② 주사위를 던집니다.
③ 주사위에 나와 있는 대로 말을 이동하세요.

뒤로 한 칸			앞으로 한 칸				뒤로 한 칸

출발 →			주사위 한 번 더				앞으로 한 칸

부록 11

350쪽 책차차에서 그림카드를 만들 때 쓰는 활동지

행복한 도서관 ♥ 즐거운 책읽기

책놀이 'BOOK 보드게임' 만들기

_____학년 _____반 이름 : _____

〈예시〉

책 이름	신과 함께 (주호민)			
책 그림				
책 소개	삶은 어떻게 살아야 할까? 죽음은 어떻게 맞아야 할까? 죽음 앞의 삶과 뒤의 삶에 대해 고민하게 하는 멋진 웹툰			

주의 : 양쪽 책을 똑같게 만들어야해요^^ (책이름, 그림색칠도, 소개도 다 똑같이 작성할 것~!!!) 총 4개의 카드 작성

〈활동〉

책 이름				
책 그림				
책 소개				

학교도서관 사서와 교사가 뽑은
책놀이 100가지

책 가지고 놀고 있네

1판 1쇄 발행 2018년 12월 18일
1판 3쇄 발행 2020년 6월 1일

지은이	박영옥 외
엮은이	학교도서관저널
펴낸이	한기호
책임편집	박주희
편집	여문주, 오선이
본부장	연용호
마케팅	윤수연
경영지원	김윤아
디자인	블랙페퍼디자인
인쇄	예림인쇄
펴낸곳	(주)학교도서관저널
출판등록	제2009-000231호(2009년 10월 15일)
주소	121-839 서울시 마포구 동교로 12안길 14(서교동) 삼성빌딩 A동 3층
전화	02-322-9677
팩스	02-322-9678
전자우편	slj9677@gmail.com
홈페이지	www.slj.co.kr

ISBN 978-89-6915-053-0 (03370)

이 도서의 국립중앙도서관 출판예정도서목록(CIP)은 서지정보유통지원시스템 홈페이지(http://seoji.nl.go.kr)와 국가자료종합목록시스템(http://www.nl.go.kr/kolisnet)에서 이용하실 수 있습니다. (CIP제어번호 : CIP2018039983)

책값은 뒤표지에 있습니다.